大学生
养成教育

常翠鸣 / 主编

Cultivation Education: Essential Foundations
of the Human Formation for College Students

北京师范大学出版集团
BEIJING NORMAL UNIVERSITY PUBLISHING GROUP
北京师范大学出版社

图书在版编目(CIP)数据

大学生养成教育/常翠鸣主编 . —北京：北京师范大学出版社，
2021.10(2025.7 重印)
  ISBN 978-7-303-27313-3

  Ⅰ．①大… Ⅱ．①常… Ⅲ．①大学生－养成教育
Ⅳ．①G645.5

中国版本图书馆 CIP 数据核字(2021)第 204893 号

DAXUESHENG YANGCHENG JIAOYU
出版发行：北京师范大学出版社 https://www.bnupg.com
　　　　　北京市西城区新街口外大街 12-3 号
　　　　　邮政编码：100088
印　　刷：天津旭非印刷有限公司
经　　销：全国新华书店
开　　本：787 mm × 1092 mm　1/16
印　　张：14.25
字　　数：247 千字
版　　次：2021 年 10 月第 1 版
印　　次：2025 年 7 月第 4 次印刷
定　　价：49.80 元

策划编辑：李　明　　　　　责任编辑：李　明
美术编辑：李向昕　　　　　装帧设计：李向昕
责任校对：陈　民　　　　　责任印制：马　洁

编委会

前　　言

从 2015 年以来，齐鲁理工学院开始在全校推行养成教育，旨在使学生养成良好的价值观、品德、性格、学业、行为等习惯，深入践行社会主义核心价值观，为学生成就美好未来奠定坚实的基础。

学校养成教育有其自身独特的优势特色，其最大的优势和特色就是所推行的养成教育以齐鲁文化为底蕴，着重从齐鲁文化汲取养成教育营养，发掘养成教育的智慧。

以儒家文化为代表的齐鲁文化，是中华传统文化的重要组成部分，蕴含丰富的教育资源、深厚的教育情怀、无穷的教育智慧。齐鲁理工学院以"齐鲁"冠名，理应在传承和弘扬创新齐鲁文化方面有所作为。尤其是学校的济南、曲阜两个校区，均处于齐鲁文化发源的核心区域，这更为学校开展齐鲁文化育人工作提供了得天独厚的地理优势。

为更好地发挥好这一优势，学校从 2012 年起确立了培养"齐鲁文化孕育下的理工生"的育人理念，开始探索齐鲁文化育人工作。从 2015 年开始，全面实施了"一理念""一机构""一学堂""一课堂""一讲堂""一联盟""一节日""一养成"和"一景观"齐鲁文化育人工程，即通过开设齐鲁文化课程、成立齐鲁文化研究院、建好孔子学堂、办好杏坛大讲堂、齐鲁文化社团联盟、举办孔子文化节、打造齐鲁文化景观等，培育有齐鲁文化底蕴的高素质应用型理工人才。其中，养成教育就是"九个一"齐鲁文化育人工程中的"一养成"，也是整个齐鲁文化育人工程中真正实现由理论到实践的重要桥梁。

学校养成教育在内容上紧紧围绕适应学生未来发展需求，在广泛调研的基础上设计了"五模块、二十项规范"。"五模块"分别是价值观、品德、性格、学业、行为。每个模块又都包含四项规范：价值观模块为爱党爱国、敬业负责、诚实守信、友善乐群；品德模块为尊重自重、感恩守义、助人为乐、勤俭节约；性格模块为阳光乐观、大度执着、坚毅果敢、认真严谨；学业模块为勤奋好学、善于思考、知行合一、阅读经典；行为模块为自省自律、文明礼貌、整洁健康、体育锻炼。同时，针对理工类大学生的特点，学校探索了养成教育路径、模式、方法、手段等，为推动大学生养成教育提供有力保障。

自学校开展养成教育以来，我们深切体会到养成教育对于大学生来讲很有必要。党的二十大报告明确提出全面贯彻党的教育方针，落实立德树人根本任务，培养德智体美劳全面发展的社会主义建设者和接班人。而开展养成教育正是将立德树人根本任务、发展素质教育落到实处、落到细处，融入教育教学全过程、融入学生日常学习生活的最主要路径和最重要抓手。大学生养成教育越来越有成效。大学生在接受养成教育上有了更多的自主权、更大的空间、更明确的目标，对养成教育的必要性有了更深切的体悟，尤其是根植于中华优秀传统文化的养成教育，将传统与现代、文化建设和育人工作有机融合，使养成教育的根基更加深厚、内涵更加丰富、成效更加显著。

在持续深入推进养成教育的进程中，我们认为推进大学生养成教育是一个重大的教育课题，是一个极其宏大的、长期的、艰巨的育人工程，在大学生养成教育的理念、模式、方法、手段等各个方面，仍有很多的未知领域需要我们去发现和探究。尤其在贯彻落实习近平总书记关于传承和弘扬中华优秀传统文化的指示精神，将齐鲁文化等优秀传统文化有机、有效地融入养成教育方面，在养成教育与思想政治教育实践、学生第二课堂的有机结合方面，我们都需要深入研究和探索。

本书正是基于这样的背景和要求撰写完成的，它既总结了我们推进养成教育的经验，又在此基础上对推进养成教育做了一些思考，尤其对下一步如何更加深入、扎实、有效地推进养成教育，提供了比较系统、具体的实践指导。

路漫漫其修远兮，吾将上下而求索。真诚期待更多的有识之士关注和参与到养成教育中来，共同开创大学生养成教育发展的美好未来，为落实立德树人根本任务、为全面发展素质教育、为培养更多有文化和高素质的德智体美劳全面发展的社会主义建设者和接班人努力奋斗！

编　者
2023 年 7 月

目　　录

第一章　爱党爱国   1

  第一节　概　　述   1

  第二节　当代大学生爱党爱国的现状   8

  第三节　大学生爱党爱国习惯的养成   10

  第四节　大学生爱党爱国主题教育实践   11

第二章　敬业负责   14

  第一节　概　　述   14

  第二节　大学生敬业负责的现状   16

  第三节　大学生敬业负责习惯的养成   18

  第四节　大学生敬业负责主题教育实践   22

第三章　诚实守信   24

  第一节　概　　述   24

  第二节　大学生诚实守信的现状   27

  第三节　大学生诚实守信习惯的养成   29

  第四节　大学生诚实守信主题教育实践   31

第四章　友善乐群   34

  第一节　概　　述   34

  第二节　大学生友善乐群的现状   36

  第三节　大学生友善乐群习惯的养成   38

  第四节　大学生友善乐群主题教育实践   42

第五章　尊重自重   49

  第一节　概　　述   49

  第二节　尊重自重的现状   51

  第三节　大学生尊重自重心态的养成   54

　　第四节　大学生尊重自重主题教育实践　　57

第六章　感恩守义　　60
　　第一节　概　　述　　60
　　第二节　大学生感恩守义的现状　　62
　　第三节　大学生感恩守义习惯的养成　　64
　　第四节　大学生感恩守义主题教育实践　　68

第七章　助人为乐　　73
　　第一节　概　　述　　73
　　第二节　大学生助人为乐的现状　　78
　　第三节　大学生助人为乐习惯的养成　　80
　　第四节　大学生助人为乐主题教育实践　　86

第八章　勤俭节约　　89
　　第一节　概　　述　　89
　　第二节　大学生勤俭节约的现状　　91
　　第三节　大学生勤俭节约习惯的养成　　94
　　第四节　大学生勤俭节约主题教育实践　　97

第九章　阳光乐观　　99
　　第一节　概　　述　　99
　　第二节　大学生阳光乐观的现状　　102
　　第三节　大学生阳光乐观心态的养成　　104
　　第四节　大学生阳光乐观主题教育实践　　108

第十章　大度执着　　111
　　第一节　概　　述　　111
　　第二节　大学生大度执着教育的现状　　115
　　第三节　大学生大度执着习惯的养成　　116
　　第四节　大学生大度执着主题教育实践　　118

第十一章　坚毅果敢　　121
　　第一节　概　　述　　121
　　第二节　大学生坚毅果敢教育的现状　　123
　　第三节　大学生坚毅果敢习惯的养成　　124
　　第四节　大学生坚毅果敢主题教育实践　　127

第十二章　认真严谨　　129
　　第一节　概　　述　　129

　　第二节　大学生认真严谨的现状　　　　　　　　132

　　第三节　大学生认真严谨习惯的养成　　　　　　135

　　第四节　大学生认真严谨主题教育实践　　　　　139

第十三章　勤奋好学　　　　　　　　　　　　　　141

　　第一节　概　述　　　　　　　　　　　　　　141

　　第二节　大学生勤奋好学的现状　　　　　　　　144

　　第三节　大学生勤奋好学习惯的养成　　　　　　147

　　第四节　大学生勤奋好学主题教育实践　　　　　150

第十四章　善于思考　　　　　　　　　　　　　　151

　　第一节　概　述　　　　　　　　　　　　　　151

　　第二节　大学生善于思考的现状　　　　　　　　153

　　第三节　大学生善于思考习惯的养成　　　　　　154

　　第四节　大学生善于思考主题教育实践　　　　　156

第十五章　知行合一　　　　　　　　　　　　　　159

　　第一节　概　述　　　　　　　　　　　　　　159

　　第二节　大学生知行合一的现状　　　　　　　　161

　　第三节　大学生知行合一习惯的养成　　　　　　162

　　第四节　大学生知行合一主题教育实践　　　　　164

第十六章　阅读经典　　　　　　　　　　　　　　169

　　第一节　概　述　　　　　　　　　　　　　　169

　　第二节　大学生阅读经典的现状　　　　　　　　172

　　第三节　大学生阅读经典习惯的养成　　　　　　174

　　第四节　大学生阅读经典主题教育实践　　　　　175

第十七章　自省自律　　　　　　　　　　　　　　178

　　第一节　概　述　　　　　　　　　　　　　　178

　　第二节　大学生自省自律的现状　　　　　　　　180

　　第三节　大学生自省自律习惯的养成　　　　　　181

　　第四节　大学生自省自律主题教育实践　　　　　183

第十八章　文明礼貌　　　　　　　　　　　　　　185

　　第一节　概　述　　　　　　　　　　　　　　185

　　第二节　大学生文明礼貌的现状　　　　　　　　188

　　第三节　大学生文明礼貌习惯的养成　　　　　　191

　　第四节　大学生文明礼貌主题教育实践　　　　　193

第十九章　整洁健康　　　　　　　　　　　　　　　　196
　第一节　概　　述　　　　　　　　　　　　　　　　196
　第二节　大学生整洁健康的现状　　　　　　　　　　198
　第三节　大学生整洁健康习惯的养成　　　　　　　　199
　第四节　大学生整洁健康主题教育实践　　　　　　　201

第二十章　体育锻炼　　　　　　　　　　　　　　　　203
　第一节　概　　述　　　　　　　　　　　　　　　　203
　第二节　大学生体育锻炼的现状　　　　　　　　　　207
　第三节　大学生体育锻炼习惯的养成　　　　　　　　211
　第四节　大学生体育锻炼主题教育实践　　　　　　　214

第一章　爱党爱国

本章导读

　　爱党爱国指的是热爱中国共产党、热爱中华人民共和国。它体现了一个人对自己国家的政党和祖国的深厚感情，反映了一个人的政治素养。习近平总书记在党的二十大报告中强调："教育是国之大计、党之大计。培养什么人、怎样培养人、为谁培养人是教育的根本问题。育人的根本在于立德。全面贯彻党的教育方针，落实立德树人根本任务，培养德智体美劳全面发展的社会主义建设者和接班人。"爱党爱国是对大学生的基本要求，是体现一个大学生政治灵魂的首要标志。爱党是把中国共产党作为自己的母亲，在母亲的哺育下茁壮成长；爱国是一个人至高无上的品德，是民族的灵魂。没有共产党就没有新中国，党的领导是我们国家取得胜利的基本保证。当代中国青年生逢其时，施展才干的舞台无比广阔，实现梦想的前景无比光明。以社会主义核心价值观统领大学生日常养成教育，践行好"爱国、敬业、诚信、友善"个人的价值准则，这对于每一个大学生都意义重大。

第一节　概　　述

一、爱党爱国的基本内涵

　　爱国。就是爱自己的国家，体现了个人对自己祖国的深厚感情，反映了个人对祖国的依存关系，是对自己故土家园、民族和文化的归属感、认同感、尊严感与荣誉感的统一。它是调节个人与祖国之间关系的道德要求、政治原则和法律规范，也是民族精神的核心。每个人来到这个世界都要在社会中生存，都要获取生存发展的物质条件，都要寻求慰藉心灵的精神家园，这一切首先得之于祖国。

"没有国哪有家，没有家哪有我"，这看似平常的话语，道出了最深刻的爱国理由：国家是小家的寄托，更是个人的寄托；国家是物质利益的寄托，更是精神家园的寄托。失去祖国母亲的保护，个人就是无家可归的流浪儿。爱国是公民必须拥有的道德情操，是中华民族最重要的传统，也是社会主义核心价值观最主要的部分。

爱党。中国共产党是中国工人阶级的先锋队，同时是中国人民和中华民族的先锋队，是中国特色社会主义事业的领导核心，代表中国先进生产力的发展要求，代表中国先进文化的前进方向，代表中国最广大人民的根本利益。党的最高理想和最终目标是实现共产主义。

爱国与爱党是统一的。爱国是一个公民起码的道德素养，也是中华民族的优良传统。爱国主义的本质就是坚持爱国和爱党、爱社会主义高度统一。弘扬爱国主义精神，新时代中国青年要坚持听党话、跟党走。中国共产党是爱国主义精神最坚定的弘扬者和实践者。中国特色社会主义道路是通往国家富强、民族振兴、人民幸福的必由之路。祖国的命运和党的命运、社会主义的命运息息相关。只有坚持爱国和爱党、爱社会主义相统一，坚定不移跟党走，奋力建功新时代，爱国主义才是鲜活的。在社会主义制度下，实行人民民主专政，国家属于人民，人民是国家的主人。人民爱国，实际上就是捍卫自己的根本利益。而爱自己的国家与爱党又是联系在一起的，因为中国共产党始终坚持代表最广大人民的根本利益，领导人民建立新政权，投身改革开放和社会主义现代化建设。

二、新时代背景下进行爱党爱国教育的意义

党的二十大明确提出现阶段中国共产党的中心任务"就是团结带领全国各族人民全面建成社会主义现代化强国、实现第二个百年奋斗目标，以中国式现代化全面推进中华民族伟大复兴"。这一重要论述，把党的中心任务、中国式现代化和中华民族伟大复兴三者有机统一起来，既是新时代新征程上中国式现代化的奋斗目标，又是中国式现代化的实现方式，体现了合目的性与合规律性的统一。在党的坚强领导下，中国式现代化的目标一以贯之，一代一代地接力推进，实现了阶段性、台阶式跃升，体现了现代化建设长期性与阶段性的统一。要实现这样一个伟大的目标，作为中国特色社会主义国家的建设者和接班人，大学生就必须要加强爱党爱国的思想政治教育，做具有爱国主义思想的人。

（一）爱国主义教育是历史发展和现代化建设的需要

中华民族是富有爱国主义光荣传统的伟大民族，爱国主义是推动我国社会历史发展前进的巨大力量，是我们国家赖以生存、发展的重要支柱。社会主义核心价值观，是我们建设中国特色社会主义国家、努力构建社会主义和谐社会的思想基础，是实现中华民族伟大复兴的共同精神力量。"爱党、爱国、爱社会主义"，集中体现了社会主义核心价值观的根本要求。

在社会主义现代化建设的新时期，爱国主义更具有独特的时代特征。在当前的历史条件下，对人民进行广泛的爱国主义教育，对于振奋民族精神、凝聚全民族力量、团结全国各族人民、自力更生、艰苦创业、为中华民族的伟大复兴而奋斗具有十分重要的现实意义。没有爱国主义这一伟大的精神旗帜，就不可能有现在蒸蒸日上的新中国。

（二）爱国主义教育是青年学生自身成长的需要

青少年时期是人生成长的关键时期，他们正处于长身体、长知识、思想意识形态逐渐趋于成熟的时期，对他们进行广泛的爱国主义教育，对造就一代新人具有极其深远的历史意义。

大学生在掌握基础知识和基本技能的同时接受爱国主义教育，并将爱国主义精神转化为为人民服务的崇高理想，从而更加努力学习、奋力拼搏、立志成才，促进自身的全面发展。同时，还能陶冶思想情操，净化心灵，培养集体荣誉感，约束个人行为和习惯，对大学生世界观、人生观、价值观的形成具有深远影响。

（三）爱国主义教育是培育优良校风和提高师生的全面素质的需要

校风，就是一所学校的风气，由学风、教风和人员作风所构成，是学校品位和格调的主要标志之一，能对学生起到潜移默化的作用。

学校可以将爱国主义、红色精神融入学风建设工作中，培养学生的思想意识和道德品质，激发学生对国家事业发展的关心并让他们在丰富的主题教育活动中感受到祖国的强大。

大力开展爱国主义教育，能增强教师"学为人师、行为世范"的职业责任感，使教师具有热爱祖国、热爱党、热爱人民、热爱社会主义的政治素质，具有为人正直、忠诚老实、作风正派、情操高尚、襟怀坦荡的道德修养，具有献身教育、教书育人、严谨治学、精心施教、为人师表的崇高师德。

三、新时代青年学生爱党爱国的表现

第一，树立远大理想。青年的理想信念关乎国家未来。青年理想远大、志存高远，就能激发奋进潜力。正所谓"立志而圣则圣矣，立志而贤则贤矣"。青年的人生目标会有不同，职业选择也有差异，但只有把自己的小我融入祖国的大我、人民的大我之中，与时代同步伐、与人民共命运，才能更好地实现人生价值、升华人生境界，到人民群众中去，到新时代新天地中去，让理想信念在创业奋斗中升华，让青春在创新创造中闪光！

第二，热爱伟大祖国。孙中山先生说，做人最大的事情，"就是要知道怎么样爱国"。一个人不爱国，甚至欺骗祖国、背叛祖国，那么他在自己的国家、在世界上都是没有立足之地的。对于每一个中国人来说，爱国是本分，也是职责，是心之所系、情之所归。对于新时代中国青年来说，热爱祖国是立身之本、成才之基。

第三，担当时代责任。时代呼唤担当，民族振兴是青年的责任。鲁迅先生说，青年"所多的是生力，遇见深林，可以辟成平地的，遇见旷野，可以栽种树木的，遇见沙漠，可以开掘井泉的"。在实现中华民族伟大复兴的新征程上，应对重大挑战、抵御重大风险、克服重大阻力、解决重大矛盾，迫切需要迎难而上、挺身而出的担当精神。

第四，勇于砥砺奋斗。奋斗是青春最亮丽的底色。人生理想的风帆要靠奋斗来扬起，没有广大人民特别是一代代青年前赴后继、艰苦卓绝的接续奋斗，就没有中国特色社会主义新时代的今天，更不会有实现中华民族伟大复兴的明天。千百年来，中华民族历经苦难，但没有任何一次苦难能够打垮我们，最后都推动了我们民族精神、意志、力量的一次次升华。在实现中华民族伟大复兴的新征程上，必然会有艰巨繁重的任务，必然会有艰难险阻甚至惊涛骇浪，需要中国青年发扬艰苦奋斗精神，做好每一件小事、完成每一项任务、履行每一项职责，从挫折中不断奋起、在攻坚克难中创造业绩，用青春和汗水创造出让世界刮目相看的新奇迹！

第五，练就过硬本领。当今时代，知识更新不断加快，社会分工日益细化，新技术、新模式、新业态层出不穷。这既为青年施展才华、竞展风采提供了广阔舞台，也对青年能力和素质提出了新的更高要求。中国青年要珍惜韶华、不负青春，努力学习科学文化知识和专业技能，提高人文素养，锤炼过硬本领，使自己的视野、思想观念、认识水平跟上时代发展，在工作中增长才干、练就本领，以真才实学服务人民，以创新创造贡献国家！

第六，锤炼品德修为。人无德不立，品德是为人之本。青年要把正确的道德认知、自觉的道德养成、积极的道德实践紧密结合起来，不断修身立德，打牢道德根基，只有这样才能在人生道路上走得更正、走得更远；面对复杂的世界大变局，要明辨是非、恪守正道，面对美好岁月，要有饮水思源、懂得回报的感恩之心，感恩党和国家，感恩社会和人民；要在奋斗中摸爬滚打，体察世间冷暖、民众忧乐，从中找到人生真谛、生命价值和事业方向。

新时代中国青年要自觉树立和践行社会主义核心价值观，善于从中华民族传统美德中汲取道德滋养，从英雄人物和时代楷模的身上感受道德风范，从自身内省中提升道德修为，明大德、守公德、严私德，自觉抵制拜金主义、享乐主义、极端个人主义、历史虚无主义等错误思想，追求更有高度、更有境界、更有品位的人生。

案例链接 ◆

习近平总书记指出："新时代是需要英雄并一定能够产生英雄的时代。"一代代中华儿女为伟大祖国的繁荣昌盛接续奋斗，各行各业涌现出一大批矢志报国、艰苦奋斗的典型人物。英雄们与祖国共成长、共奋斗的感人故事，激励着全中国人民朝着中华民族伟大复兴的宏伟目标阔步前行。

1."时代楷模"张桂梅

张桂梅，女，满族，1957年6月出生，中共党员。曾荣获"时代楷模""全国优秀共产党员""全国先进工作者""全国师德标兵""全国最美乡村教师""全国脱贫攻坚楷模""感动中国2020年度人物"等荣誉称号。张桂梅同志坚守教育报国初心，牢记立德树人使命，扎根贫困地区40多年，立志用教育扶贫斩断贫困代际传递，倾力建成全国第一所全免费女子高中，让1600余名贫困山区女学生圆梦大学，托举起当地群众决战决胜脱贫攻坚的信心希望。她爱岗敬业、爱生如子，为了不让一名女孩因贫困失学，坚持家访11年，遍访贫困家庭1300多户，行程十余万公里。执着奋斗、无私奉献，心怀大我，对自己近乎苛刻的节俭，却把工资、奖金和社会各界捐款全部投入贫困山区教育中。她把全部身心献给了祖国西南贫困山区的教育和福利事业，在她身上充分体现了人民教师以德施教的仁爱之心和至善至美的师者大爱。

2.排雷英雄杜富国

杜富国1991年出生在贵州省遵义市湄潭县的一个小村庄。2019年5月22

日，中宣部授予杜富国"时代楷模"称号。

国际地雷界把以老山为代表的云南边境雷场定义为"世界扫雷难度最大的雷场"。这里地雷种类多、数量大，加之随着时间的推移，雷区自然沉降、滑坡塌方等因素，导致雷场变化大、探测定位难，作业人员稍有不慎就可能触雷……在这样的雷场排雷，每天走的是阴阳道，过的是鬼门关，拔的是虎口牙。成为排雷兵的 3 年里，杜富国出入雷场 1000 余次，排出了 2400 多枚地雷，处置各类险情 20 余起，身心经受的考验可想而知。2018 年 10 月 11 日，在边境扫雷行动中，面对复杂雷场的一枚加重手榴弹，他向身旁战友喊出"你退后，让我来"。那天，随着一声巨响，被杜富国护在身后的战友艾岩感觉面部和耳部一阵剧痛。等他转过头时，被眼前的一幕震惊了：杜富国躺在地上，满脸是血，胸前的扫雷服被炸成棉絮状，头盔护镜被炸裂，两个手掌当场被炸飞……威力巨大的爆炸不仅夺走了杜富国的双手和双眼，还在他的脸部、四肢、胸腹等处留下了触目惊心的疤痕。习近平总书记深刻指出，"英雄是民族最闪亮的坐标""一个有希望的民族不能没有英雄，一个有前途的国家不能没有先锋"。放眼华夏大地，杜富国等英雄正是亿万中华儿女心中"最闪亮的坐标"。

3."时代楷模"黄大年

黄大年，1958 年 8 月出生于广西壮族自治区南宁市，生前担任吉林大学科学部部长，地球探测科科学与技术学院教授，博士生导师。黄大年早在青年时期就立下了远大志向，甚至不惜放弃外国给出的优越条件，毅然决然回到祖国，为祖国的发展付出了自己的一生的心血。1977 年，我国恢复了高考之后，黄大年考入了自己理想的学府——长春地质学院（现在的长春大学）。1992 年，拿到了吉林大学研究生学位的同时，因各个方面都表现十分突出。获得了赴英留学的机会、奔赴英国进行学习的黄大年，经过了数年的博士学习研究以及许多方面工作的实践探索，在世界航空等领域取得了重大成就。但在当时，英国给出的极为优越的条件丰厚到连他的妻子都不支持黄大年放弃英国的优许优厚待遇回归祖国。但黄大年却说，即使与妻子"离婚"也不能阻挡他回国的步伐。回国后，黄大年首先回到了自己的母校吉林大学，担任了吉林大学探测科学与技术学院的全职教授，同时也是当时学院的博士生导师。在母校任职期间，黄大年教授着重培养国内的优秀人才，为我国培育了众多名硕士以及博士。他带领着团队不断尝试攻克各项实验项目，作出了十分杰出的贡献。黄大年教授使我国航母领域等许多技术得以不断突破，也使得我国"硬实力"不断提升，因为当时这一技术的优势使我国在国际上的地位也有所提升，也被越来越多的国家所认可。2017年，黄大年被评为"感动中国年度十大人物"之一。与此同时，他的事迹也被全中国的人所熟知，也值得被所有中国人所赞叹。虽然黄大年教授永远离开了我们，但是他毅然决然回归祖国，为祖国发展付出自己的一生的事迹，值得我们为之感到敬佩。

4. 核潜艇专家黄旭华

获得过2017年度何梁何利基金科学与技术成就奖、国家最高科学技术奖和"全国先进工作者""2013年感动中国十大人物"的他，在新中国成立70周年之际，又荣获"共和国勋章"，开拓了中国核潜艇的研制领域。

他就是中国第一代核动力潜艇研制创始人之一、著名舰船设计专家、核潜艇研究设计专家——中国"核潜艇之父"黄旭华院士。1958年，我国核潜艇项目立项，国家急需技术人才，毛主席发出了"核潜艇，一万年也要搞出来"的口号。30多岁的黄旭华带领20多名平均年龄20出头的年轻人，在人才、技术、资源短缺的境况下，进入与世隔绝的荒岛，在大海的陪伴下开始了核潜艇的研制工作。

近30年的时间里，为保守国家最高机密，黄旭华淡化亲朋关系，从未回过老家，也从未透露过自己的工作单位、工作性质，连通信地址也没有告诉家里人。他的父母兄弟姐妹都不知道他在做什么，也没有见过他。直到1987年，黄旭华的我国第一代核潜艇总设计师的身份被解密，家里人才知道他是在从事一项伟大的事业。

黄旭华曾说："对国家的忠，就是对父母最大的孝。"这也是黄旭华能够忍受无人问津和家人不解的重要原因。

5. 献身国防科技事业的杰出科学家林俊德

林俊德，福建省永春县人，1960年入伍，中国人民解放军总装备部某基地研究员，中国工程院院士，我国爆炸力学与核试验工程领域著名专家。入伍52年，他扎根戈壁大漠，参加了我国全部45次核试验任务，奉献出毕生精力，战斗到生命最后一刻，为国防科技事业作出了重大贡献。2012年5月，林俊德罹患癌症后，坦然面对生死，放弃手术化疗，坚守岗位，用实际行动诠释了"生命不息、战斗不止"的忘我精神，是践行当代革命军人社会主义核心价值观的楷模和献身国防科技事业的典范。

1969年9月23日，我国首次平洞地下核试验成功。此后的数十年，林俊德潜心致力于地下核爆炸应力波测量技术研究，先后建立起10余种测量系统，并将地下核试验应力波测量技术向核试验地震核查技术拓展。纵观世界核爆史，美、苏先后进行了上千次核试验，而我国只经过 45 次便建立起一支精干有效的核自卫力量。参加了全部核试验的林俊德用实际行动充分展现出艰苦奋斗、无私奉献的高尚品质，为铸就我国核盾建立了不朽功勋。

2012 年 5 月 4 日，林俊德被确诊为胆管癌晚期，主治医生给出了立即手术以延长生命的建议。面对亲友、上级和同事真挚的关切，他拒绝了，理由是不愿以牺牲工作为代价来延长生命。

宁可让生命透支，也绝不拖欠使命。在生命垂危之际，林俊德依旧坚守岗位，争分夺秒地与死神赛跑，整理了毕生积累的科研资料，还多次打电话指导科研工作，召集课题组布置后续任务，修改 8 万多字的博士论文并写下 7 条共计 338 字的评阅意见，深刻诠释了"生命不息、战斗不止"的忘我精神。

第二节 当代大学生爱党爱国的现状

一、当代大学生爱党爱国存在的问题

1. 缺乏正确的政治观点，不能坚定正确的政治方向。有的大学生在日常生活学习中往往受各种信息的影响，自己没有主心骨，不善于明辨是非、恪守正道，而是人云亦云、盲目跟风；对老师课堂上讲的内容不感兴趣，对道听途说的小道消息则是津津乐道。

2. 缺乏艰苦奋斗的精神，幻想一夜暴富。有的大学生工作学习中缺乏吃苦和踏实精神，认为现在这个社会只要有机会就能一夜成功。因此，他们往往容易上当受骗。为什么有的大学生会成为传销和电信诈骗的主力军？从主观原因分析，关键还是这些学生缺乏用自己勤劳的双手和诚实的劳动创造美好生活的思想观念，面对外部诱惑，保持不住自己的定力、不能遵守法律法规，不能够拒绝诱惑，投机取巧。

3. 缺乏感恩的思想，对自己的发展现状不是从主观找原因，而是怨天尤人。现在的青年学生从小到大很少吃苦，不能很好地体谅父母、学校、社会对自己的养育和培养。有的大学生在生活学习中稍有不顺心的地方就牢骚满腹、怨天尤人，缺乏饮水思源、懂得回报的感恩之心。

4. 缺乏奋斗的目标，贪图舒适的生活。有的大学生"学习无劲头、工作无干头、一天到晚混日头"，饱食终日无所用心，认为自己生不逢时，就业压力大、

竞争激烈，缺乏年轻人敢于拼搏、奋发向上的劲头。

5. 缺乏敢于斗争、善于斗争的精神，害怕和逃避现实。有的学生接触社会和参加实践活动少，像温室里长出的花朵，经不起自然界的风雨，对周围客观环境和客观事物的认识往往缺乏真正的了解，也不太懂人情世故，一旦遇到一点问题和困难就束手无策，打退堂鼓或者是产生心理障碍，影响自己的学习和思想进步。

二、导致当代大学生爱党爱国存在问题的原因

1. 生活环境

现在的青年学生总体上看都是生长在我们国家富起来的时代，他们思想单纯、从小接受良好的教育，对党和国家有着深厚的感情。但是，由于从小就享受着优越的生活条件，过着"衣来伸手饭来张口"的舒适生活，有的学生由于家庭的物质生活好了，家长对孩子们的成长也大都是在思想教育上严格要求不足，重知识学习而轻思想政治教育。因而造成这部分学生身上或多或少存在着怕苦怕累的思想作风，缺乏动手能力和实践能力。有的学生精神上缺"钙"得了"软骨病"，他们的理想信念和远大抱负未能正确确立，缺乏远大理想和崇高志向，无法做到自觉严格遵章守纪，缺少艰苦奋斗的务实精神和心理素质。

2. 学校环境

学校是立德树人的主战场，新时代如何培养德智体美劳全面发展的社会主义建设者和接班人是一项十分艰巨的战略任务。部分学校在素质教育过程中，重形式轻效果、重学习成绩轻思想素质、重业务能力轻德育表现，对意识形态领域工作的重视不够，所以在学生的思想教育方面就暴露出来不少的问题。

3. 社会环境

当前，世界正处于百年未有之大变局，各种思想浪潮此起彼伏。青年学生也不是生长在真空中，各种思想也无时无刻地不在影响着他们。由于社会生活的阅历不深，面对错综复杂的社会形势，青年学生思想上、政治上都面临着严峻的考验。

第三节　大学生爱党爱国习惯的养成

一、大学生爱党爱国习惯养成的教育思路

习近平总书记明确指出："立足新时代新征程，中国青年的奋斗目标和前行方向归结到一点，就是坚定不移听党话、跟党走，努力成长为堪当民族复兴重任的时代新人。"爱党是爱国的前提和基础。爱国必先爱党、爱党才能更好爱国。新时代青年大学生应提高政治站位，明晰中国共产党是兴国强国之根本，把"坚定不移听党话、跟党走"落实到坚决拥护"两个确立"、始终做到"两个维护"的思想自觉、政治自觉和行动自觉上，永远以党的旗帜为旗帜、以党的方向为方向、以党的意志为意志，赓续党的红色血脉，弘扬党的优良传统，用党的理想信念凝聚思想共识，坚决与"爱国和爱党是两码事""爱国就爱国，不一定要爱党"的错误言行划清界限，更好弘扬爱国主义精神。大学生是新时代的生力军，是中华民族伟大复兴的中坚力量。大学生要树立坚定爱党爱国的理想信念，勇担时代重任，练就过硬本领，奏响更为激昂的青春乐章。

二、大学生爱党爱国习惯养成的培养措施

(一)结合大学生特点与实际开展爱党爱国教育

思想对行为具有强大的引领作用。爱党爱国教育的开展，要对当代大学生特点以及实际需求展开分析，在结合学生特点以及其对爱党爱国认知情况的基础上，有针对性地开展教育。学校应充分结合大学生的特点与实际情况，从大学生感兴趣的话题入手，带领大学生对党、对国家、对世界进行正确的认识，明确自己的使命与职责，深刻理解爱党爱国的内涵与本质，立志为国家的发展贡献自己的力量。

(二)讲好中国故事，厚植爱党爱国情怀

爱党爱国教育的开展不能单纯停留在认知层面。新时代对大学生爱党爱国教育的方式要多样化，要利用线上及线下的教育优势，使其发挥更大的教育作用，以各种形式讲述中国故事，如参观红色历史遗址、党史纪念馆，组织党的二十大精神知识竞赛、演讲比赛，举办相关专题讲座，邀请专家融合时政热点讲座，等等，在潜移默化中强化大学生对党和国家的了解，使爱党爱国的情怀植根于大学

生的内心深处。

（三）加强共产主义信仰教育，提升爱党爱国境界

中国共产党是中国特色社会主义事业的领导核心，也是实现中华民族伟大复兴的领导核心，是兴国强国之本。从爱国主义走向共产主义，因共产主义信仰而激发更为强劲的爱国主义，这是老一辈中国共产党人的生动写照，也是提升新时代中国青年爱国主义觉悟的正确道路。只有把爱国主义升华到共产主义的信仰高度，爱国才是深刻的、牢固的、持久的。热爱中国共产党，向共产党人看齐，能够推动当代大学生爱国主义境界的稳步提升。

（四）发挥典型示范作用，积极投身爱党爱国实践

爱党爱国教育活动开展的最终目的就是使大学生把提高爱党爱国认识与躬行爱党爱国实践统一起来，以促进爱党爱国要求内化为个人的道德品质，外化为实际的爱党爱国行为。这就要求学校在顺应时代发展趋势及发展要求的基础上，抓住契机，积极宣传具有影响力的党员事迹，如峥嵘岁月里抛头颅、洒热血的革命先辈，为脱贫奔小康作出巨大贡献的时代楷模，在疫情防控中无私奉献的平民英雄，等等，引导学生见贤思齐，争做爱党爱国的践行者、文明风尚的维护者、美好生活的创造者；同时鼓励大学生参与志愿者服务活动，如城市社区建设、环境保护、社会公益等，使大学生树立主人翁观念，从我做起，从身边做起，从一点一滴做起，以振兴中华为己任，将报国之志落实到实际行动，积极投身到实现中华民族伟大复兴的伟大实践之中。

第四节　大学生爱党爱国主题教育实践

爱国主义教育是学校德育和思想政治工作的重要内容，是教育引导学生树立正确的国家观、增强爱国情感和民族精神的重要途径。在教育实践中，大学生要增强对马克思主义、共产主义的信仰，对中国特色社会主义的信念，对中国共产党的信任，对中华民族伟大复兴的信心，从而为建功立业提供强大动力。齐鲁理工学院大学生爱党爱国教育活动方案如下：

一、指导思想

高举中国特色社会主义伟大旗帜，以习近平新时代中国特色社会主义思想为指导，深入贯彻落实党的二十大精神，紧紧围绕全校工作大局，紧密联系新中国成立 70 多年、中国共产党 100 多年来的光辉历程，从历史和现实、理论和实践、成就和经验相结合的高度，在大学生中深入开展爱党爱国教育，使学生进一步了解祖国的伟大成就，激发爱党爱国的热情，引导学生树立正确的世界观、人生观、价值观。根据学校工作安排，10 月份为爱党爱国教育活动月。

二、时间安排

每年 10 月份。

三、活动内容

(一)广泛开展面对面的宣讲活动

1. 认真开展以党的二十大精神为主要内容的宣讲活动。结合我校实际情况，通过专题讲座、课堂渗透、杏坛论坛等形式，进行深入浅出、通俗易懂的宣传阐释，帮助大学生答疑解惑，统一思想、提升信心。

2. 邀请老干部、老党员、老模范等人员，到大学生中宣讲革命历史和光荣传统。

(二)深入开展有特色的群体性活动

开展以"爱党、爱国、爱校、爱家"为主要内容的知识竞赛、诗歌朗诵、征文演讲、书画摄影、座谈交流等群体性活动，让大学生讲述身边的生动事例，谈变化、谈感受、谈发展、谈未来。

(三)大力开展学习先进典型活动

开展学校爱党爱国模范评选表彰工作。全校评选 5 名模范，用身边的事迹激励大学生崇尚先进、学习先进；广泛开展缅怀革命先烈活动，组织开展对老干部、老党员、老模范等人员的走访慰问活动。

(四)积极开展丰富多彩的文艺活动

结合实际组织开展形式多样、健康向上的文化娱乐活动，比如开展"爱国(革命)歌曲大家唱"活动、举办"请党放心、强国有我"诗歌朗诵会等。

四、工作要求

(一)突出思想内涵

开展爱党爱国教育活动，要围绕建设社会主义核心价值观，着力深化和拓展思想教育内容，引导大学生深刻认识历史和人民为何选择了马克思主义、选择了中国共产党、选择了社会主义道路、选择了改革开放，深刻理解只有中国共产党才能领导中国，只有社会主义才能救中国，只有改革开放才能发展中国、发展社会主义、发展马克思主义，不断增强对中国共产党领导、社会主义制度、改革开放事业、全面建设社会主义现代化强国目标的信念和信心。

(二)吸引学生参与

开展爱党爱国教育活动，要坚持以学生为中心，多运用大学生喜闻乐见的方式，多搭建大学生便于参与的平台，多开辟大学生乐于接受的渠道，使教育活动渗透到大学生学习、生活的各个方面，让教育活动的过程成为大学生自觉参与、自我教育、自我提高的过程。

(三)注重实际效果

开展爱党爱国教育活动，要紧密联系当前改革发展稳定的实际，要联系大学生的思想实际，用事实说话、用典型说话、用数字说话，努力增强吸引力、感染力、说服力；要在出实招、实效上下功夫，坚决防止形式主义，力戒铺张浪费。

(四)切实加强组织领导

成立齐鲁理工学院爱党爱国教育活动领导小组，充分认识当前开展爱党爱国教育活动的重要意义，切实加强对教育活动的组织领导，并结合实际，制定切实可行的活动方案。

第二章 敬业负责

本章导读

党的二十大指出，我们党立志于中华民族千秋伟业，致力于人类和平与发展崇高事业，责任无比重大，使命无上光荣。作为一名新时代大学生，要坚定不移听党话、跟党走，怀抱梦想、脚踏实地，敢想敢为、善作善成，立志做有理想、敢担当、能吃苦、肯奋斗的新时代好青年。然而，由于受到各种因素的影响，一些大学生敬业责任意识淡薄的问题日益凸显。我们应弘扬中华优秀传统文化精神，健全高校敬业负责的管理教育机制，加强对大学生敬业负责意识的培养，提高大学生的自我认识，引导在校大学生学习先进典型，增强用先进典型鼓舞和激励他们刻苦学习、踏实工作、不断进取、勇于创新。

第一节 概 述

一、敬业负责的内涵

"敬业"就是尊重、尊崇自己的职业和岗位，以恭敬和、负责的态度对待自己的工作，做到工作专心、严肃认真、精益求精、尽职尽责，要有强烈的职业责任感和义务感。具体而言，敬业包含了四层含义：其一，恪尽职守。其二，勤奋努力。其三，享受工作。其四，精益求精。

"负责"这一概念由来已久，追根溯源，在中西方很早便已出现。中国古代、近现代的众多思想家和革命家都着重强调过"责任"这一话题。在西方历史上，从古希腊的苏格拉底、柏拉图、亚里士多德到近现代的哲学家康德、黑格尔、萨特等，其研究领域也都涉及"负责"这一话题。责任在现实生活中是规范人的思想、约束人的行为的准则，在不同的领域，责任具有不同的主体和内容。简单来说，负责是指社会道德上个体分内应做的事，如职责、尽责任、岗位责任等；在个人工作上，没有做好自己工作，而应承担的不利后果或强制性义务。责任意识是"想干事"，己责任能力是"能干事"，责任行为是"真干事"，责任制度是"可干事"，责任成果是"干成事"。责任心就是关心别人，关心整个社会。

二、新时代背景下开展大学生敬业负责教育的意义

党的二十大会议指出，一百多年前，中国共产党先驱创建了坚持真理、坚守理想、践行初心、担当使命、不怕牺牲、英勇斗争、对党忠诚、不负人民的伟大建党精神。因此，新时代背景下，我们要坚持发扬斗争精神，增强全党全国各族人民的志气、骨气、底气，不信邪、不怕压，知难而进、迎难而上，统筹发展和安全，全力战胜前进道路上的各种困难和挑战，依靠顽强斗争打开事业发展新天地。

青年兴，则国家兴。大学生作为一个特殊而重要的社会群体，关系到民族的兴衰、国家的未来。所以对大学生敬业负责意识的培养尤为重要。而新时代背景下，部分大学生在思想观念、价值取向等方面存在一些问题，特别是敬业负责意识缺失。因此，我们要坚持好、运用好习近平新时代中国特色社会主义思想的立场、观点、方法，针对大学生有意识地在思想政治教育过程中培养其责任感，并最终内化为其敬业负责品质，使大学生成为既有责任心又有担当能力的新一代。

(一)在个人层面，有助于大学生良好人格的形成

"志不求易者成，事不避难者进"。新时代的大学生生逢其时，肩负重任，要在生活中加强自身防风险、迎挑战、抗打压能力，带头担当作为，做到平常时候看得出来、关键时刻站得出来、危难关头豁得出来。提升大学生敬业负责意识能够使大学生自觉理性地把握好人生之路，学会如何完善自我，积极追求幸福的生活方式，不断适应个人和社会发展需求，使他们能够立足于社会，促进既适应社会发展又能在社会中敬业负责的良好人格的形成。

(二)在学校层面，增强学校德育工作的实效性与针对性

对大学生进行敬业负责意识培养，要坚持不懈地加强理想信念教育、国情教育和形势政策教育，使敬业负责教育形成一个更加开放、灵活、实效的体系，保证高校的思想政治教育课顺利推进，使大学生正确认识社会发展规律，认识国家前途命运，认识自己的社会责任；要激发大学生的历史使命感、社会敬业责任感和敬业感，使他们认识到承担社会责任是实现个人奋斗目标的必经之路。

(三)在社会层面,对公民道德建设工程起到巨大推动作用

推进公民道德建设工程,着力点应放在提高公民的道德素质上。大学生是践行的重点群体,是国家的未来,关系到国家根本利益。高校应加强责任担当意识培养,贯彻《新时代公民道德建设实施纲要》,扎实有效地推进公民道德建设。

案例链接 ★

扎根西藏,不负青春——记我校优秀毕业生、西藏林芝市扎堆村第一书记赵继鹏

赵继鹏在 2017 年毕业于齐鲁理工学院土木工程专业。在校期间,他拿过国家励志奖学金,获得过校级"优秀团干部"、社会实践"先进个人"、省级优秀毕业生等众多荣誉。2017 年 9 月,他进入西藏林芝市工布江达县朱拉乡人民政府工作,现任朱拉乡党群综合办公室负责人(一级科员)、朱拉乡扎堆村第一书记兼驻村工作队副队长。

提到为什么想到去西藏工作,赵继鹏说:"我在 18 岁就光荣地加入了中国共产党,党的培养使我一直心存将来能扎根基层的愿望。在齐鲁理工学院,每年都有不少毕业生选择去志愿服务西部或报考大学生村官、'三支一扶'等,投身到祖国基层建设的热潮中。我来自祖国西部的甘肃,学长们那种奉献精神和对社会强烈的责任担当感动着我,更坚定了我扎根基层奉献青春的梦想,所以大学一毕业我就参加了'专招生'选拔奔赴西藏工作,希望能在祖国的西部实现自己的理想,追求更高的人生价值,做一名奉献边疆、服务西藏的建设者,为西藏的发展建设尽一点绵薄之力。"

从象牙塔到边疆,最让赵继鹏"不习惯"的是饮食和语言。吃不惯,他就每天坚持吃,坚持喝酥油茶;听不懂藏语,就多向民族干部请教,多跟村民"拉家常"。半年时间不到,他已经能自己做糌粑当早餐,使用基本的问候语和统计相关信息的常用语也变得很流利,村民们渐渐地开始接纳这个初出茅庐的"第一书记"。

第二节 大学生敬业负责的现状

随着经济、科技和思想文化建设的不断发展,敬业负责意识逐渐被提到一个新的高度，并呈现出越来越好的发展态势。然而，不可否认，大学生敬业负责意识的培养，仍然面临某些大学生自我敬业负责意识淡化、家庭敬业负责意识弱化、社会敬业负责意识薄弱等现实难题。

一、某些大学生自我敬业负责意识淡化

自我敬业负责意识是一种自律意识，顾名思义，也就是对自己的生命、人生、行为、言语等所承担的主体责任。自我敬业负责的基础和前提是意识。每个人只有具备自我敬业负责的意识，才能更好地担负起社会和家庭赋予的责任。因此，当代大学生首先应该养成良好的自我敬业负责意识，珍爱自己的生命，规划好自己的人生，注意自己的言谈举止，将个人理想与社会理想相统一，提升自身的文化水平和思想道德修养。

大学生从表面上看已经是成人，但是处于生理上成熟、心理上尚不成熟的阶段，他们具有比较强的逆反心理，一些自认为不对的观点，不管别人如何劝说他们都难以接受。另外，他们生活在大学校园这样一个思想活跃、多元思想意识聚集和交汇的中心，容易受到外来不良文化的冲击。大学生心理上的不成熟加上生活环境的复杂性，导致他们担当责任不积极主动。有的大学生在意识到自己责任的同时，却做不到将它升华为自觉的内心认同，容易受到社会上的偶发事件的负面影响，不能坚持正确的思想认识，不能秉持正确的价值判断，在敬业负责的具体行动过程中摇摆不定。

二、某些大学生家庭敬业负责意识弱化

家庭敬业负责意识主要包含两个方面：一是大学生对家人的责任和感恩意识；二是对于家庭和睦的敬业负责意识。自古"百善孝为先"，做子女的基本道德和责任就是尊重父母、孝顺父母。家庭是社会的基本细胞，是人生的第一所学校，家庭敬业负责意识的提升对于个人及社会的发展具有至关重要的作用。

大学是学生人生观和价值观形成的关键时期。有的大学生对家庭、责任、担当等概念比较模糊，感性情感胜于理性思考，这直接影响当代大学生家庭敬业负责意识的培养。总的来看，我国当代大学生继承了中华民族传统美德，对父母怀有感恩之心，能够体恤父母的良苦用心。但是，当代大学生中的绝大多数是独生子女，加之父母溺爱现象严重，使有的大学生以自我为中心，缺乏生活独立意识，依赖父母，甚至把对父母和家庭的索取看作理所当然。另外，社会转型期不

良文化意识使得有些大学生盲目攀比，崇尚名牌，追求高消费，不顾自身家庭的实际情况。特别是随着社会信息化和网络化的快速发展，有的大学生利用网上借贷平台满足自己的虚荣心，从而酿成令人心痛的后果。

三、某些大学生社会敬业负责意识薄弱

从整体上看，大学生社会敬业负责意识的培养还需进一步提高。部分大学生知行不一，"知易行难"现象比较突出。大学生都接受过高等教育，对思想道德教育的知识并不陌生，也深知什么该做、什么不该做，责任认知相对较好，但是往往无法将这种责任认知真正实践到实际生活中。有的大学生忽视交通规则、破坏公关财产、随意丢弃垃圾、在公共场所大声喧哗等；有的大学生对于国家政治和社会发展中的重大事件采取漠视的态度，往往只关注个人需要和个人利益，忽视社会需要和社会利益，无法处理好个人与社会之间的关系。

第三节　大学生敬业负责习惯的养成

要解决当代大学生敬业负责习惯培养的现实困境和实际难题，就得对症下药，结合当代大学生的特点，全方位、多层次地探索解决这一问题的出路，不断提升当代大学生的敬业负责意识，并将其转化为积极的日常自觉实践。

一、大学生敬业负责习惯养成的新路径

大学生社会敬业责任感的培育和提升，需要结合当代大学生社会敬业责任感的现状，以社会敬业负责感形成、发展、实现的规律为导向，发挥大学生自身、家庭、学校和社会的联动作用，提出符合大学生身心发展状况、贴近大学生实际生活的培养措施，增强大学生社会敬业负责感培育的针对性和实效性，实现全过程、全方位的系统性社会敬业负责培育。

(一)发挥高校教育的主渠道作用

当代大学生敬业负责意识的强弱与自身认知水平休戚相关。高校作为思想政治教育的主要前沿阵地，肩负着将大学生从"幼苗"培养成"参天大树"的主要责任，同时也是促进大学生世界观、人生观、价值观形成的重要场所。

高校要充分发挥思想政治理论课的课堂导向作用。高校思想政治理论课承担着对大学生进行系统马克思主义理论教育的工作，是对大学生进行思想政治教育

的主渠道。具体来说，在课程设置方面，思想政治理论课要更加有针对性和系统性，凸显敬业负责的内容和目标，引导大学生树立正确的"三观"，理解个人与社会的辩证关系，明确自身角色定位，形成公民意识和责任意识；在课堂教学方面，要做到寓教于理、寓教于情，达到"润物细无声"的效果，比如通过开展爱国主义教育、理想信念教育、道德教育等方式，促进大学生责任意识的形成，使敬业负责意识入耳、入脑、入心，内化于心，外化于行。

高校要深化教师以身作则的育人功能。作为教师，不仅要通过言教向大学生传达理论知识，还要通过身教影响大学生的日常行为。大学生敬业负责意识培养的质量与教师的素养紧密相关。一项心理学调查研究发现，大学生对于教师的行为有不同程度的不自觉模仿现象，这种表现趋势非常显著。因此，教师首先要加强自身的责任修养，作为表率，用自己的言行、风范潜移默化地引导大学生，使敬业负责意识真正深入大学生的思想和心灵。比如，教师可以组织公益劳动、志愿者活动、社会调查等实践活动，并参与其中，在实践中注重自身的一言一行、一举一动，促进大学生责任认知与责任行为的统一。另外，教师可以利用视频、音频、教学网站等丰富的多媒体资源，组织大学生观看红色电影、红色展览，激发大学生的家国情怀，自觉形成其对国家、对社会、对家庭、对自己的敬业负责意识。

(二)突出家庭教育的补充作用

家庭是国家的细胞，是大学生受教育的第一场所，对于其敬业负责意识的培养具有至关重要的作用。

家庭教育理念需要转变。古往今来，中国社会一直重视家庭教育，"养不教，父之过"等体现了家庭对于孩子教育的影响是巨大的。随着价值观念的转变，传统的"棍棒式"教育观念已逐渐隐退，现代家庭教育理念渐渐趋于科学合理。然而，不可否认，还有相当一部分家庭依然以成绩论英雄，认为孩子的成绩好就可以改变命运，从而忽视了"德""素"教育。鉴于此，父母应该转变家庭教育理念，注重家庭软环境建设，加强家庭成员之间的正能量互动，及时进行有效的沟通，了解孩子每个成长阶段的特点，给孩子营造一个平等、温馨的家庭氛围，从而引导学生站在更多的角度上看待问题，从更多维度培养其敬业负责意识。

家庭养育功能需要完善。一个人从呱呱坠地开始，最先接触的就是自己的父母，父母的生活态度等会影响孩子的价值观养成。因此，在大学生敬业负责意识培养过程中，家庭教育尤为重要。父母只有时时、处处、事事严格要求自己，才能更好地去要求孩子，引导孩子成为一个高素质修养的人，明辨是非善恶，知道哪些该做，哪些不该做，从而建立积极的生活态度以及正确的敬业负责意识。

（三）强化大学生社会实践的实效性

敬业负责意识既属于主观范畴，又属于实践范畴。长期以来，我国对于大学生敬业负责意识的培养普遍停留在重理论轻实践这一层面，教育与社会实践严重脱离。许多大学生掌握了责任概念和责任规范，却不能在社会活动和个体生活中完整地体现出来。事实上，敬业负责意识教育不仅需要理论灌输，还需要将人文教育与实践教育紧密结合，将"直观融合""显性融合""隐性融合"有效结合。因此，要为大学生提供一个良好的敬业负责意识培养环境，就必须重视社会实践这个"第二课堂"。

首先，学校和父母应该鼓励大学生走出"象牙塔"，走出"温室"，尝试体验生活，感受社会百态，在实践中了解我国的国情、党情、民情，引导大学生正确把握主流价值观，而不是坐在教室里纸上谈兵。

其次，高校可以将实践活动纳入课程安排，多开展实践教学，布置社会实践作业，引导大学生密切观察社会，切身体会生活的艰辛和父母的不易，避免一叶障目，督促大学生形成一种责任情感认同，明确在学习、生活中哪些是自己应该做的事，哪些是应该摒弃的不良行为。

最后，大学生应该有意识地把握实践机会，积极参与公益活动、学校实习等活动，从而认清自身的优势和不足，确定今后的目标，直观认识自己的敬业负责能力，塑造良好的自我责任感。这些社会实践活动，将敬业负责意识融入大学生的现实生活，使责任与生活息息相关，不断增强大学生责任意识和担当能力。

二、大学生敬业负责习惯养成的具体对策与措施

（一）提高大学生自我教育的能力

就大学生社会敬业负责意识培养而言，自我教育就是大学生在教育者的正确引导下，自觉学习马克思列宁主义、毛泽东思想、邓小平理论、"三个代表"重要思想、科学发展观、习近平新时代中国特色社会主义思想，自觉地反思自身的思想和行为，主动克服错误的思想并树立正确的世界观、人生观和价值观。大学生的自我教育是大学生社会敬业负责意识形成的前提和基础。

（二）提高大学生自我认识的能力

敬业责任认知是责任行为的前提。大学生应积极了解社会敬业责任感的内涵

和社会敬业责任感的基本内容，从而自觉坚定自身理想信念，通过理论学习和实践锻炼提高自我认识的能力。社会敬业责任感的客观存在性和主观选择性要求大学生正确认识自我的社会角色。作为大学生，应以努力学习科学文化知识和专业技能为职责；作为子女，应尽关爱和孝敬父母之责；作为公民，应以遵守社会道德和法律规范、服务人民和奉献社会为责任；作为国家的一分子，应以热爱祖国、为祖国的繁荣富强奋斗为责任。社会敬业责任感的规约性与自律性，要求大学生充分认识到中国传统责任伦理思想和马克思主义的社会责任理论所具有的现实意义和时代价值，主动以中华优秀传统文化的道德要求来规范自身的行为方式，进而增强自身的国家责任意识和公民责任意识，促进个人与他人、个人与家庭、个人与集体、个人与社会关系的和谐发展。

（三）提高大学生自我调控的能力

社会敬业责任感是责任行为的基础；积极的社会敬业责任感会促使大学生主动承担更多的责任，进而为他人和社会的需要做更多的贡献。大学生要自觉对自身的社会敬业责任感进行积极的自我调控：通过理智控制自身的感情冲动，在无人监督的情况下，能主动克服逃避心理，自觉作出符合社会公德要求的价值判断和行为选择；在个人利益与集体利益发生冲突时，能自觉维护集体利益，自觉为集体利益作出相应的奉献；在面临眼前利益与长远利益的抉择时，能主动选择长远利益；在个人价值与社会价值发生矛盾时，能自觉以社会价值为重，主动将个人价值与社会价值相统一。敬业责任意识是责任行为的动力。大学生应主动进行自我监督，以崇高的理想和坚定的信念强化自身的社会敬业责任感。

（四）提高大学生自我体验的能力

社会敬业责任感的社会整体性与角色差异性，要求大学生提高社会敬业责任感的自我体验能力。大学生通过参加社区服务、公益募捐及志愿服务活动等，亲身体验履行社会责任带来的自我满足感和自豪感，体验自身行为未达到社会道德规范的要求和他人的期望所带来的挫败感和失落感。一方面，大学生应主动参加各类社会实践活动。例如，通过参加环保志愿服务活动，增强自身的环保责任意识，以自身实际行动践行环保理念，做新时代的绿色传播者、绿色实践者；通过参加农村留守儿童社会调查活动、空巢老人生活现状调研活动等，自觉增强自身的社会责任意识，努力为人民生活的改善、社会的和谐稳定以及国家的繁荣富强贡献自身的才智；通过帮助交警指挥交通、协助环卫工人清洁环境等活动，亲身感受立足岗位、敬业奉献、服务社会的精神，提高自身的奉献意识和敬业意识；

通过参加革命遗址、博物馆等场所的现场专题讲座，参与红色文化演讲比赛、红歌比赛、红色艺术作品大赛等文化活动，激发自身爱人民、爱党、爱国、爱社会主义的责任热情。另一方面，大学生应在社会志愿服务活动中运用自身的知识和技能，提高自身的实践能力和服务水平。例如，深入学校、社区和乡镇，开展心理健康咨询服务活动，积极帮助他人和关爱他人，增强服务人民与社会的责任意识；深入企业、社区、学校及农村党支部，进行政治政策宣讲活动，帮助人们全面了解党的政策方针和组织路线，从而自觉增强自身的政治责任意识。大学生通过参与各种社会实践活动，可获得自我情感体验，从而有助于将自我的社会责任认知积极转化为自身的社会责任行动。

第四节　大学生敬业负责主题教育实践

为全面贯彻落实党的二十大精神和习近平总书记系列重要讲话精神，切实提高思想政治教育工作质量，引导大学生正确认识时代责任和历史使命，激励大学生自觉把个人理想追求融入国家和民族的事业中，融入学校建设中，齐鲁理工学院在全校大学生中开展敬业负责主题教育活动。

一、活动主题

"敬业负责"

二、活动时间

每年 3 月至 12 月

三、活动内容

1. 开展"敬业负责"主题报告会。邀请名家名师来校举办主题报告会，引导大学生更加深入、全面地了解国内外形势，进一步促进大学生牢固树立责任意识与敬业精神。

2. 开展"弘扬'三大文化'加强'四史'教育"知识竞赛活动，大力弘扬中华优秀传统文化、革命文化和社会主义先进文化，加强对大学生的党史、新中国史、改革开放史、社会主义发展史的教育。

3. 开展"我们的榜样"——优秀大学生先进事迹巡回报告会。从考研、从军、考公、西部支教、大赛获奖等方面组建优秀大学生先进事迹报告团，在全校范围内进行巡讲和交流，使大学生学有方向感、有目标，用身边人、身边事教育大学生。

4.开展"敬业负责"主题演讲比赛。在全校范围内，以学院为单位组织开展演讲比赛。

5.开展"敬业负责"主题辩论赛。在全校范围内，以学院为单位组织开展主题辩论赛。

6.开展"我们的旋律"合唱比赛。在全校范围内，以学院为单位组织开展合唱比赛，激发大学生爱党、爱国热情。

7.开展"敬业负责"志愿服务活动。鼓励大学生从义务支教、敬老院之行、交通协警、医院导诊、寒暑假社会实践五个活动中选择至少一项活动参加。

8.其他形式的教育活动。各学院要结合本院学生实际，开展针对性强的主题教育报告会、专家讲座、各类竞赛、素质拓展、主题电影展、社会实践等教育活动，着力扩大活动的影响力，提升教育活动的针对性、实效性。

四、活动要求

1.高度重视。深入开展"敬业负责"大学生主题教育活动，是学习好、贯彻好习近平总书记系列重要讲话精神和提高大学生敬业负责意识的重要举措。各学院要高度重视、精心策划，采取有效措施，按照方案要求，在全校掀起学习高潮。

2.精心组织。各学院要根据学校主题教育活动要求，结合本学院实际情况，制定大学生主题教育活动具体实施方案，将"敬业负责"大学生主题教育活动落细落实。

3.注重实效。各学院要将"敬业负责"大学生主题教育活动与日常思想教育结合起来，运用新媒体、新技术，增强思想政治教育的亲和力和针对性，激发大学生在主题教育活动中的主动性、积极性和创造性，切实提高大学生的品德修养。

第三章 诚实守信

本章导读

　　诚实守信是当代大学生的基本素养，体现一个学生的整体道德修养。在当前高校生活学习中，还有部分不诚实守信的情况发生：在学习上，因怕考试挂科、重修等，出现考试作弊、代写作业、代课、代刷网课等不诚实的现象；在生活中，存在借钱不还、不信守承诺、不讲信用、说谎话等现象。为了改善大学生的这些不诚实守信的状况，本章详细叙述了诚实守信的概念、作用及意义，通过教育实践，增强学生诚实守信的观念。

第一节 概 述

一、诚实守信的内涵

　　诚实守信是中华民族的传统美德，是社会主义核心价值观的具体要求。所谓"诚实"，就是说老实话、办老实事，不弄虚作假，不隐瞒欺骗，不自欺欺人，表里如一。所谓"守信"，就是要"讲信用""守诺言"，也就是要"言而有信"，忠实于自己承担的义务，答应了别人的事一定要去做。诚实守信的基本内涵，即忠诚老实，就是忠于事物的本来面貌，不隐瞒自己的真实想法，不掩饰自己的真实感情，不说谎，不作假，不为不可告人的目的而欺瞒别人。这是每个大学生都应该拥有的品质。

　　诚信是任何一个社会组织获得成功的基本保证。企业、事业单位、人民团体、学校都要讲信用。组织内部要讲诚信，特别是组织与组织之间、组织与社会之间必须讲诚信。就社会各组织之间的诚信来说，要信守合同，一旦协商一致或者正式签署合同，就应该遵守，不能反悔或不履行条款，否则会导致诚信危机。

诚信也是治理国家的重要法宝。政府取信于民，人民才能拥护政府。一个全心全意为人民服务的政府应该是诚信的政府，一个诚信的政府应该讲公平和正义，能承担起对公众的义务和责任。

二、诚实守信的表现

加强大学生的诚信建设，是当代大学生自身健康成长的需要。对于社会而言，诚信是一种道德规范。对于个人而言，诚信是一种人格力量。当代大学生无论是安家立命，还是修身立志，都离不开"诚信"二字。

大学生应树立正确的义利观。义与利是中国伦理思想的基本问题。大学生树立怎样的义利观，决定了他在道德和个人利益之间的取舍。大学生应坚持诚实守信，反对唯利是图，见利忘义，要从自身做起，营造大学生诚信教育的优良环境。

大学生应提高以诚信为中心的自身人文素质，加强自身的世界观、人生观、价值观方面的改造，把诚信作为自身的道德素质提高的重要问题来看待，自觉提升道德修养，培养高尚的道德情操。

大学生要从中外优秀的诚信典范中汲取力量，向其看齐。大学生群体中也有很多优秀的典范非常值得学习，他们展示了当代大学生崭新的精神风貌。比如，有的学生在路上捡到身份证、银行卡等物品后，会自觉地交到教学楼大学生服务中心窗口的接待处，等待失主来领。近两年，在学校各种考试过程中作弊的现象逐渐减少。

三、新时代背景下开展诚实守信教育的意义

(一)诚信是中华民族的传统美德

大学生的诚信意识、诚信行为、诚信品质关系到良好社会风尚的形成，关系到社会主义和谐社会的构建，在一定意义上关系到中华民族的未来。因此，大学生要自觉加强诚信道德建设，把诚信道德作为高尚的人生追求、优良的学习品质、立身处世的基本原则。

(二)诚信是大学生树立理想信念的基础

大学生只有养成诚实守信的道德品质，才能真正忠诚于国家和民族的事业，牢固树立为实现中华民族的伟大复兴奋斗终身的理想信念。

(三)诚信是大学生德智体美劳全面发展的前提

大学生只有以诚实守信为本，加强思想道德修养，讲诚信、讲道德，言必

信、行必果，诚心做事、诚实做人，言行一致、表里如一，自觉端正态度，坚守道德、规范，才能不断提高思想道德素质、科学文化素质和健康素质，实现德智体美劳全面发展。

(四)诚信是大学生进入社会的"通行证"

大学生只有树立以诚信为本的信用意识和道德观念，才能得到社会的认可，成为高素质人才，承担起社会责任和历史使命。

案例链接 ★

案例(一)

河南某学校的马某，在寒假期间和朋友去逛街，在超市门口发现一个黑色皮夹，她捡起来一看发现皮夹里面有现金1500元、3张银行卡、电话缴费单、驾照、身份证等重要物品。她和朋友商量过后决定将皮夹归还失主，于是让前台服务人员协助寻找失主，最后终于找到失主。失主非常感谢并且要给她回报，她委婉拒绝了。

案例(二)

贫困生肖俊在某高校求学。在4年的大学生涯里，他硬是靠着送牛奶、清扫楼道、做家教赚生活费，并以优异的成绩获得奖学金，完成了学业。当肖俊就要毕业离校踏上工作岗位时，他拿出积攒的7500元送奶费，还清了国家助学贷款。诚实守信而又刻苦勤奋的他被某公司看中，毕业后不久就将报到上岗。肖俊说，作为一名贫困大学生，是国家助学贷款帮助他顺利读完了大学。

他通过网络等方式向全体大学生发出诚信还贷倡议。在倡议书中，肖俊写道："广大享受国家助学贷款的同学们：我是某大学的一名普通学生，和大家一样，都是靠国家助学贷款顺利读完了大学。在我们最困难的时候，是国家助学贷款帮助了我们……毕业之际，饮水思源，如期履约，按时还贷，是我们每个接受国家助学贷款资助同学的义务，也是对自己人生信用记录的珍爱……"

案例(三)

近代著名商人胡雪岩有一段讲信用的故事：当年，有一个湘军军官把自己的钱存在胡雪岩的银号中，但他当时没有索要凭证。后来，这位军官身受重伤，临终前委托同伴把这笔钱取出来转给他的家属，那位同伴找到了胡雪岩的银号。面对没有凭证的取钱人，银号有两种选择：一是为了眼前的利益以没有凭证为由赖掉这笔钱；二是讲信誉，物归原主。胡雪岩选择了第二种，他不仅付清了本金，还加付了利息。这件事传开后，所有的湘军军官都把钱存到胡雪岩的银号里，使他获得了更为丰厚的收益。作为中华民族的传统美德，诚信在中国社会中发挥着不可替代的作用。古人在商业领域和人际交往中的诚信值得我们学习。

第二节 大学生诚实守信的现状

一、当代大学生诚实守信存在的问题

大学生作为同龄人中接受文明教育较充分的群体，应是诚信的践行者和示范者。但我们深入了解大学生诚信现状后，发现存在以下问题：

1. 在学业上个别学生平时不努力，带着投机心理参加考试。虽然各高校对考试作弊采取严厉的惩罚措施，但仍然存在考试作弊的现象；在四、六级考试中，个别学生聘请枪手、利用现代通信工具等的作弊手段花样翻新，甚至个别成绩优秀的学生，为了高分也铤而走险；在学术研究和创新实践中存在学生抄袭现象，特别是毕业设计(论文)自主开发成果所占比例比较小；个别学生沉溺于游戏，学习成绩明显下降，却编造各种借口欺骗父母。

2. 在经济生活中个别学生为了自身利益，肆意夸大贫困事实，想尽办法争取学费减免、困难补助和国家贫困生奖学金，但在实际生活中却不节俭；有些大学的学费拖欠现象严重，拖欠人数超过 30%，个别学生毕业多年后依然拖欠学费，且无归还打算；少数学生对国家助学贷款不按期归还。

3. 在对待个人荣誉上个别学生为获取各种荣誉，言行不一，欺骗老师和同学，投机取巧，如在入党、评优评先时弄虚作假，影响恶劣。

4. 在就业过程中个别学生对个人简历注水，涂改成绩，编造假的英语等级证书、计算机等级证书等，夸大个人能力；个别学生在就业中往往从自身利益出发考虑是否违约等。

可见，大学生的诚信问题有待解决，诚信教育很有必要。

二、导致大学生诚信缺失的因素

(一)学生自身

网络信息时代，大学生每天会接收大量信息，但由于其中一些学生涉世未

深，心理不成熟，缺乏理性思辨和分析能力，对社会上良莠不齐的现象难分真伪，常把观察到的一些社会消极现象当作社会的本质，形成错误的诚信观，深陷名利诱惑不能自拔，进而做出见利忘义、弃守诚信的事情来。整体上看，大学生价值取向的主流是健康向上的，但从个体上看，部分学生功利色彩突出，遇事先替自己打算，在处理与他人关系时以是否有利于自我为尺度，只考虑自身的各种利益，为达到目的不择手段、不惜毁诚弃信。大学生多是独生子女，优裕的成长生活环境，使他们缺乏艰苦的磨炼，责任意识较差，不少人在行为上表现为以自我为中心，只追求个人价值的实现，却不愿承担应尽的社会责任和义务。

（二）家庭教育

有些家长受应试教育的影响，只重视孩子的学习成绩，而忽视孩子的品德修养和诚信教育，对孩子如何做人、是否诚实守信缺乏最起码的关注。孩子的智力教育、人格教育、诚信教育等是一个不分先后、相互配合的整体培育过程，但有些家长认为智力教育优先，而其他教育可有可无，或者有些教育可以放到进入大学之后再进行。这势必造成学生培养模式的畸形发展，带来无法避免的恶果。

另外，在家庭教育中，有些家长的诚信意识和行为没有起到应有的榜样作用。有些父母不注意约束自己的言行，如有的家长当着孩子的面做违背诚信的事，有的家长对孩子的不诚行为予以默许和鼓励。学生长期受家长耳濡目染，难免出现诚信缺失的行为。同时，有些家长完全把教育的责任推卸给学校，认为把孩子送到学校就万事大吉，认为培养教育孩子的事应全交给学校，殊不知如此的教育真空给孩子带来的恶劣影响是难以弥补的。有些家长对孩子在校表现不闻不问，任其发展，这必然助长孩子的不良行为。

（三）学校教育

有的教育者常以学生成绩的好坏作为评价优劣的主要标准，德育教育流于形式；有的教育者重道德理论教育，轻道德实践培养，忽视学生的生活细节和从身边小事做起，使教学不能真正指导学生的道德实践。在信息社会，现代网络和媒体已经深入大学生学习和生活的各个方面，有的老师却还习惯于课堂灌输、习惯于居高临下、习惯于照本宣科，而不善于平等沟通和思考创新。有的学校缺少保护诚实守信和惩治诚信缺失的有效手段和机制，使有的学生背弃诚信，甚至利用学校管理制度上的某些漏洞铤而走险。这些发生在学生身边的问题势必会损害学校和老师在学生心目中的形象，使学生对诚信教育产生逆反心理，严重影响高校诚信教育的效果。

（四）社会环境

在经济社会发展的转型关键时期，市场经济的积极作用日益明显，但其不完善也时常诱发人们的求利欲望，制假售假、坑蒙拐骗、偷税漏税等不和谐现象的发生必然会给大学生带来不良的影响。在建设和谐、诚信社会的过程中，作为社会发展的组织者和管理者的政府，依法执政、信守诚信是关键。个别新闻工作者为了自身利益，不讲职业道德，忽视社会责任，搞有偿新闻，对社会丑恶现象做不实报道甚至故意隐瞒。少数人制作假文凭、搞虚假文风；娱乐圈种种虚假炒作、暗箱操作。以上这些缺乏诚实守信的不良行为给大学生的心灵也投下了深刻的阴影，对大学生的诚信道德建设必定带来极为不利的影响。

第三节　大学生诚实守信习惯的养成

一、大学生诚实守信习惯养成的教育思路

诚实守信是我国传统道德大厦的根基，诚信铸成中华民族道德之魂。社会主义核心价值观在公民个人层面的价值准则为爱国、敬业、诚信、友善。诚信是国家对每一位公民的要求，也是每一位公民必须拥有和遵守的品质。党的十八大提出"把立德树人作为教育的根本任务"，而诚实守信则是大学立德树人的灵魂。当代大学生是祖国和民族的未来与希望，是推动社会发展的重要力量。他们能否拥有恪守诚信原则、自觉维护信誉的良好品格，事关国家的前途命运和社会主义的兴衰成败。在全社会都在倡导诚信的今天，作为接受文明教育最充分的大学生，更应该身体力行，不做有损个人名誉和国家利益的事情。

二、大学生诚实守信习惯养成的教育实践

对于当代大学生养成诚实守信的习惯、培养优秀的道德品质，社会、学校及个人都应作出努力：

国家要完善和健全社会的诚信制度，建立个人信用档案。个人信用档案除包含学生在校期间的成绩、获奖、参与社会实践等情况外，还应包含大学生的失诚失信、违纪违法及所受处罚等反映大学生诚信素质的情况。国家还要建立由诚信管理系统、诚信评价系统、诚信监督系统组成的诚信监管体系以及个人诚信查询系统。

学校要完善相应的决策制度。一方面，学生对学校、学院乃至本年级的重大决策，如重要学生干部的任用事项、综合测评的依据、学生入党、保送研究生的程序等的知情权、参与权、监督权应落实到位；另一方面，学校应避免民主集中制形同虚设。学校应建立学生信用档案，健全诚信教育体系。信用档案主要包括个人信息、家庭基本情况、学业情况、经济情况等内容，并且被纳入养成教育考核中。围绕诚信教育，学校在学校内部管理上要坚持诚信原则，建立诚信管理机制。学校应将诚信教育提高到与文化知识教育同等重要的地位；拓展诚信教育路径；营造诚信校园氛围，培育学校的诚信道德文化；完善诚信机制，加强诚信教育制度建设；严格查处包庇不诚实守信现象的行为。学校应努力营造诚实守信者受到肯定与尊重的环境，强化"诚信光荣，不诚信可耻"的道德观念；树立正确的诚信意识导向，要求老师在诚信教育中做表率和楷模，加强道德修养，做到自重、自省、自警、自励，在工作、学习、生活中"言必信，行必果"，从而用良好的道德形象带动广大学生树立讲诚信的意识。另外，学校应结合大学生日常生活实际和社会发展需要开展相应的诚信道德宣传教育活动，可以借助网络搭建大学生诚信教育平台，实现传统与现代教育模式的有机结合，最大限度地实现最佳宣传效果，将失信行为公开并让学生讨论辨别，用舆论的无形力量来约束失信行为。

在大学生活中，诚信教育必须贯穿在整个学习过程中。学校要从大学生进校起，从作业不抄袭、考试不作弊等身边的事情入手，让诚信教育真正融入大学生学习、生活的各个方面；对研究生及高年级本科生，学校要加强科研学术道德建设，要建立和完善学术规范，建立道德信用，净化科学风气，弘扬科学精神；通过规章制度的强制性和导向性，学校应促进大学生形成良好的诚信观和学术道德观；对即将毕业走向工作岗位的大学生，学校要加强大学生的求职和诚信观教育，让他们以诚信的姿态步入社会，谋求发展。总之，学校要通过各种渠道和方法，积极营造"讲诚信光荣，不讲诚信可耻"的校园氛围，培育诚信土壤。

大学生也应该从个人角度注重自身的诚信行为养成，降低课堂违纪率、作业缺交率、考试作弊率，减少恶意拖欠助学贷款和学费、骗取困难学生助学金、随意违反就业协议等失信行为，积极参加相关的诚信教育实践活动，营造良好的诚信氛围。

第四节　大学生诚实守信主题教育实践

一、大学生诚实守信主题教育实践的开展情况

当代大学生的诚信度与社会对大学生的要求存在着一定的差距，表现在大学生思想、学习、生活的各个方面。学校是大学生思想意识形成的重要文化阵地，在大学生诚实守信的教育方面更是责任重大。下面介绍齐鲁理工学院开展诚实守信主题教育实践的情况。

齐鲁理工学院将"诚实守信"写入《齐鲁理工学院养成教育成长手册》并纳入《齐鲁理工学院养成教育考核办法》，使其成为养成教育的考核项目之一，考核指标中诚实守信赋分标准为 5 分，并赋予以下评分细则及评分标准：

1. 评分细则

(1)学生应诚信考试、诚信做作业、独立完成毕业论文，严禁抄袭等。

(2)学生应诚信就业、诚信还贷款，杜绝学生之间相互利用、商业诈骗、欺瞒拐骗等现象的发生。

(3)学生应诚信考勤、诚信学习、求实求真，切勿不懂装懂。

(4)学生参加集体活动要按时到场，与人相约按时到位。

(5)学生要讲信用，承诺的事一定兑现，与人交往没有欺诈行为。

(6)学生应以诚信的标准要求自己，以诚信的态度影响别人，坚持诚信做人。

(7)各学院每学期都要举行相应的养成教育活动，针对"诚实守信"专题至少要展开两项活动，例如，举办以"诚实守信"为主题的征文比赛、专题讲座等。

(8)每位学生参加养成教育中的每项主题活动不得少于一次。

2. 评分标准

(1)以上 8 条全做到者得 5 分。

(2)毕业论文、考试不诚信，出现一次各扣 1 分

(3)不诚信就业、不诚信交友、不守时、不讲信用，出现一次扣 0.5 分

(4)不诚信考勤、未诚信完成作业，出现一次扣 0.5 分。

(5)每学期参加"诚实守信"主题活动少于要求次数，出现一次扣 0.5 分。

加强大学生诚实守信教育的具体对策，学校从如下几点展开：

(1)加强思想道德教育，确立诚信教育观念。学校可以从大学生思想道德修

养、大学生心理健康教育及大学生就业规划等课程入手，可邀请企业管理人员、已毕业的优秀校友等举行专题讲座。

（2）开展实践活动教育，丰富诚信教育内容。学校可以通过组织以诚实守信为主题的演讲赛、辩论赛及征文比赛、诚信小故事汇演等方式，通过开展诚信班级、诚信宿舍评比等活动，丰富大学生诚信教育内容，让大学生亲身体验诚信的重要性和意义。

（3）围绕校园文化建设，创设诚信教育环境。学校在校园文化建设中应充分发挥校园广播站、校报校刊、校园橱窗和黑板报等阵地作用，开展诚信专题宣传；在学风、教风及校风建设中，发挥老师言传身教的示范作用，用自身的诚信行为影响大学生的言行。

（4）学院或班级可以建立科学的诚信评价机制，对诚信者给予鼓励，对各种不诚信行为予以相应的惩处，以此调动大学生诚信意识的积极性和主动性。

二、诚实守信相关活动策划书

（一）活动主题

"诚实守信，从我做起"

（二）活动目的

以诚信教育为主题的活动意在使大学生认识到诚信的重要性和培养诚信的意识，并初步学会将诚信融入日常生活中的每件小事，真正做到诚实守信。同时，大学生应更着眼于本年级、本学院乃至本校，通过积极学习，认识到诚信对于人生的重要性，把诚信当成做人的一种品质，作为道德的根本、个人成就事业的根基。作为当代大学生，作为时代的弄潮儿，应通过新颖独特的形式、真诚友好的交流、积极不懈的宣传激励越来越多的身边人，通过严格要求自己做到诚信待人、诚信学习、诚信做事、诚信立身。

（三）活动方案

1. 举办"诚实守信，从我做起"条幅千人签字活动，呼吁师生要做诚实守信的人。该签字横幅可在教学楼大厅和餐厅门口挂出，引导大家重视诚信。

2. 开展"诚信伴我行"演讲比赛，并在学校微信公众号展示赛况宣传及获奖结果。

3. 开展"发现你的灵魂美"优秀事迹征集活动，发现身边诚实守信的优秀事迹，可在教学楼大厅设置展板或者在学校微信公众号展出。

4. 制作"诚信就在我身边"展板，鼓励大学生通过写感谢信的方式将发生在自己身边的诚信故事展示出来，激励更多的当代大学生为争做诚信的人而不懈奋斗。

5. 拍摄发生在大学生学习、科研、人际交往、就业生活中的诚信故事短片，以短视频的方式来警示大家自觉地做一名诚实守信的大学生。

第四章　友善乐群

本章导读

　　在竞争激烈的今天，一个人独自打拼的时代早已远去，现在不仅注重的是友善乐群，更多的是需要我们能够融进一个又一个的团队中去。以整体的力量去战胜困难，完成任务，你便会体验到友善乐群带来的快乐与幸福感。在团队中，友善乐群精神是大家共同合作的基础，拥有这股力量就等于拥有了战胜一切困难的力量。本章从大学生的实际情况出发，通过理论与实践相结合，使大学生更加懂得如何与他人相处，促使大学生不断挖掘自身潜力，提升大学生友善乐群的能力。

第一节　概　　述

　　在当今日益激烈的社会竞争中，友善乐群已经成为社会经济发展的必然。任何工作都需要一个和谐而默契的团队，才能够有条不紊地进行下去。而对于即将步入社会的大学生，在习惯了十几年的独立学习的教育模式之后，友善乐群精神就成为其相对薄弱的一种能力。

　　社会的未来需要靠现在的大学生去创造，因此培养大学生友善乐群精神是时代发展的需要；同时，加强友善乐群精神的培养也是大学生素质教育的一项基本要求和重要内容。

　　培养大学生的友善乐群精神，可以让大学生体会到与人为善、互相帮助、互相学习的益处，并提高他们共同解决问题的能力；培养大学生的友善乐群精神，有利于提高大学生与人共事时团队协作的主动性，有利于塑造良好的个性人格及提升个人的综合素质。因此，友善乐群精神建设符合认同成员个性化及社会角色的要求，符合素质教育健全大学生人格、塑造大学生良好个性的要求。

加强素质教育，培养大学生的友善乐群精神已成为当代教育者达成的共识。在现代社会，个人的力量显得非常渺小，单靠个人能力来解决重大问题的可能性已微乎其微，更多的成果是靠"集体大脑"，而创新人才将以一种团队的形式体现出来。也就是说，时代要求个体在具备必要的自身能力之外还必须具备与他人合作的协作能力。为此，培养受社会欢迎的具有良好友善乐群精神的大学毕业生，必将是高校教育的职责和神圣使命，也是所有大学生必须认真对待的问题。

一、友善乐群的内涵

所谓友善乐群，简单来说就是大局意识、协作精神和服务精神的集中体现。友善乐群的基础是尊重个人的兴趣和成就。团队精神的核心是协同合作，最高境界是全体成员的向心力、凝聚力，反映的是个体利益和整体利益的统一并进从而保证组织的高效率运转。友善乐群的形成并不要求团队成员牺牲自我，相反，展现个性、表现特长能保证成员共同完成任务目标，而明确的协作意愿和协作方式则使团队成员产生真正的内心动力。

友善乐群是一种为达到既定目标所显现出来的自愿合作和协同努力的精神。它可以调动团队成员的所有资源和才智，并且会自动驱除所有不和谐和不公正现象，同时会给予那些诚心、大公无私的奉献者适当的回报。在团队合作出于自觉自愿时，它必将产生一股强大且持久的力量。

友善乐群精神是现代大学生素质的重要内容。很多高校都努力加强对大学生的素质教育，加强市场经济环境下大学生友善乐群精神内涵的探讨与研究，以创业与就业为导向，开展各式各样的集体活动，从而全面提升大学生友善乐群意识与市场中的竞争能力。

二、新时代背景下开展大学生友善乐群教育的意义

时代要求个人在具备必要的自身能力之外还必须具备与他人合作的协作能力，因此，培养大学生友善乐群精神的意义十分重大。

1. 培养大学生的友善乐群精神，可以帮助大学生培养和提升其相互学习的品格、团结奉献的精神、人际交往的能力、谦虚好学的作风以及民主意识和心理素质，有利于大学生集体主义思想的培养，同时对培养大学生的爱国主义情怀和民族团结精神有着比较明显的辅助作用。

2. 培养大学生的友善乐群精神，可以营造一种激发大学生向上的积极氛围，

这有利于大学生在团队协作中进行思考，有利于激发大学生的创造热情，有利于培养大学生的创新能力，有利于大学生在走上社会后更好地适应瞬息万变的现代化社会发展。

3. 培养大学生的友善乐群精神，能够促进大学生个人成长。前面提到现在大多数大学生都是独生子女，其中有许多人被父母溺爱，这些不利于大学生今后的人生发展。因此，培养友善乐群的精神，有利于大学生更好的个人发展。

4. 培养大学生的友善乐群精神，是时代发展的要求。随着知识经济步伐的加快，科技发展的日新月异，任何一个项目的完成单靠个人的力量是不可能实现的，它需要集体的力量和智慧。因此，友善乐群精神成为当代大学生在信息社会生存与发展的必要素质，是时代发展和社会进步的必然要求。

5. 培养大学生的友善乐群精神，是大学生自身成长的需要。研究表明，具备友善乐群精神的人具有更大的竞争力。充分理解友善乐群精神的人，具有理解、辨别和感受不同情境的能力，他们在生活中更能理解他人、尊重他人，处理问题时更善于与人沟通，在行动中也更乐于帮助别人。现在的大学生多为独生子女，特殊的家庭环境使部分学生以自我为中心，缺少协作精神。因此，在大学期间培养友善乐群精神具有特殊的现实意义，也是一项紧迫的任务。

6. 培养大学生的友善乐群精神，能够增强职场中个人核心竞争力。是否具有合作精神、能否融入团队，是企业在聘用人才时最重视的一点。许多企业在招聘时，并不仅仅依靠人事部门的选拔，通常还会让将来要与之合作的工作人员分别和应聘者面对面地交流，看应聘者能否和团队中其他人共同相处。

是否具备团队意识和协作精神，将成为未来职场竞争的重要砝码。实践证明，经过各种实践锻炼、训练有素、具备良好的友善乐群精神、更迅速地适应工作环境的学生，对企业更有吸引力。

第二节 大学生友善乐群的现状

一、当代大学生友善乐群的现状分析

(一)当代大学生充分认识到友善乐群精神的重要性

绝大多数在校生及毕业生都了解友善乐群精神，积极参与团队活动，能认识到友善乐群精神的重要性，但毕业生比在校生更能体会到友善乐群精神的重要性。同时，大多数同学没有经常参与团队活动，没能融入集体中去，没有真正掌握团队精神的内涵，这说明有必要在高校加强大学生友善乐群精神的教育。

（二）大学生友善乐群精神促进个人能力的增强

毕业生在处理友善乐群精神与个人能力方面比在校生要强，由此可反映出社会对友善乐群精神的重视程度高。大多数大学生都赞成加强团队精神的建设，认为强调友善乐群精神对个人、集体的发展有促进作用。绝大多数毕业生在社会工作中能认识到友善乐群精神的重要性，个人发展必须依赖友善乐群精神，以友善乐群精神为基础。

（三）大学生认同接受友善乐群精神教育的必要性

绝大多数在校生及毕业生有接受友善乐群精神教育的要求，这有助于提升其在高校进行友善乐群精神教育的意愿，有助于提高友善乐群精神教育的效果。许多用人单位重视大学生友善乐群精神的建设，并作为企业文化的一个重要组成部分，这对于大学生的友善乐群精神教育有着双重意义。

二、当代大学生友善乐群存在的问题及其原因

（一）某些大学生个性过于鲜明，缺少合作意识

某些大学生以自我为中心的倾向严重，自我意识强烈；做事缺乏集体观念，从自我出发，而不是站在集体的利益上考虑问题；做事情绪化，高兴就做，不高兴就随意乱发脾气；做事任性，不考虑后果；在集体的活动中，不与他人合作，埋头于自己的事情；做事缺少自己的见解，没有主见。

（二）某些大学生交往意识淡薄

现代家庭独生子女较多，从而造成了某些大学生的分享意识与交往意识淡薄。某些大学生人际关系冷漠，不愿意主动与人沟通交流，人际关系仅限于自己的室友；对人际关系的理解不透彻，甚至庸俗化；不积极参加社团活动，大部分时间沉迷于网络游戏；没有明确的人生定位，没有生活目标；价值观念偏差严重；衣食住行依然严重依赖家庭，独立生存能力差。

（三）某些大学生人际关系庸俗化

由于受到社会不良风气的影响，某些大学生对人际关系的认识存在偏差，从而导致人际关系利益化、庸俗化、金钱化，用金钱来维持自己的人脉关系，用金钱来寻求做事的高效率；做事走所谓的捷径，甚至人际交往目的不明确，以利益来衡量人际关系，认为人际交往就是为了实现自己的利益。

当代大学生友善乐群存在问题的原因主要有以下几个方面：

1. 应试教育的影响

在过去应试教育体系下，从小学开始，孩子被家长叮嘱一定要取得好的分数才能出人头地，才能有美好的未来。因此，学生都将绝大部分时间和精力花在了学习上，根本没有时间与他人进行合作交流，在学校中往往只顾自己的学习，很少去参加活动，当然学校也没有多少活动可供学生参加。学生从小缺少与他人合作的经历，自然就没有友善乐群的精神，因此到了大学这个开放的环境中很难适应，往往不愿意与人合作，继续延续十多年来的习惯，自己做自己的事情。因此，部分大学生友善乐群意识不强烈。

2. 成长环境的影响

现在的大学生绝大多数是独生子女。独生子女能享受到父母提供的一切，在家庭中缺少与同龄人合作的机会。有些独生子女受到父母的溺爱，因此个人中心思想强烈；到了大学，有些人不屑与他人合作，往往缺乏与人合作的主动性。成长环境对于个人的成长至关重要，不平衡的成长环境造成了大学生友善乐群意识的缺失。

3. 社会压力的影响

当前形势下，就业压力十分严重，人与人之间的竞争也无处不在，还有一些社会问题的存在时时刻刻地影响着当代大学生的心理成长。一些大学生认为只有竞争才能在社会中得到更多的利益，他们往往把同学当作竞争对手，在各个方面都要与同学比个高低，他们的合作意识比较淡薄，更谈不上什么团队的概念了。大学生缺乏团队合作的机会，自然就没有什么友善乐群的意识了。

第三节 大学生友善乐群习惯的养成

一、大学生友善乐群习惯养成的模式

大学生团队意识及协作能力的现状不容乐观，尽管影响因素是多样的和复杂的，但给从事高等教育的教师们提出了艰巨而紧迫的重要课题，即如何充分结合大学生的特点，利用好现有资源，研究科学而实用的培养思路和教学模式。

(一)培养主体

1. 教师

在培养大学生团队协作能力方面，教师需要妥善处理与学校、同事、学生的

合作关系，成为具有友善乐群精神的典范。教师在学生管理方面应采取民主管理的方式，发挥班、团干部及每个学生的积极性，通力合作，搞好班级管理；在日常教学中，既要注意与其他教师的合作，又要适当地让学生参与到教学活动中来；做教学活动的引导者，实现与学生的有效合作；在具体的授课中，博采众长，把自己所讲授的课程作为整个教育过程中的一环，承上启下，把学生素质的全面提高作为出发点。

2. 高校和行政教育部门

高校和行政教育部门在这方面的第一任务是创造宽松、民主的校园环境。好的环境是学生建立良好的人际关系进而建立协作关系的必要前提。因为良好的校园氛围，会使大学生乐于、敢于与人接触，互相了解和学习。

首先，学校应坚持强化大学生整体意识，帮助大学生树立全局观念，克服狭隘、局部意识，使大学生实际感受到彼此是命运共存的一体；加强大学生的集体主义教育，使他们正确地认识自己，正确地认识别人，杜绝个人主义的出现。

其次，对于学校的一些社团活动，学校应给予积极支持，保障后勤，并给予适当的资金支持，激励大学生积极参加社团活动，在各种活动中提高团队协作能力。

最后，行政教育部门应当积极支持学校与其他单位建立合作关系，促进大学生社会实践能力的培养。例如，行政教育部门应多帮助学校与企业建立长期合作计划。学校每学期分别派大学生去企业实习锻炼，建立较稳定的校外实训基地，为大学生培养合作意识、提高团队协作能力提供充分的锻炼机会。

3. 学生团队

学生团队对于大学生的团队意识及协作能力的培养和提高有非常重要的潜移默化的作用。在团队中才能发现大学生的特长与不足，培养其默契和协作技能。可以说，团结和协作是整个团队的灵魂。课题组在访谈中发现，数码加工技术课常采用的实训数码机床操作的环节对于培养学生的友善乐群精神效果明显。4～5人组成团队，每队有一台实训设备，每个人都按要求完成分配给自己的任务。在实训中，小组成员必须团结协作，才能保证团队的每个成员都能完成任务。这不但能培养学生的动手能力，而且也提高了学生的友善乐群能力。

除此之外，社会教育和家庭教育在培养大学生的团队意识及协作能力方面也很重要。总之，各教育主体应相互协调，形成合力，共同促进大学生的团队意识及协作能力的提高和持续发展。

(二)培养原则

原则是人们在不同范围、不同层次、不同方面说话与行事必须遵循的基本准则。它是在长期的实践中形成和发展起来的。在高校培养大学生的团队意识及协作能力的价值观和方法论上，我们必须坚持集体主义原则、"以人为本"原则和系统性原则。

1. 集体主义原则

西方国家的友善乐群精神也强调对整体利益的尊崇、对他人创造价值的尊重，但它仍然是以个人为本位、以利益需要为纽带的，认为集体只不过是人际关系的调节器和个人奋斗的工具，其实质仍然是从属并服务于个人主义的一种短期行为。

我们所提倡的社会主义集体主义精神，是我国社会主义道德建设的原则与核心。我国大学生的友善乐群精神培养必须以集体主义的价值观为基础，培养有中国特色的友善乐群精神。

2."以人为本"原则

"以人为本"是社会主义科学发展观的本质和核心，也是友善乐群精神培养的基础。在培养大学生的团队意识及协作能力过程中，坚持"以人为本"的原则，要求教育者在教学实践中必须始终坚持以学生的根本利益为本，从学生自身的实际出发，关注学生的全面发展。遵从"以人为本"原则主要有以下几点要求：第一，在团队意识及协作能力培养的实践中认真分析大学生的思想行为的个性和共性；第二，在团队意识及协作能力培养的实践中突出大学生的主体性，提高其能动性；第三，在团队意识及协作能力培养的实践中采用正确有效的激励机制，要以精神激励为主、必要的物质激励为辅。

3. 系统性原则

系统性原则要求高校培养大学生团队意识及协作能力的教育改革实践必须着眼于学校整个管理的方方面面；建立高效率的管理团队、教师团队，加强科研、教学、学生管理工作；要把教学和学生思想政治工作视为一个整体，从整体与部分、整体与环境、部分与部分的相互联系和作用中，从教育主体、教育客体、教育媒介、教育载体的相互关系中去考察和研究如何培养大学生的团队意识及协作能力；在整个学校内部的各个环节、不同层次培养良好的团队协作氛围，以环环相扣、面面俱到、层层相融的教学和管理来带动团队协作能力的有效培养。

二、大学生友善乐群习惯养成的方式

作为一名大学生，学会如何与人沟通、交流、协作是大学里的一门必修课。一项调查表明，12％的用人单位认为大学生最缺乏友善乐群精神，但遗憾的是，只有2％的大学生意识到这一点。在就业形势日趋严峻的今天，培养大学生的团队合作能力显得尤其重要。

(一)友善乐群精神的重要性

个人的力量是有限的，没有哪个人能脱离群体而单独存在。友善乐群精神是知识经济时代的内在要求，也是当今社会对人才的必然要求。大学阶段是大学生由学校进入社会的纽带。大学生友善乐群精神不仅直接关系到个人成长，而且对民族的未来产生深远的影响。

(二)友善乐群精神的基本内容

大学生作为祖国的栋梁、未来的建设者和接班人，更需要加强友善乐群精神的培养和塑造。当代大学生友善乐群精神培养的主要内容如下：

1. 充分认识自我和他人

真正的团队合作必须以"别人心甘情愿与我合作，我也心甘情愿与他们合作"作为基础，要达到优势互补；作为团队中的一员要对自己和其他团队成员有客观、清醒的认识，要认识到自己的不足，认识到团队其他成员的优点，明白别人存在的必要性，才会心甘情愿地与别人合作。

2. 创造充分的信任和尊重

信任和尊重是一种互动关系。信任和尊重他人，既是一个人的美德，也是一个人能否被他人信任和尊重的条件。在团队成长过程中，首要条件是建立一种相互信任、相互尊重的氛围。没有信任，就无法合作。这种信任关系要靠团队成员共同去创造。

3. 具有责任感与奉献精神

友善乐群精神落实到个人的行动上，最明显的表现就是责任感与奉献精神。每个团队成员都应当在自己的岗位上尽心尽力，将自己融入团队，并且以团队的利益作为自己行为的导向。

4. 增强个体能力

协调合作能力是个体立身处世的一个重要能力。只有学会协调与合作，才能在复杂多变的社会中获取更多的支持，才能在团队中不遭排斥，建功立业。团队意识不是要求个体在团队中趋于平庸，而应在协调合作中寻求卓越。每个成员之间保持充分的协调与合作，能够激发个体的潜能，从而增强团队的战斗力和生命力。

5. 加强人际沟通能力

一般而言，人际沟通是指人们之间的信息交流过程，也就是人们在共同活动中彼此交流各种观念、思想和感情的过程。这种交流主要通过言语、表情、手势、体态等来进行。人际沟通具有传递信息、交流思想、增进情感等方面的功能，这些功能是团队建设所不可缺少的。大学生加强人际沟通能力的锻炼和培养，对于顺利通过求职面试、尽快适应社会环境、尽早进入工作角色具有很大的帮助。

第四节　大学生友善乐群主题教育实践

友善乐群精神不是与生俱来的，需要靠后天的不断努力和培养。

一、合作学习

友善乐群精神归根结底就是互助精神，只有通过日常生活中经常性的互助活动才能深刻领悟"我为人人，人人为我"的集体主义内涵，从而自觉摒弃自私自利、唯我独尊的个人主义作风。

在日常的学习生活中，学生可以采取合作学习的方式。合作学习是指学生为了完成共同的任务，有明确的责任分工的互助性学习。合作学习鼓励每个学生为了集体利益和个人利益而一起工作，在完成共同任务的过程中实现自己的理想。

同桌交流、小组研究、师生共同讨论等是合作学习的主要方式。具体如下：

1. 同桌交流

对于老师提出的问题，相邻座位的同学可以两人一组进行交流，一人听，另一人讲。两人在一起，容易听清楚各自的发言，有利于坦诚交流，形成相互尊重、相互帮助的关系。

2. 小组研究

以异质学习小组为基本形式（小组内成员的性格、能力、特长等方面不相同），科学分组，明确组内分工，集体研讨，协作交流，共同完成目标或任务。

3. 师生共同讨论

老师和学生展开热烈讨论，甚至进行全班交流，达到对问题深层次的理解。平等、融洽、和谐的师生关系表现得非常充分，课堂气氛活跃，问题也能得到圆满解决。

合作学习能够激发每个成员发挥出自己的最高水平，能够促进同学间在学习上互相帮助、共同提高，能够增进同学之间的感情交流，从而提高沟通能力，改善人际关系。在合作学习中，小组中的每个成员都积极地参与到学习活动中来，大家共同分担学习任务，问题就变得比较容易解决。同时，在互相学习中每个人能够不断学习别人的优点，反省自己的缺点，有助于进一步扬长避短，发挥自己的潜能。

二、集体活动

集体活动、集体游戏是培养团队合作的有效方法。以足球、篮球、排球等球类活动为例，都不能靠"孤胆英雄"来取胜，需要巧妙地传接、默契地配合、精心地协作。

集体活动是培养和锻炼大学生团队意识的最佳舞台。举办节日庆典、各种文体比赛以及集体劳动等形式，能够激发大学生的友善乐群精神，培养和提高组织协调能力、管理能力和创新能力。

三、拓展训练

拓展训练又叫体验式实践培训活动，不是单一的体能训练，而是一种过程体验和合作精神的培养，是让学生融入某一设定的情景之中，亲身体验、实践、感知其中的深刻意义。

增强体质、促进身心健康的拓展训练寓教于乐，通过一些需要团队成员密切配合、相互协作才能完成的训练任务，如众人齐心"过电网""孤岛逃生"等，让学生在活动中亲身体验团队精神的深刻含义。拓展训练可让学生掌握新的知识和技能，磨炼意志，激发潜能，提升团队创造力，增强团队凝聚力；让在活动中寓意深刻的道理、观念能牢牢地扎根在每个学生的潜意识中，深层次培养其友善乐群精神，并且在学生日后的学习和工作中发挥最大的效用。

友善乐群拓展训练方案如下：

1．培训主题

友善乐群训练

2．培训目的

培养大学生团队合作能力和沟通能力

3．培训的时间和地点

待定

4．培训对象

大一新生

5．培训工作人员

培训师 2 名、攀岩教练员 2 名。

6．培训前的准备

攀岩场地、学校操场租用、绳子、秒表、竹棍、教练板架、A4 纸。

7．培训的内容及流程

上午：

（1）破冰

①时长：60 分钟

②形式：5 人组成一队，自我介绍

③选队长：主要领导者

④起队名：队伍的名字、队伍的文化和理念

⑤编队训练：放下压力、敞开心扉

⑥设计队徽：本队的标志动作、前景与展望

⑦编队歌：表现创造力、展示活力、焕发激情

⑧目的：以特殊的形式相互了解，团队成员"融冰"形成热烈的团队氛围，为接下来的培训做好心理准备，了解学员状态，使学员初步熟悉培训形式，有效沟通与协作。

（2）团队车轮

①时长：30 分钟

②规则：将每组队员的腿两两绑在一起，让所有队员站在白线上，横着移动，在相同的距离内哪个队最先到达目的地，哪队就赢。在移动过程中，任何队员都不能把脚伸出规定的范围。

③目的：提高整体的合作能力

（3）齐眉棍

①游戏简介：全体分为两队，相向站立，共同用手指将一根棍子放到地上，手离开棍子即失败，这是一个考察团队是否同心协力的体验。此活动深刻揭示了企业内部的协调配合问题。

②游戏人数：10～15 人

③场地要求：一块开阔的场地

④需要器材：3 米长的轻棍

⑤游戏时长：30 分钟左右

⑥活动目的：在团队中，如果遇到困难或出现了问题，很多人马上会找到别人的不足，却很少发现自己的问题。队员间的抱怨、指责、不理解对于团队的危害不言而喻。这个项目将告诉大家，照顾好自己就是对团队最大的贡献，有助于提高队员在工作中相互配合、相互协作的能力。

（4）信任背摔

①游戏简介：这是一个广为人知的经典拓展项目，每个队员都要笔直地从 1.6 米的平台上向后倒下，而其他队员则伸出双手保护他。每个人都希望可以和他人相互信任，否则就会缺乏安全感。要获得他人的信任，就要先做个值得他人信任的人。对别人猜疑的人，是难以获得别人的信任的。这个游戏能让队员在活动中建立、加强对伙伴的信任感及责任感。

②游戏人数：12～16 人

③场地要求：高台最宜

④需要器材：束手绳

⑤游戏时长：30 分钟左右

⑥活动目标：培养团体间的高度信任，提高组员的人际沟通能力，引导组员换位思考，让他们认识到责任与信任是相互的。

中午：休息时加入些活动

下午：攀岩体验

8. 活动总结

介绍：在以上活动开展完后，请各队派代表提出对本次活动的评价和感受。

目的：经验分享，理论总结，评估培训效果。

9. 活动注意事项

（1）安全第一：严格按培训中规定内容行事，发扬团队协作精神，服从培训工作人员和教练的统一安排，否则后果自负。

（2）参加者身体健康，有一定体力保证。

（3）着装要求：所有参训人员必须穿宽松的运动装或休闲装，必须穿软底运动鞋。

10. 备用游戏

（1）七彩连环炮

①项目类型：竞技游戏

②比赛人数：一队 6 名队员（3 男 3 女）

③道具要求：气球若干

④场地要求：空旷的大场地

⑤游戏方法：男女间隔排列，先男后女，以接力的形式，第一个队员跑到指定位置吹气球，直到吹破，跑回原位置换下一个队员。如此轮换，以 2 分钟为限，计时完毕时按吹破气球个数记录成绩。

⑥竞赛规则：男女必须间隔排列（为了增加公平性）。必须在上一个队员吹破气球之后下一个队员才能开始吹气球，否则将在总个数里进行相应扣减。

（2）心心相印（背夹球）

①项目类型：双人协作型户外游戏

②场地要求：一片空旷的大场地，比赛距离为 20 米。

③需要道具：每组一条长约 5 米的绳子。

④比赛人数：每队 6 人，人数不够时，培训师加入。

⑤详细游戏方法及竞赛规则：每组 2 人，背夹一圆球，步调一致向前走，绕过转折点回到起点，下一组开始前进。向前走时，双手不能碰到球，否则一次罚 2 秒；球掉后从起点重新开始游戏。最先完成者胜出。按时间计名次，按名次计分。

四、社会实践

友善乐群精神既强调与人沟通、交流的能力，又强调与人合作的能力。这种能力必须通过实践得以锻炼，并最终运用于实践。通过社会实践，大学生可锻炼语言表达能力、交际能力、自律能力、收集处理信息能力等；在实践中经受意志品质、团结合作、成功与失败的考验，消除自卑、自傲等影响人际关系的不健康心理，学会互相尊重、互相支持，增强团结协作的意识。

（一）教学理念的转型

传统的教育理念重知识传授，轻能力培养，把教育对象作为分散的个人看待，忽视团队意识和合作能力的培养。现代社会处于知识爆炸时期，学习媒体和工具智能化和多元化，学习使命复杂化和系统化，因此传统灌输式教学、记忆式教学已不能适应人才培养的需要，系统思维、创新思维和团队工作方式及技能训练成为人才培养的主项。

教学理念的转型包括教学主体从以教师为主转向以学生为主，教学过程从以教为主转向以学为主，学习成果从以记忆为主转向以培养系统思维方式和团队合作能力为主。

（二）教师以规划指导为主、学生以团队交流学习为主的教学方法改革

学习有诸多方式，团队交流式学习是在校大学生提升团队合作能力的主要形式。学生从教师那里学到的知识只是较小一部分，大部分则是与同学交流中获得的。与教师单一授课比较，学生团队交流式学习具有群体数量优势和反馈互动优势。团队方式的学习信息来源多元化，它们相互补充，丰富了知识的数量，并且经历多次平等的交流与反馈，拓展了认知的深度，这种学习效果是教师单一授课难以形成的。因此，高效的教学必将是团队学习形式占主导的教学。

具体在课堂教学方式改革方面，可先由教师主导讲解，再推动学生团队讨论和交流学习体会，最后由教师进行总结；或者由教师规划指导，学生团队自愿接受委托，团队成员相互分工讲解课程知识，有准备、有计划地完成部分课堂教学。相较而言，低年级适合前一种方式。随着专业知识的增长和能力的提升，后一种学生自主性更强的方式，可逐步在高年级推行。

在课外教学方式改革方面，学校应倡导学生以团队形式完成课后作业。传统的课后作业都是由学生单独完成的，难以提升团队合作能力。当然，要求学生以团队形式完成的课外作业，必须是依靠大家分工合作才能完成的较复杂的作业，如工商管理专业学生以团队形式到企业调研实训；财务管理专业学生以资产评估为内容，联系评估单位，收集整理资料，开展团队专业实践；社会工作专业学生到养老院和儿童福利院等单位开展团队调研或联谊活动；营销专业学生开展市场调查或团队营销活动等。

课外团队作业应明确团队人数，强调团队成员分工合作的要求，作业中必须体现团队特色，且作业评分应包括团队合作分数；应将优秀作业纳入课堂教学交流，彰显团队成员相互帮助、共享艰辛和快乐的过程，进一步强化学生的团队荣誉感。相较于以往僵化的作业方式和单个成绩评定，这种课外团队实践是培养大学生团队合作能力的一项综合改革。

(三)以培养学生团队合作能力为目标的考核方式改革

传统的考核方式普遍以闭卷为主，考核内容以识记型知识为主，考核对象是单个学生，考核成绩优秀者总体仍与现代人才培养目标有偏差。

未来考核方式改革的方向应是考核的分散化(重平时考核)、应用化和团队化，简称"三化"。这是考核与学习、应用相结合并重在应用的考核，是个人考核和团队考核相结合并重在团队合作互助方式的考核，也是对团队集体智慧的考核。如能实现考核改革的"三化"，就可有效鼓励学生重视平时学习、知识应用和团队合作与创新。

总之，培养大学生以团队形式学习知识，并拓展他们合作交流和协同解决问题的能力，已成为21世纪大学教学的一项战略任务。只有实现教学理念的转型并创新教学方法和考核方式，大学才能站在时代前列，为现代人才的培养作出更大的贡献。

第五章　尊重自重

本章导读

培育和践行社会主义核心价值观，对于推进中国特色社会主义伟大事业、实现中华民族伟大复兴中国梦的战略任务，具有十分重要的意义。社会主义核心价值观是凝聚人心、汇聚民力的强大力量。它在个人层面上倡导人与人之间相互尊重，互敬互爱。尊重他人，是成就卓越、获取成功的必备品质。尊重自己，才能获得他人的尊重。

第一节　概　　述

一、尊重自重的基本内涵

尊重是主体对客体的一种回应，即注意、遵从、积极的评价以及适宜的行为举止。尊重包括尊重他人、尊重自己、互相尊重。

尊重他人是指个体依据特定的情景主动重视、遵从、评价他人，并以某种恰当的方式对他人作出回应；尊重自己，最基本的是要有尊严意识，学会捍卫自己的尊严，学会维护自己的生命；相互尊重，当他人尊重我们的时候，我们也要学会尊重他人。我们在生活中不仅要有尊重的认知，更要在行动中落实。

一个人只有懂得尊重别人，才能赢得别人的尊重。才能恪守礼仪，养成尊重别人的习惯，才能拥有良好的"环境"，从而成就大业！

二、新时代背景下开展大学生尊重自重教育的意义

(一)开展尊重自重教育，有利于学生正确认识自己的尊重需求，促进全面发展，健全人格。

1. 马克思主义关于人的全面发展理论指出，人是具有一定社会性、实践性、处在社会关系中的，而整个社会正是现实的人与人之间进行交往所形成的。现实的人参与社会交往，是为了在社会交往中实现个人的全面发展，人的全面发展主要包括三个层面的含义：其一是人的精神的全面发展；其二是人的身心的全面发展；其三是个体和社会的协调统一和全面发展。人的全面发展不仅仅指人自身精神和身心的全面发展，也在于人与社会的和谐发展。人具有主观能动性，人们刚开始产生了基本的生理需要，又产生了爱和尊重的需要、劳动的需要、认识和创造的需要、自我实现的需要等，在满足一个个需求之后，最终实现个人的全面发展。尊重是个人全面发展的必备素质之一，不仅有利于促进人际交往，从长远来说，也有助于实现人与社会的和谐发展。

2. 马斯洛的需求层次理论把人的需求按照从低到高的顺序分为五个层次：生理需求、安全需求、爱和归属需求、尊重需求和自我实现需求。当人满足较低层次的需求时，便会追求更高层次需求。马斯洛的尊重需求分为两个层面：内部需求和外部需求。内部需求侧重于自己尊重自己，即自我尊重。外部尊重指的是希望得到他人对自己地位、荣誉、能力等方面的赞扬或肯定，即得到他人尊重。马斯洛认为，当一个人受到尊重时，心情便会舒畅，全身充满动力、自信，从而自觉地发挥出自己的创造性、主动性，实现自己的人生价值。

3. 罗杰斯的人本主义理论以自然人性论为基础，强调人的本性、尊严、理想和兴趣。它从存在主义哲学出发，崇尚自我、实现自我选择、强调追求个人价值。每个人都有不断超越自我、实现自我价值的潜能。罗杰斯的人本主义强调，在教育教学过程中，尊重学生的尊严、个性、创造性，给学生创造一个轻松的学习环境，充分激发他们的潜能，发挥他们改造客观世界的自觉能动性和创造性，激励他们更好地服务于社会主义现代化建设。

(二)开展尊重自重教育，有利于提高学生尊重意识，规范自身行为。

1. 我国实行社会主义市场经济体制，而当前处在经济发展转型期，难免发生诸多经济问题。因此，需要经济主体在经济交换的过程中秉持尊重这一理念，遵守社会经济规则，坚守尊重的伦理底线，这样社会主义市场经济秩序才能有序

发展，社会主义市场经济体制才能够发挥出最大功效。大学生是社会主义现代化建设的接班人，也是促进经济建设的中坚力量，因此亟须加强大学生的尊重意识。

2. 尊重是建立法治社会内在的重要原则。法治社会对公民提出的基本要求是知法、懂法、尊法、守法，其中"尊法"，意在让法律成为人的信仰，从意识层面提醒公民对法律要有敬畏意识，学会将法律由外在的条文约束内化为自觉的行动，不敢、不能轻易地去触碰法律。要实现这一目的，需要高校加强对大学生进行尊重教育方面的引导，帮助大学生增强敬畏法律的意识，做遵纪守法的好公民。

3. 当今教育领域倡导素质教育，提出教育的最终目的是要提高人的素质，实现人的价值，促进人的全面发展。一个全面发展的人，不仅要有渊博的知识，还要有健全的人格，而尊重教育对大学生健全人格的培养具有一定的促进作用。

4. 随着社会的发展，高校以及社会对大学生尊重素养提出的标准越来越高，例如礼貌待人、尊重生命、尊重规则等。但还存在部分大学生尊重素养缺失的现象，如缺乏尊严意识、逃课、辱骂他人、违反交通规则等，因此，培养大学生的尊重意识刻不容缓。

5. 学生尊重意识和能力的培养离不开大学生思想政治教育中尊重教育的引导，学生尊重素养的缺失与大学生思想政治教育中尊重教育存在的问题有一定的密切联系，如尊重教育的内容缺乏系统性和针对性、推行尊重教育的载体单一、思想政治教育者未能发挥尊重教育理念的示范作用等。因此，加强尊重自重教育，有助于改进高校思想政治教育中的尊重教育工作，更好地帮助大学生树立尊重意识和行为意识。

第二节 尊重自重的现状

一、当代大学生尊重自重的现状分析

党的二十大指出："教育是国之大计、党之大计。培养什么人、怎样培养人、为谁培养人是教育的根本问题。育人的根本在于立德。"当代大学生代表着社会的未来，也是国家和民族发展的希望，因此被社会各界寄予了高度的期望。大学生受过高等教育，他们的道德取向在某种程度上能代表未来主流社会人群的价值取

向。因此，我国越来越重视当代青年的价值观教育，坚持立德树人，提倡人与人之间友善相处。在党和国家的不懈努力下，当代大学生的整体素质不断提高，绝大部分大学生在日常生活中有一定的尊重自重的道德意识，能够自觉遵守尊重他人的道德行为规范，能够做到尊重自重，尊重他人的劳动，与他人友好相处。

随着学生的身心发展，大学生的自我意识空前高涨，大学生更加关注自我，并把心智加工指向了内心世界。大部分学生能够全面地看待自己的优缺点，学会用"宏观比较"来评价自身价值，能够尊重自己，拥有一颗平常心和进取心，能够做到悦纳自我。

二、当代大学生尊重自重存在的问题及其原因

当前大学生思想政治教育中尊重教育取得了一定的成效，但同时还存在一小部分问题。有部分大学生尊重他人的意识是淡漠的，缺乏对尊重他人的道德认识，因此存在尊重他人道德失范的现象。

同时，部分大学生在评价自我上出现片面化和极端化，没有完全建立自我评价的客观标准，容易陷入"以偏概全"和"极端化"的误区，以致在自尊感受上时而自卑、时而自负。

（一）高校推行尊重教育中存在落实不到位的问题

1. 高校推行尊重教育的载体单一

高校在借助思想政治教育载体对大学生实施尊重教育过程中，没有完全整合运用活动载体、文化载体、传媒载体、管理载体等载体，没有充分发挥思想政治教育载体的教育合力。

2. 思想政治教育者未能发挥尊重教育理念的示范作用

部分高校思想政治教育者未能充分尊重学生的主体性、创造性。思想政治教育者在教育教学管理中，除了对大学生讲授尊重教育的内容，更要以身作则，以情感人，发挥尊重教育理念的示范作用。

3. 对尊重教育的价值认知不充分、对学生尊重素养的现状把握不准

部分思想政治教育者对尊重教育的价值认知不充分，未充分利用思想政治教育理论课堂主阵地，也没有较好地发挥尊重教育理念的示范作用。在开展尊重教育时，有的教育者没有准确把握大学生身心发展规律以及大学生自身尊重素养存在的问题。

(二)学生自身原因导致

1. 对他人生命的漠视

当下，有些大学生对生命缺乏应有的敬畏之感，并没有意识到他人享有生命权，没有真正认识到生命的宝贵，对他人的生命表现出了不应有的漠视。

2. 对他人尊严的藐视

大学生的自尊心普遍较强，希望得到他人的认可和尊重。但是部分大学生却在尊重他人方面表现得不尽如人意。目前，有的大学生违反课堂纪律，例如旷课、上课期间随意进出教室、接听电话、玩手机等。这都是不尊重老师、不尊重其他同学的行为表现。

3. 不遵守公共场所秩序、妨碍网络秩序

当下部分大学生不顾学校管理规章制度，侵占公共资源，导致他人无法共享公共设施。当前互联网高速发展，有些大学生在网络这个匿名的公共空间里变得素质低下，对他人进行人身攻击、诽谤，给他人的生活造成了极大的困扰，甚至有人会因为承受不住这种网络暴力而选择放弃生命。这本质上是由于部分大学生公共意识淡漠、不懂得尊重公共秩序、不懂得尊重他人导致的。

4. 自卑心理作祟

部分大学生由于幼年时期的消极经历，或是成长过程中遭受的心理打击，导致不能正确认识自己，缺乏自信心，产生自卑心理，逐渐认同他人对自己的不平等待遇，遭遇他人的不尊重行为时无法反驳，并认为自己理所应当受到不尊重，并逐渐演化为自卑心理。

案例链接 ✦

案例 1

仓央嘉措说："对人恭敬其实是在庄严你自己。"在社交场合，一个人最好的装饰其实并不是衣着和首饰，而是在其举止谈吐中不经意间流露出来的修养和教养，而尊重别人就是一种最基本的教养。

每年 9 月 1 日，央视的《开学第一课》都会吸引众多观众，成为一时的热门话题。2022 年的《开学第一课》主题是"中华骄傲"，节目迎来了一位非常年长的嘉宾。他就是 96 岁高龄的北京大学教授、著名的翻译家许渊冲。因为许渊冲先生年事已高，董卿为了表示尊重，为了让老先生能听得更清楚，节目中她三次跪下来和许老交流，她一直保持着对老先生平视或者仰视的角度，听老先生说自己翻译事业的故事。在提问的时候，她还靠近老爷子的耳边，缓慢地说话。从新闻工作者的专业角度来说，采访别人时，为了尊重采访对象，为了拉近双方的距离，应当尽量让目光与对方平视。

网友们对于董卿的这次下跪采访纷纷点赞，称赞她是一个懂得尊重他人、不卑不亢、优雅谦恭的人。有些人功成名就却还能保持初心，谦虚恭敬地尊重别人，而有些人却是通过傲慢和骄横来彰显自己的优越和高贵。但也有网友指责这是在作秀，也有的说她只是因为穿着裙子不方便蹲着才跪下来的。但其实，这已经不是董卿第一次"下跪"。早在 2013 年的公安部春晚，她也是半跪着采访"最美警察"李博亚。之前的《朗读者》里，遇到不方便站起的嘉宾或者孩子，即使穿着裤子，她都会以半跪的姿势保持平视的角度去跟他们交流。从《朗读者》《中国诗词大会》开始，董卿身上的文化底蕴完美地展现了出来。她称得上"央视一姐"，可从她身上却看不到一丝浮躁。我们总能从她身上发掘出很多闪光点，这次又是一个——"尊重"。无论是面对名人还是普通人，她都能做到一视同仁，谦恭、庄重。这就是一种刻在骨子里的修养。

第三节　大学生尊重自重心态的养成

一、新时代背景下对大学生尊重自重心态养成的新要求

坚持以人民为中心发展教育，加快建设高质量教育体系，发展素质教育，促进教育公平。开展尊重教育是新时期素质教育所倡导的一种教育理念，不仅在中小学阶段大力提倡，而且在高校思想政治教育工作中也大力推行。

为了改善当前部分大学生尊重他人道德失范现象，高校必须构建明确的尊重他人的价值体系。道德认识是道德行为的起点，只有从认识上真正理解和尊重他人，才能进一步从行为上做到尊重他人。当代部分大学生容易以自我为中心，做任何事情首先想到的是自己的利益，不顾他人的利益。这对于人际交往非常不利。因此，尊重他人必须要懂得尊重他人的利益。

二、大学生尊重自重心态养成的具体对策与措施

(一)全面部署，营造尊重教育的良好氛围

1. 重视对尊重教育理念的宣传

组织尊重教育方面的讲座，有助于更好地帮助大学生强化尊重方面的意识，提高大学生的尊重素养。

2. 充分利用文化、传媒载体渗透尊重教育理念

尊重教育理念不仅可以渗透在校园文化活动中，还可以借助校园人文建筑渗透，要学会利用校园文化当中的每一个细节，将尊重教育的理念传达给学生。比如，倡导师生之间、同学之间要友好相处，言语文明、行为得当；每个人都要遵守学校的规章制度、交通规则等，将这些内容以条幅的形式展现出来；同时借助传媒载体主要是通过现代印刷、网络等方式，将人文情感融于其中，达到以情感人、以情育人的效果。

3. 发挥思想政治教育者的示范作用

思想政治教育者不仅是培养大学生思想道德修养的主力军，更是培育大学生尊重素养的中坚力量，因此，思想政治教育工作者应自觉率先落实"尊重"理念。老师的言谈举止影响着学生，而学生往往又喜欢模仿。因此，教育者在向学生传递某种观念时，自身要起到榜样模范的作用，在课堂教学中尊重学生的主体性与创造性，尊重学生的人格尊严。

(二)大学生尊重自重教育的基本规范

1. 注重礼仪规范

礼仪产生于人们的日常生活和社会交往，是促进人与人之间友好交往和维系社会正常生活而要求人们共同遵守的人际交往行为规范。它遵循道德原则，往往以风俗、习惯和传统等方式固定下来。礼仪教育是大学生"尊重他人"教育的重要一环。礼仪种类繁多，大致可分为个人礼仪与公共礼仪两种。个人礼仪包括个人仪表整洁、服饰得体、言谈举止文明等，其中仪态与言谈举止是大学生所处阶段应该重点培养的。仪态包括日常生活的个人卫生、与人交流时的谈话姿势等；言谈举止包括正确使用日常礼貌用语以及对长辈说话使用敬语等。公共礼仪包括与人见面握手鞠躬等正式礼仪以及公共场所中自觉遵守该场所的行为规范等。培养好的礼仪规范能够为大学生步入社会与他人沟通打下良好基础。礼仪教育的内容涵盖面广，渗透在生活的各个方面，除了社会共有的基础礼仪外，不同国家、不

同地区的礼节也多种多样。礼仪规范是从克制自己来尊重他人这个角度出发的，根本上讲是一种尊重自重的行为准则。培养大学生礼仪规范一方面要使大学生习得各种传统礼仪和现代礼仪；另一方面要坚持"从做中学"，使其主动实践，加强体验，逐渐养成注重礼仪规范的良好行为习惯。

2. 践行公德规范

社会公德不仅是成为一个有道德的人的基础层次的要求，更是维护社会成员之间的正常社会交往、保证社会和谐稳定有序运转的重要力量，是判断是非曲直、辨别真善美丑的风向标。当代多数大学生具有较好的公德意识，但在公德践行上却做得不够，不能"慎独""笃行"，因此需要进一步加强大学生公德规范教育，注重实际锻炼，提升自我道德修养。文明礼貌是公德的基础内容，也是尊重自重最起码的要求。文明礼貌要求大学生一方面注重自身仪表端庄，大方得体，展现良好的自身形象，另一方面要求在他人面前讲礼貌，有教养，真诚友好，谦逊和善，不恶意中伤他人、不歧视他人、不欺骗他人。助人为乐是促进和谐人际关系的重要规范之一，也是尊重他人较高层次的表现。它要求大学生在公共生活中互帮互助、团结友爱，以帮助他人为乐、为荣。

3. 遵守法律规范

法律规范蕴含着重要的道德价值，遵守法律规范亦能促进道德建设。当代大学生要在实际生活当中尊重自重，就应该遵守法律规范。法律规范的许多内容实际上就是在以一种严令禁止的方式规范人们尊重自重的行为。例如，法律保护他人的隐私权实质上就是告诫人们要尊重他人隐私，法律把对他人的人身伤害列为犯罪行为就是强调尊重他人的生命。因此，大学生要了解法律知识，明确哪些行为可为，是尊重他人的表现；哪些行为不当，是对他人权利和利益的侵犯。

(三)大学生尊重自重教育的具体要求

1. 尊重父母

感恩父母，珍惜父母的辛苦付出，体谅父母的辛劳，拒绝过度消费，完成学习任务。

2. 尊重师长

老师是辛勤的园丁，在讲台上发光发热，是知识的传播者。学生要尊重老师的付出，上课认真听讲，课后做好功课。

3. 尊重他人

尊重他人最基本的是要尊重他人的人格尊严，不因他人从事职业的性质而用不同的眼光看待他人，平等对待每一个人；尊重他人的隐私，不随意打探他人的秘密；尊重他人的权利，不损害他人的利益；尊重他人的不完美，不因他人的不完美而嘲笑对方；尊重他人的生命、审美、兴趣爱好等。

4. 尊重自己

尊重自己的形象，做事有原则，正确对待自己的缺点与不足，不嫉妒，不虚荣，注意自己的言行，学会自重和自爱。

第四节　大学生尊重自重主题教育实践

团体心理辅导是在团体的情境下进行的一种心理辅导形式，它是通过团体内人际交互作用，促使个体在交往中观察、学习、体验，认识自我、探索自我、调整改善与他人的关系，学习新的态度与行为方式，以促进良好的适应与发展的助人过程。通过开展团体心理辅导活动，学生在体验尊重他人的过程中感受快乐，传递温暖，进一步增进同学之间的友谊和师生之间的感情。

一、活动主题："尊重他人 从心开始"

二、活动背景：随着大学生的身心发展，大学生的自我意识空前高涨，有的学生受家庭环境的影响，养成了以自我为中心的习惯，把获得别人的尊重当成理所当然的事情，更多时候只考虑自己的感受，而不能换位思考。

三、活动目的：认识到每个人都有被尊重的需要，尊重是维系良好人际关系的前提；懂得"要想赢得他人的尊重必须先尊重他人"的道理，掌握人际交往的艺术，在言语和行为上都能真正尊重他人、尊重自己。

四、活动流程：

体验一："照镜子"。

一个学生做出以下表情或动作，另一个学生假装是镜中的影像，尽力逼真地模仿出来。

第一组：生气、嘲笑、鄙视、责备等。

第二组：微笑、点头、鞠躬、礼让、双手递东西等。

体验结束后，让参与游戏的学生分别谈各自的感受。

体验二："回音壁"

请全体同学起立，同桌之间相对而站，与对面的同学形成一个"回音壁"，一方说什么内容，另外一方就要说一样的话，比如：我佩服你，我觉得你很棒……

请学生分享对话内容并谈谈自己的感受。

体验三：情境呈现

情境一：课堂上，教师提出一个问题，学生们积极举手，A 同学站起来发言，周围同学开始窃窃私语。当 A 同学回答到一半的时候，角落里突然传来一阵哄笑声……

情境二：夜晚，家里，摊开的作业还没有完成，看看时间已经 10 点多了。妈妈说："快别玩手机了，抓紧时间写作业，写完赶紧睡觉吧，明天还要上学呢！""你管我，整天就知道唠叨个不停，真烦！"……

情境三：一个拾荒者提着大大小小的塑料袋走进了餐厅，靠着墙角一个座位坐下，点了一碗馄饨默默地吃着。不一会儿，旁边一个女士嚷嚷道："老板，你们怎么什么人都放进来啊？这让人怎么吃得下啊！"……

可能我们不经意间的一个表情、一句话、一个动作就会让他人觉得没有被尊重，甚至给他人造成一些伤害。那么你曾经因为一些不尊重他人的言行给别人造成过伤害吗？

五、活动总结：要想赢得他人的尊重，首先我们得学会尊重他人。这里的尊重并不是简单的言语动作，而是发自内心地去尊重对方。

六、自我测验

自尊量表（SES）是设计用以评定个体关于自我价值和自我接纳的总体感受。该量表由 10 个条目组成，设计中充分考虑了测定的方便。受试者直接报告这些描述是否符合他们自己。该量表分四级评分，A 表示非常符合，B 表示符合，C 表示不符合，D 表示非常不符合。本量表已被广泛应用，它简明、易于评分，是对受试者的积极或消极感受的直接评估。

自尊量表（SES）

1. 我感到自己是一个有价值的人，至少与其他人在同一水平上。（　　　）
   A. 非常符合　　　B. 符合　　　　　C. 不符合　　　　D. 非常不符合

2. 我感到自己有许多好的品质。（　　　）
   A. 非常符合　　　B. 符合　　　　　C. 不符合　　　　D. 非常不符合

3. 归根结底，我倾向于自己是一个失败者。（　　　）
   A. 非常符合　　　B. 符合　　　　　C. 不符合　　　　D. 非常不符合

4. 我能像大多数人一样把事情做好。（　　　）
   A. 非常符合　　　B. 符合　　　　　C. 不符合　　　　D. 非常不符合

5. 我感到自己值得骄傲的地方不多。（　　　）

　　A. 非常符合　　　　B. 符合　　　　　　C. 不符合　　　　　　D. 非常不符合

6. 我对自己持肯定态度。（　　　）

　　A. 非常符合　　　　B. 符合　　　　　　C. 不符合　　　　　　D. 非常不符合

7. 总的来说，我对自己是满意的。（　　　）

　　A. 非常符合　　　　B. 符合　　　　　　C. 不符合　　　　　　D. 非常不符合

8. 我希望我能为自己赢得更多尊重。（　　　）

　　A. 非常符合　　　　B. 符合　　　　　　C. 不符合　　　　　　D. 非常不符合

9. 我确实时常感到自己毫无用处。（　　　）

　　A. 非常符合　　　　B. 符合　　　　　　C. 不符合　　　　　　D. 非常不符合

10. 我时常认为自己一无是处。（　　　）

　　A. 非常符合　　　　B. 符合　　　　　　C. 不符合　　　　　　D. 非常不符合

评分建议：

1. A 记 4 分；B 记 3 分；C 记 2 分；D 记 1 分。1、2、4、6、7、8 正向记分，即 A 记 4 分；B 记 3 分；C 记 2 分；D 记 1 分。3、5、9、10 反向记分。即 A 记 1 分；B 记 2 分；C 记 3 分；D 记 4 分。总分数在 10 分—40 分之间，分值越高，自尊程度越高。

2. 个人呈现结果：(1)15 分以下：自尊水平很低，做任何事情都对自己没信心，对自己的表现失望，需要引起注意，应该采取一定措施提高自己自尊心。

(2)15 分到 20 分：自尊水平比较低，难以摆正自己的态度，不能够正确地接纳自己，认为自己不如别人，回避挑战，自尊心不足。

(3)20 分到 30 分：自尊水平正常，你现在的自尊心处于中等的水平，能够正确地对待自己和接纳自己，不抱怨，有自己的见解和想法，交往良好。

(4)30 分到 35 分：自尊水平较高，做事情都很有信心、不受别人的影响，能够很好地接纳自己，认为自己是有价值的，有爱心，人际关系良好。

(5)35 分以上：自尊水平很高，对自己能够完全接纳，生活有快乐感，有爱心，乐于帮助别人，人际交往很好。

第六章　感恩守义

本章导读

　　感恩守义是一种美德，常怀感恩守义之心是内心善良与美的一种表现，它并非人类与生俱来，它需要教育的点拨与指导，通过教育使人们真切地感受到生活中值得感恩的美好与幸福，从而形成一种感恩的心态与品德，再外化为现实行为。高校通过对大学生进行感恩守义教育，不仅可以提升大学生的思想内涵和道德品质，而且有利于构建社会主义和谐社会，更为中华民族伟大复兴中国梦目标的实现奠定道德基础。

第一节　概　　述

一、感恩守义的内涵

　　对于感恩守义的阐述，古今中外，虽然人们的理解不尽相同，但都包含了尊重、感激、坚守道义和仁义的成分。由此可以看出，感恩守义既可直接回馈给对自己施恩的人或物，也可以间接地把这种感激传递给其他人或物，使这种感激之情无限扩大。有的学者认为，感恩就是对他人、社会和自然给自己带来的恩惠在心里产生认可并意欲回馈的一种认识、情怀和行为，认为感恩是一个识恩、知恩与报恩的过程。也有学者认为，感激别人对自己的恩德包含两层含义：懂得感恩和学会报恩。懂得感恩是指懂得和领会别人给予自己的恩情；学会报恩是指懂得回报他人，回报社会。

二、新时代背景下开展感恩守义教育的意义

　　党和政府历来高度重视对大学生的德育教育。高等学校以育人为本，德育为

先。学校教育的首要任务是德育，而德育的首要内容之一便是感恩教育。党的十八大提出"把立德树人作为教育的根本任务"。高校要塑造学生健全的人格、向善的人性和高尚的人品，落实"三全育人"体系。大学生的感恩守义意识和行为不仅关系到大学生自身的成长成才，也关系到社会的和谐发展以及中华民族伟大复兴中国梦的实现。因此，开展大学生感恩守义教育有着重要的现实意义。

（一）有利于大学生的全面发展

感恩守义教育可以健全大学生的人格，提升其生命质量。感恩守义教育具有多方面的功能，但其本质功能就是对人的生存质量进行提升。感恩守义教育作为一种以情动情的情感教育、以德报德的道德教育和以人性唤起人性的人性教育，对于提升大学生的人生境界有重要意义。

（二）有利于构建和谐的校园人文环境

学校是一个教书育人的地方，应该是一个和谐的、安静的、带有人文气息的环境。和谐是学校能够持续发展的前提条件。一所好的学校，只有在和谐的基础上才能发展，才能不断创新，才能培养出满足社会需要的全方位人才。和谐校园环境的营造，需要老师和学生特别是学生和学生之间和谐相处。校园的主体是学生，学校的所有工作都是围绕学生来展开的，因此，构建和谐的校园学生关系就显得格外重要。学校的感恩教育必须从学生入手，在校园实践中培养学生博大的胸襟和高贵的德行，使其懂得和他人和谐相处。同时，环境能够塑造人的性格和修养。学校通过营造一个彼此尊重、互相关心、凡事感恩的校园人文环境，让学生在潜移默化中接受感恩，在感恩中获得快乐。渐渐地，感恩会内化为学生性格中的一部分，成为一种习惯。这样，和谐的校园人文环境自然就产生了。这是一个相互影响和相互促进的过程，需要学校和学生一起努力。

（三）有利于弘扬中华民族的传统美德

懂得感恩和报恩、坚守道义和仁义是中华民族的传统美德。在长达数千年的历史中，中华民族留下了许多源远流长的感恩守义思想，值得后世传承与弘扬。感恩是"知恩图报，有恩必报"的社会责任和人生境界的体现，守义是"坚守仁义、坚守道义"的传统美德。传统文化中的感恩守义思想为社会的全面和谐发展提供一个安全稳定的平台，推动各项建设的健康发展，为树立正确的价值观提供规范与引导作用。弘扬和传承这些中华传统美德是高校开展感恩守义教育工作的重要途径，有助于大学生树立正确的道德观和价值观，继而为构建社会主义和谐社会奠定思想基础。

(四)有利于加快中华民族伟大复兴中国梦的实现

加强感恩守义教育既是建设社会主义精神文明的工作之重，也是实现中华民族伟大复兴中国梦的时代要求。人格全面、和谐发展的当代大学生作为社会主义建设的接班人和主力军，不能够只关心个人的前途和命运，更需要承担责任、奉献社会。作为当代大学生，他们还应对家庭、社会和国家负有传承使命。实现中华民族伟大复兴的中国梦要求当代大学生有崇高的理想信念、良好的思想道德素质、强烈的责任感和无私的奉献精神，对他人和社会实施感恩行动，从而推动和促进整个社会的和谐发展。

第二节 大学生感恩守义的现状

一、大学生感恩守义意识的积极表现

(一)感恩意识明显提高

对于当代大学生来说，感恩意识不仅仅是一种传统美德，更是一种责任意识。人的本质属性是社会属性，每个人都生活在社会这个大集体中，特别是随着科学技术的飞速发展与社会分工的越来越细化，任何个人都无法单独在这个世界上生存，是恩情这条纽带联结了人与人之间、家与家之间甚至国家与国家之间的不同群体的关系，进而支撑起了人类社会。因此，人们在享受别人的帮助与关爱的同时，也都承担着相应的责任与义务。

大学生在家庭教育、学校教育与社会教育的综合作用下，认识并体验到社会上每个人的生存和发展必须依靠社会发展和他人的劳动。由此，大学生学会了承担责任，认识到在自身获得的同时也要回报国家、社会及他人，深刻理解到只有感恩与回报才能获得更多，才能取得更大的成就。在"5·12"汶川大地震这一严峻的自然灾害面前，高校学子表现出英勇无畏的精神。在救灾一线，他们满怀对灾区的爱与责任，迅速展开了救援行动；在后方，他们积极地参与到募捐、献血及志愿活动中，用自己的实际行动证明自己的责任感与感恩情怀。在个人与国家的利益相冲突时，他们选择舍小我为他人；他们想问题、做事情能从整体着眼，以大局利益、集体利益为重。他们舍己救人、敢于承担的精神，再次证明了大学生强烈的责任感和感恩情怀。

(二)感恩父母之情日益增强

尊重长辈、孝敬父母是中华民族的传统美德。对一个人来说，最大的恩人莫过于给自己生命的人，是父母把自己带到这个世界并抚养成人的。大学生对父母怀有强烈的感激之情，也给父母的关爱回报浓浓的爱。他们没有把父母对自己的恩情看成简简单单的物质上的付出，而是更深、更重的内心的爱。在与父母的价值观不一致时，他们尊重父母的意见、建议和决定，或者保留自我意见而不顶撞父母；上大学离开家后更深深地体会到对父母的牵挂，经常给父母打电话，了解父母的身体状况，对父母讲述学校里面的趣事，汇报学习和生活的相关事情。大学生能理解、体谅父母的艰辛，特别是来自农村的大学生，对父母的辛劳有深刻的理解。为了减轻父母的负担，他们会寻找一些兼职，例如家教、商场促销员、到公司去实习等，并在此过程中加深了对父母的感激之情。同时，当代大学生对父母的感恩不拘泥于传统的孝道形式，他们创新了很多具有时代特色的孝顺父母的方式，例如，为父母买礼物、带父母去旅游或去做美容。他们了解父母的心理、情感需求，给予父母充分的爱和情感支持。

二、某些大学生感恩守义意识缺失的表现

(一)某些大学生对待自己缺乏关爱

当今，某些大学生不仅对国家、社会、父母和朋友等感恩意识淡薄，对自己也缺乏关爱尊重之心。死亡是一个可怕的、避之唯恐不及的事情，然而有些学生却轻而易举地选择了轻生这条路。失恋，学习成绩不理想，与同学、父母之间有矛盾等都成为大学生轻生的缘由。每个学生生命的逝去，无论是对家庭、对学校还是对国家都是非常大的损失。他们还没有回报养育自己的父母、培育自己成才的学校与社会，就选择从这个世界消失，这是一种对自己、对家人、对社会不负责任的表现，是一种不懂得感恩的表现。怀有感恩意识的人，知道自己的一切来之不易，无论在什么样的困难与挫折面前都会对身边的一切充满感激，也就更加珍惜生活，更加热爱父母和身边的人。

(二)某些大学生对待朋友缺乏真正的友情

朋友对一个人的重要性不言而喻，但有些大学生却忽视了这一点。某些大学生在社会各种因素的影响下，做事喜欢以自我为中心，只注重自己的感受，很少主动理解他人，缺乏宽容与理解、尊重与互爱，在人际交往中存在明显的功利心，越来越关注个人的"索取"和"利益"，和朋友相处也受到了此种观念的影响。一些大学生贪图名利，做事情不讲信用，不讲道德，对朋友作出的承诺不能兑现，为了自己的利益甚至对自己的至交好友不择手段；在评奖学金、评优的过程

中为自己的一点点利益以各种方式拉取选票，获得成功之后，就将曾经帮助过自己的人拒之千里。真正的朋友不是幸运时的鲜花，而是困难时的关心与问候。真正的朋友在你有困难时对你伸出援助之手，在你成功时为你高兴、骄傲。我们对激励与帮助过自己的人也要给予回报，在困难时肝胆相照，不能见利忘义。

（三）某些大学生对待自然界缺乏爱心

自然是万物生存的源泉，是人类社会得以发展的原始基础。因为有了阳光、空气和雨露，人类才能存活；因为有了自然生态环境的平衡，人类可持续发展的愿望才能得以实现。然而，当今一部分大学生似乎已经忘记人类这一最根本的生存条件，他们忽视对自然环境的保护，随处乱扔垃圾、胡乱刻画、毒害生物、虐待小动物。若连一个弱小的生命都不珍惜，怎么能去感恩社会上的人与物呢？大学生是承载国家与社会发展的核心人才，是大家寄予厚望的群体。但是，有的大学生不能与人类赖以生存的自然界和谐相处，此种状况令人担忧。

第三节　大学生感恩守义习惯的养成

一、大学生感恩守义意识的培养方式

随着社会的发展和进步，大学生感恩意识缺失的问题日渐突出。这种感恩意识的淡薄将严重影响高校德育工作的开展。如何在现有的基础上转变培养思路，成为高校需要研究的重要课题。对当代大学生进行感恩守义教育，不仅要注重理论知识的教授，更应该从实践层面将感恩意识转化为报恩行为。

（一）将感恩守义教育融入专业实践

许多高等院校强调学生的职业道德和职业素质的培养，但对此只重视理论说教。其实，理论只有通过实践才能被大学生发自内心地接受。高校应将感恩守义教育融入大学生的专业实践，使其与职业道德教育相结合，内化为大学生的职业素质，使大学生爱岗敬业，用实际行动回报社会。具体来说，高校可以与社会上一些用人单位联手，为不同专业的大学生提供相应的专业岗位。这些岗位可能不是大学生最向往的，但通过对所做工作的回报可以使大学生体会到这种回报不是外在的负担，更不是一种讨价还价的交易，而是一种对社会的爱的表达和善的回报。

（二）将感恩守义教育融入社会实践

社会实践是磨炼个性和锻造人格的最有效的方法和手段。将感恩守义教育融入社会实践才能为大学生与现实生活的直接对接找到突破口，为大学生道德情感的培养与升华提供新的平台。高等院校有必要通过社区服务活动开展感恩守义教育，让学生在社会实践活动中体会对自己、对他人、对社会的帮助，既锻炼他们的实际动手能力，又能在活动中升华大学生对国家、对人民的热爱。只有与社会实践相结合才能使大学生对感恩守义教育的认识从感性层面上升到理性高度。

（三）从我做起，从小事做起

感恩守义教育应当要以学生的生活世界为依托，其内容不应是抽象的、枯燥的，而应是具体的、生动的。在学生的生活中，恩情无处不在、无时不有，例如，对别人给予的点滴帮助说声谢谢，对父母的点滴孝行、对他人细微的关心，这些都是感恩守义的表现。有些大学生浪费粮食，大手大脚花父母亲的血汗钱，对父母的馈赠从不言谢，对朋友的帮助少有道谢，稍有不如意便大发牢骚，总觉得世界欠自己太多，认为社会太不公平，动辄诉诸暴力。这些具有心理偏差的大学生，迫切需要培养感恩守义意识。

二、大学生感恩守义意识的培养措施

（一）充分发挥高校的主导作用

1. 充实感恩守义教育的内容

高校要以"人的全面发展"理论为指导，加快转变高校的教育理念，丰富感恩守义教育内容，帮助大学生形成良好的感恩意识，将其培养成德才并重的社会主义合格人才。高校应树立德智并重的教育理念和德才兼备的全面发展观念。学校的教育不仅要重视大学生知识、技能的培养，还要注重大学生的心理、情感方面的教育。感恩守义意识的培养就是情感教育的一个重要内容。高校要逐步调整学校的教育理念，转变为以学生为本，将学生培养成既有知识才能又懂情重义的人，使其适合社会的发展、国家的期待、学生发展的需要。感恩是我们中华民族的传统美德，需要我们继承和发扬，但感恩的具体内容要融合时代的发展，不断地更新和充实。处于信息时代的大学生思想活、观念新、信息灵，迫切要求课程内容鲜活、新颖、具有吸引力。因此，传统的感恩内容需要结合现代的一些问题进行调整，以满足大学生的求知欲，解决他们遇到的问题。高校应结合时代的发展要求以社会主义荣辱观教育为切入点，将其与感恩教育相融合，激发学生的爱国情感，增强民族责任感。

2. 丰富感恩守义教育的手段

第一，整合课程感恩资源进行感恩守义教育。学校教育根本在于育人，任何一门学科都承担着育人的责任。因此，高校要充分挖掘各种课程中的感恩资源，培养大学生的感恩情怀，增强大学生的感恩守义意识。语文课中感恩守义的文章、政治课中感恩守义的事例、伦理课上的老幼尊卑、数学课上的投资计算等，都可以成为感恩守义教育的资源。

第二，开拓网络教育载体。随着科学技术的高速发展，现今网络已经成为高校大学生获取信息的主要来源。高校应发挥网络的教育和导向作用，建立融思想性、知识性、趣味性于一体的信息量大、覆盖面广、服务功能强、访问人数多的感恩守义教育网站，开展网上交流，加强感恩文化的宣传力度，进一步扩大感恩守义教育的影响面。例如，高校建立以感恩守义教育为主题的网站，每年都招聘一些感恩守义意识较强的学生和负责此工作的老师作为网站管理人员，定期地更新网站信息，收集一些典型的感恩守义案例进行讨论、交流。老师也可以通过与个别学生网络交流，及时回答和解决他们提出的问题，让他们在交流中提高自身感恩守义认识和明辨是非、分清美丑的能力。学校要鼓励大学生发表一些以感恩守义为主题的文章，对于较好的文章应恰当地给予物质或者是精神上的奖励，这样既可以增强学生学习感恩守义内容的积极性，也可以锻炼学生的写作能力。

第三，以劳动教育增强大学生的感恩守义意识。劳动是人们一生中最重要的活动，是人们的生存手段，使人们从中获得生存与享受所需要的东西的同时，也获得相应的精神回报，在劳动中感受到收获的乐趣、付出的美好、别人给予的鼓励和赞许。大学生参加劳动，能使他们亲身体会到"一粥一饭，当思来之不易"的道理。大学生参加劳动还可以亲身体会父母工作的艰辛、他人无私的奉献、保护环境的重要性等在书本上无法体会到的种种感受。高校可以让大学生参加校园的劳动，并对先进的个人和集体给予表彰，让大学生在劳动中接受考验与锻炼，在活动中培养感恩守义意识。

3. 营造良好的校园感恩守义氛围

第一，运用高校校园宣传设施。各高校要利用好校园内的宣传设施，以此宣传积极、向上、健康的文化思想，还要开设与感恩守义相关的专栏，讨论与感恩守义相关的热点问题，弘扬正确的感恩守义观，宣扬优秀的传统感恩守义思想，摒弃不良的感恩行为；同时，也可以利用校园中的建筑、人物雕像等物质载体将尊师重教、关爱自然、珍爱生命等名言警句贯穿其中，让校园随处有感恩守义的氛围。

第二，开展以感恩守义为主题的校园文化活动。高校应利用母亲节、父亲节等节日开展孝敬父母、尊重长辈的主题活动，通过这一活动让大学生较为深刻地体会到父母无私的爱，了解父母给自己每一笔钱的背后都付出了诸多的辛劳，从而帮助大学生树立合理的消费观，增强自我的责任意识和勤俭节约的精神；利用教师节，开展"感谢老师""人生路上的良师益友"等尊师重教的演讲活动，培养学生尊师和努力学习的意识；组织大学生下社区开展"手拉手"献爱心的活动，去看望养老院的孤寡老人，作为志愿者去参加义工、"感恩先烈，祭扫烈士墓"等活动，以此来培养学生关心他人、关爱社会的良好习惯，珍惜今天的美好生活。

第三，建立完善的大学生养成教育体系。我国高校承担着培养全面发展、德才兼备的合格人才的任务，培养的大学生不仅要掌握牢固的专业知识，还要求形成良好的道德素养。目前，有的高校过于重视大学生专业技能的培养、就业率的提高，在一定程度上忽视了大学生日常行为习惯的养成，导致大学生感恩意识缺失。因此，高校应该充分意识到培养大学生感恩守义意识的重要性。高校需建立一套比较完整的养成教育考核体系，要时刻关注大学生感恩守义意识变化的情况，把是否具有感恩意识作为大学生是否全面发展、能否合格毕业的一个衡量标准，并具体量化到学分中，最后将大学生在校的感恩守义意识情况登记到学生的诚信档案之中，以此来规范学生的感恩守义言行。

（二）加强大学生自我敬重感恩意识的培养

1. 提高大学生自身的品德修养

大学生良好的品德修养有助于大学生感恩守义情怀的产生、正确感恩意识的形成，但品德的修养需要经历一个长期的、反复的、逐步提升的过程，它需要大学生重视自身的学习，不仅从书本中获取大量的相关知识，还要通过内省、身体力行等环节来进一步加强。任何知识都需要通过学习获得，这是毋庸置疑的，大学生的品德修养也不例外。大学生需要从书本上、日常的生活中获得与道德品质相关的知识。注重道德教育的自身学习对每个大学生来说都是非常重要的，也是自我修养所必需的。当代大学生要努力学习中华民族的传统美德，认真学习感恩守义的深刻内涵，不断增加知识含量、提升自身的素质。

现在的大学生大多是独生子女，其中一些人形成了强烈的以自我为中心的思考模式，想问题、办事情以自己的利益为出发点，以自身得利与否作为判断任何事情的标准，感恩意识无从产生，严重缺少自省的精神。因此，大学生要在知识获得的基础之上，不断对自我意识和感恩行为进行自省，特别是在社会转型、改革开放不断深入的今天，尤其要深化大学生的内省意识，让这种发自内心的、自觉的自我反思帮助大学生克服以自我为中心的思考模式，以此来提高大学生的感恩意识。

2. 增强大学生自身的责任意识

大学生拥有责任意识是怀有感恩意识的显著体现。责任意味着承担，意味着懂得感恩。大学生要增强责任感，首先要懂得珍爱自己的生命，这不仅是对自己、他人负责任的表现，也是感恩的表现。珍视生命、爱惜自我是大学生拥有感恩意识的基础。放弃自己的生命是懦弱、逃避现实的一种表现，是不负责任、不知感恩的体现。因此，大学生要养成做事之前三思而后行的良好习惯，遇事要沉着冷静，积极寻求解决问题的方法，要学会挑战困难和挫折，不要轻易对自己说"不"。大学生要积极参加校内、校外的实践活动，学会和他人和睦相处，在活动中逐渐培养与他人相处的良好方式，学会承担责任，以此来不断增强自我责任感，锻炼自我的感恩品质。

3. 减少大学生自身的依赖心理

某些大学生的依赖心理极强，在家里总想依赖自己的父母，把所有的负担甩给父母，并视之为理所当然；在学校里想依赖老师，在老师的督促下才去学习，将学习当成一项自己极不爱完成的任务。缺乏独立性、缺乏自立意识，依赖思想和寄生心理严重，成为某些大学生的通病。为了减少依赖，逐渐培养自己的独立性，大学生需要树立远大的理想，这是大学生逐渐摆脱依赖心理的开始。大学生应在各种复杂的条件下寻找实现理想的有利条件，培养不懈追求的精神。增强大学生的抗挫折能力，是减少大学生依赖心理的关键因素。大学生应凭借坚强的毅力和日常生活的锻炼，培养懂得主动付出、懂得回报的品质。

第四节　大学生感恩守义主题教育实践

感恩守义教育是高校大学生思政教育和校园文化建设的重要内容。高等教育有必要提醒、引导当代大学生学会知恩感恩，学会自立自强，继而唤起灵魂深处的善良本性和公德之心，传承中华民族优良传统美德的精髓并发扬光大。齐鲁理工学院大学生感恩守义教育活动方案如下：

一、活动目的

1. 进一步提高大学生思想道德建设的水平，提升素质、增强感恩守义信念，让大学生在自己的心中培植感恩守义的情感。无论对待父母、师长、朋友或者对手，大学生都能以一颗感恩的心去面对一切。

2. 弘扬中华民族的传统美德，促进校园和谐、家庭和睦，融洽师生关系，完善人际关系，构建和谐社会。引导大学生正确处理好三大关系，即人与人、人与社会、人与自然的关系；引导大学生树立"三爱"意识，即爱人民、爱社会、爱自然的意识，让大学生懂得感恩不仅是一种美德，更是一种责任和义务。

3. 让大学生懂得感恩是一种生活态度，是做人的起码修养和道德准则，让每个参与其中的人都感受到生命的可贵、生活的美好，都能够向其身边的人真诚地微笑。

4. 推进养成教育的实施，提高学校教学质量。学校通过不同形式的系列活动，为大学生提供一个平台，加强学生彼此间的交流学习，以实际行动诠释和谐社会的奉献、服务精神，传递关爱之心，构建和谐校园。

5. 通过活动延伸，增强大学生对祖国、社会和学校的热爱，引导其奋发向上、努力拼搏的内在精神，充实校园精神文明建设的内涵，为建设和谐校园贡献一份微薄之力，为国家培养更多全面发展的合格人才。

二、活动主题

"心怀感恩、敬爱师长、成就你我"

三、参与对象

全体在校学生

四、教育内容

1. 感谢父母养育之恩

通过感悟，大学生向父母、亲人传递爱的信息，反思父母养育之情。大学生通过电话、信函等方式与父母交流情感，回顾家庭教育成长经历，做好职业与人生发展规划，向父母汇报思想、学习规划、生活安排，让远在家乡的父母不再担心。大学生应勇敢地表达对父母的养育之恩的感谢，学会孝敬父母，尊敬长辈，弘扬中华民族的传统美德。

2. 感谢师长教诲之恩

开展以"家校和谐、师生共荣"为主题的系列活动。大学生通过阅读和观看尊师重教的文章、电影等，书写读后感或观后感，进行交流活动；协助老师做一件有意义的事，感谢老师的教诲和辛勤的培养；在学习中尊重老师的劳动成果，通过自己的刻苦努力取得好成绩，以实际行动报答老师的培养和厚爱。

3. 感谢同学帮扶之恩

以建立班级和睦、宿舍融洽和同学互助的校园生活为目标，开展情感交流、互帮互助、互相诉说亲身的感恩故事等活动；鼓励大学生积极参加集体活动，倡导为同学、班级做有益的事等活动，促进同学之间互帮、互助、互学、互进，从而增进同学之间的友谊。

4. 感谢学校培育之恩

教育大学生真诚感恩学校、老师的深切关爱和精心培养，努力学习，奋发成才，增强大学生回馈社会的责任感与义务感；促使大学生学会热爱学校、热爱班集体、热爱自己的校园，立志以感恩的心回报学校；引导大学生积极参与学校建设，关心学校的发展；通过亲身体验感悟党和国家对大学生的高度重视和深切关怀，激发大学生热爱党、热爱社会主义、热爱人民的热情，做新时代的优秀人才。

5. 感谢社会关爱之恩

教导大学生常怀感恩之心，常言感恩之情，常做感恩之事，常表感恩之言，增强社会责任意识，毕业后报效祖国、回报社会；开展爱祖国、爱人民、爱劳动、爱科学、爱社会主义的教育活动，引导大学生感受今天的幸福生活来之不易，帮助其树立正确的世界观、人生观和价值观。

6. 感谢自然赐予之恩

延续志愿者服务月相关活动内容，结合《公民道德实施纲要》等内容，以绿色校园建设为目标，引导大学生感谢自然的赐予，善待自然，热爱自然的一草一木，美化校园、绿化校园，树立节能节约意识、生态文明意识，提升师生幸福指数。

五、活动内容

1. 大学生感恩守义主题教育活动启动仪式

2. 校园十大感恩名句征集活动

围绕"感恩守义"主题，学校向大学生推荐 10 本优秀书籍、10 部影视作品和 10 部视频短片。大学生在阅读书籍和作品后，将观后感和自己的思想感悟发送至官方指定的微信公众号上。校团委对征集的所有感恩箴言进行汇总、评比，从中评选校园十大感动心声，给胜出选手一定的物质奖励。

3."知恩于心、报恩于行"主题征文活动

(1)参与的大学生通过阅读相关主题书籍、浏览网站或在网上搜索有关感恩守义题材的电影、演讲、访谈类节目，了解感恩的相关知识，深入剧情、真心感受，并结合主题活动意义和精神，以撰写文章、日志等方式表达自己的感想、观点与认识，形成一篇记叙、议论、诗歌等文体的文章。

(2)在写好原稿之后，可通过各种方式将原稿给相关人物阅览，由参阅人根据自己的阅读感受单独撰写相关的阅评、回复等读后感。

4.感恩主题教育沙龙——"新时期齐鲁青年精神"大讨论活动

(1)校团委、各二级学院团总支根据学校在教学管理、学生综合素质培养、校园文化建设和其他校园生活等方面的现状，以"感恩守义"主题和"新时期齐鲁青年精神"大讨论为切入点，结合师生自身在民族文化传承、公共道德遵守、文明家校关系创建、和谐社会营造方面的具体表现，开展主题鲜明、内容新颖、效果显著的主题活动。

(2)活动内容和目标要将本校成员对"感恩守义"等关键词的深刻理解和实践行为贯穿活动始末，以解决学校中心工作的难点、管理中的突出矛盾和自身的困难问题等，引导青年团员结合专业特色和自身经历积极参与大讨论，鼓励大家解放思想、广泛交流，以此推动师生日常行为规范和作风建设。

(3)以团总支为单位，在全校发动的基础上，各自组织开展一次以"感恩守义"为主题的沙龙活动。活动人员除本校成员外，还可邀请有关专家、学校党政、教学管理等各领域人员参加，精心设计活动程序，注重活动效果的总结。在活动结束后，各团总支负责统计填写活动登记表格，以工作报告的形式向校团委提交一份精练的汇报材料(附活动照片)。

5.感恩主题班团系列活动评选

(1)活动时间：10月中下旬。

(2)各二级学院以班团支部为单位，围绕"感恩守义"主题，按照自身情况和特点，由各学院团总支牵头部署，开展一次特色鲜明的感恩主题团日活动。

(3)活动通过讨论或演讲等形式，旨在让学生真心交流、共同进步，表达对父母、对亲人、对师长、对朋友的感激之情。

(4)要求主题鲜明、形式多样、内容真实、效果具有深远意义。具体方案和内容可在辅导员指导下自行安排。

(5)活动结束后，由班团支部申报进行评选表彰。活动中注意文字信息和图片材料的汇总，活动总结以报送评选表及相关材料的方式参与全院评选。活动最终评选出优胜奖10名、最佳组织奖1名、最佳创意奖1名。获奖集体将获得荣誉证书和相应奖励。

6. 各学院团总支、班团支部、学生社团开展相关感恩主题教育实践活动

【范例】

主题："家校和谐、师生共荣"主题教育活动

形式：学生站在自身成长和家校和谐的角度看待校园建设和发展，从父母亲朋口中收集建议，为学校发展建言献策；还可以采取与师生和舍友座谈、定期家校电话联系等方式。

六、活动要求

1. 高度重视、加强领导

各基层班团组织精心策划，各二级学院团总支悉心指导，采取有效措施，按照整体要求，统一行动，结合实际策划活动，拓宽活动实施领域，注重服务实效，把感恩活动不断深入各级组织、覆盖全体在校大学生，结合各自实际，明确活动内容，分工负责，有序推进，使各项活动扎实有效地开展。

2. 加强宣传、扩大影响

各班团支部要利用各种宣传舆论工具，大力宣传活动中涌现出的典型，扩大影响、营造活动氛围；收集感恩教育活动优秀作品，通过网站、宣传栏、微信公众号等多种形式宣传感恩守义教育活动。

3. 注重落实、巩固成果

严格按照活动步骤和系列活动开展要求，完成活动任务和目标，及时研究活动当中的新思路、新问题，收集、总结有效做法和经验，适时巩固推广。

七、活动延伸

1. 建立感恩守义教育长效机制。为使感恩教育经常化、长期化，学校把每年的 10 月定为"感恩教育主题活动月"。全校各级团组织要着力构建"德育为先"的长效机制，确保感恩教育的内容渗透在学生思想道德建设、学风建设与日常管理中。

2. 加强感恩教育专题研究。以本次感恩教育主题活动各项实践内容为研究内容，完成学校养成教育各项指标任务；加强敬重感恩教育系列的研究，总结理论成果，不断深化感恩教育活动，切实提升学校德育工作的水平。

第七章 助人为乐

助人为乐是中华民族的传统美德，也是社会主义核心价值观的重要表现。乐于帮助别人，是对他人友善，强调奉献精神，传承"赠人玫瑰，手有余香"精神。在构建社会主义和谐社会的今天，助人为乐成为当代大学生建立社会主义新型人际关系的重要表现。高校通过对大学生进行助人为乐思想品德教育，培育大学生助人为乐精神，让大学生在日常生活、学习中自觉帮助他人。

第一节 概　述

一、助人为乐的内涵

助人为乐是中华民族的传统美德，是做人的优良品格。中国古代关于"仁""爱"的道德论述，是整个中华民族的道德基石，也是助人为乐的传统美德的理论源泉。

"仁"的学说蕴含助人为乐精神中"爱人"的价值取向。"仁爱"是大爱，这些大爱都蕴含着助人为乐的高尚品德。

墨子提倡的"兼爱"从相爱、互利来看待人与人之间的关系，是平等、无差别的爱，也蕴含着助人为乐的高尚品德。

案例链接

李士谦慷慨助人

北朝时，有位叫李士谦的人，其家庭非常富有，但此人崇尚节俭，为人慷慨，常周济老百姓。有一年闹春荒，许多人家都断了粮，李士谦就拿出一万石粮食给乡里的缺粮户。到了秋天又遇年成不好，庄稼歉收。借了粮的人都要求延期偿还。李士谦说："我借粮给你们是为了帮大家度荒，不是为求利。既然年成不好，借的粮就不用还了。"于是，他请来一些欠粮的人吃饭，在吃饭时当着大家的面烧毁了全部借据。第二年粮食丰收了，许多人挑粮来还，李士谦坚决不收，还粮的人只好又挑了回去。李士谦乐善好施三十年，在隋文帝开皇八年去世。他所在的赵州一带有近万人为他送葬，哭声惊天动地。

助人为乐是人的优良品德之一，也是高尚的人生价值观的一种表现。在社会生活中，任何人都离不了别人，都需要得到别人的援助。因此，帮助别人就成为个人存在和发展的重要条件之一。乐于助人的人，把自觉帮助他人作为最大的乐趣，并以此作为实现个人价值的条件。

二、助人为乐的特点

不管是传统的助人为乐还是现代的助人为乐，我国学者大都从以下三个方面来解读助人为乐的特点：

1. 助人为乐是个人自愿行为。助人为乐是追求高尚的个人品德，它是自觉的道德行为，是视他人的利益高于自己利益的高尚道德品质；助人为乐的道德行为是个人自愿的行为，不受他人的强迫。

2. 助人为乐是人类社会行为。助人为乐是在长期的生产劳动和社会活动中培育起来的，体现了劳动人民风雨同舟、患难与共的相互关系。助人者在社会行为中要调节好个人与他人之间的利益，做到先公后私、先人后己，即使可能会使自身利益受到损失。

3. 助人为乐是共产主义道德的思想境界。助人为乐者把自己为人民服务作为自身追求，把自己看作人民的勤务兵，把自我和他人联系到一起，从为人民服务中获得人生价值。助人为乐以助人者服务他人为目的，并且助人行为不渴求获得自身利益，具有因无私利他行为感到快乐的共产主义道德境界。

三、新时代背景下开展助人为乐教育的意义

(一)助人为乐有利于大学生养成自觉自主的道德精神

助人为乐是人们共同遵守的道德规范，是社会主义核心价值观的具体体现，是为人民服务的直接体现。

助人为乐的行为能让人体验到真正的快乐，这种快乐在实际生活中表现为行动的自觉。助人为乐要求助人者以"春天的温暖"来对待身边的人。乐于助人的行为表现背后是高度的社会责任感，彰显自觉自主的道德精神境界。德行要求人们远离外在的物欲诱惑，只有这样才能实现德行的升华。对助人为乐的坚持，对助人为乐行为的持之以恒，有利于大学生养成自觉自主的道德精神。

案例链接

雷锋助人为乐的故事

在沈阳车站换车时，雷锋看到一位大娘在那里为难。他走上前去轻声问："大娘，您有什么困难？"

大娘说："我从山东老家来，到吉林去探亲。在这换车吃饭，把车票丢了。想补票又没钱，心里着急。"

雷锋安慰她说："大娘，别着急，跟我来吧。"雷锋把她领到售票处，给她补了一张车票。

临别时，大娘感激地问："同志，你叫什么名字？哪个部队的？"

雷锋笑了笑，心想这位大娘真有意思，大概还想还钱呢，就说："别问了，快上车吧，我叫解放军，就住在中国。"

大娘走进车厢，还眼泪汪汪地向雷锋招手。

雷锋从丹东回来，又在沈阳换车回抚顺。早晨五点多钟，雷锋背着背包，剪了票，便走向月台。通过地下通道时，他看见一位白发苍苍的大娘，拄着棍，还背着很大的包袱。雷锋赶上前去问道："大娘，您到哪去？"

老人上气不接下气地说："俺从关里老家来，到抚顺去看儿子。"

雷锋一听和自己同路，立刻接过大包袱，用手扶着老人，说："大娘，我送您到抚顺。"

雷锋扶大娘上了车，但车厢里已经挤满了人。雷锋正想给老人找个座位，身边一个大学生站起来，让老人坐下了。雷锋站在老人身边，等车开动了，就从挎包里掏出在站台上买的两个面包，分一个给老人。大娘望着他说："孩子，俺不饿，你吃吧！"

"别客气，大娘，吃吧，垫垫饥。"他硬把面包塞到老人手里。老人拿着面包，不知该说什么好，将身子往里边靠了靠，空出一点座位说："孩子，你也坐下吧!"

孩子，孩子，这个称呼给了雷锋很大的感触，就像母亲叫着他的小名一样亲切。

雷锋挨着老人坐下了。一边吃着面包，一边同老人唠家常，问老人的儿子在抚顺做什么工作的，住在哪里。

"俺儿子是工人，出来好几年了。我没来过，还不知住在哪呢!"老人掏出一封信，递给雷锋，"你看看，可知道这里?"

雷锋看过信上写的地址，他也不知道。但是，他看出老人多么希望有人帮她找到儿子呀。

"大娘，您放心，我一定帮您老找到儿子。"

"那敢情好。"老人特别高兴地说。

火车驶进了抚顺郊区，一座座高大的厂房，一个个高大的烟囱，使老人十分惊奇，不住地往车窗外瞭望。

"大娘，这是咱们的煤都，这里出的煤又多又好。见到您儿子，让他领着您老好好逛逛。"

"老了老了，还要开开眼界哪!"老人兴奋地说。

火车进了站，雷锋扶着老人下了车，然后把自己的背包暂存在车站里，背起老人的包袱，搀扶着老人，穿过熙熙攘攘的人群，东打听西打听，用了将近两个小时，费了许多周折，走了不少弯路，才找到老人的儿子。进门后，老人第一句话就说："不是这孩子送我，娘怕还找不到你呢。"

雷锋临走时，母子俩拉着他的手恋恋不舍，送出了很远很远。

雷锋时刻不忘为人民做好事。运输班有一块菜地靠近一位大娘的菜园。一天下了大雨之后，雷锋到地里去看菜，见大娘在自己的菜地里排水。雷锋走过去，一边帮她放水，一边和她唠起家常来。雷锋知道了这位大娘姓张，在旧社会也是个受苦的人，中华人民共和国成立以后才翻了身，而且还是个光荣的烈属。他从心眼里热爱和尊敬这位大娘。以后，他总是把大娘的菜园收拾得干干净净，天旱了就帮她担水浇菜，还把拣来的大粪上在大娘的地里。十月一日，人们兴高采烈地欢度国庆节。雷锋为了使大娘在这个节日里过得更快乐，吃过晚饭后就带上连队发给他的苹果送给大娘。老人十分感动，逢人就讲雷锋像她儿子一样地关心她。

在雷锋乐于助人的行为中，我们看到雷锋对他人的关爱，他把"帮助别人，快乐自己"当作人生的信条。雷锋说："人民的困难，就是我的困难，帮助人民克服困难，贡献自己的一点力量，是我应尽的责任。"雷锋精神，人人可学；奉献爱心，处处可为。积小善为大善，善莫大焉。当有人需要帮助时，大家搭把手、出份力，社会将变得更加美好。细微之处见真情，平凡之中显伟大。

（二）助人为乐能促进大学生全面发展

社会的发展要求大学生不仅掌握精湛的专业知识，也要具备良好的道德素养，成为全面发展的栋梁之材。大学生道德意识具有独立性与全面性；大学生道德情感具有感染性与理智性；大学生道德行为具有自觉性与稳定性。助人为乐精神注重人本，注重道德情感，强调高的精神境界。助人为乐是对真善美价值的追求，能促进大学生全面发展。

案例链接

2019年3月5日是全国第56个学雷锋纪念日，也是第20个中国青年志愿者服务日。为进一步推进学校志愿服务工作制度化、常态化，强化学生的社会责任意识和奉献意识，用志愿服务展现校园文明风尚，助力校园文明提升，齐鲁理工学院于3月在全校集中开展"学雷锋"志愿服务系列活动。3月6日下午，学校"学雷锋"志愿服务系列活动启动仪式暨雷锋事迹图片展在二级平台举行。

两千余名学生参加了此次启动仪式。下午3点，仪式正式开始。首先，赵庆勇老师宣读了《共青团齐鲁理工学院委员会关于深入开展"学雷锋"志愿服务系列活动的通知》，通知中提到"要切实加大学雷锋志愿服务的宣传力度，让本校师生了解和参与志愿服务工作，把社会志愿服务活动列入学校工作管理内容，促进各部门认真抓好落实，营造'我为人人，人人为我'的良好的舆论氛围。"志愿者代表王珈琛宣读了倡议书《身边志愿，雷锋常在》，倡议大家大力弘扬志愿精神，争做文明实践志愿者。

齐鲁理工学院高度重视学雷锋活动，通过深入开展学雷锋活动，提升全体学生的思想道德素质。本次"学雷锋"系列活动包括"情暖夕阳，关爱老人"敬老院敬老活动等十几项。青年志愿者联合会的同学们表示他们将用共同的誓言和实际行动，传承弘扬雷锋精神，将"奉献、友爱、互助、进步"的志愿精神发扬光大，在踊跃参与"学雷锋"志愿服务活动的火热实践中谱写出更加壮美的青春之歌。

第二节 大学生助人为乐的现状

一、当代大学生助人为乐的现状分析

根据相关学者对当代大学生助人为乐意愿的现状、当代大学生助人为乐精神养成的影响因素、当代大学生助人动机现状做的调查问卷研究，结合国内其他学者的研究，当代大学生助人为乐现状如下：

1. 当代大学生助人为乐的行为发生的频次还是很高的，但由于社会环境对大学生防范意识的宣传，某些大学生在助人为乐之前会评估自身助人为乐行为所带来的后果。

2. 家庭教育对大学生助人为乐的行为的影响至关重要，父母的助人为乐的模范行为也会影响大学生助人为乐行为的频次；学校教育、学校的人文关怀氛围、同学之间的互帮互助也是大学生助人意愿和行为重要的影响因素；新闻等社会信息的获取也会影响大学生助人为乐的行为频次。

3. 助人为乐的动机分为利己助人为乐动机和完全利他助人为乐动机。大学生日常的助人为乐行为更多的是完全利他型，他们帮助别人不是出于自己的私心，而是满怀爱心地帮助别人。

二、当代大学生助人为乐的正面分析

大学生的价值在于社会生活中所创造的"社会价值"，也在于通过个人努力所实现的"自我价值"。大学生自我价值的实现和社会价值的实现是相辅相成的，自我价值的实现要依赖社会的存在，在社会实践中才能实现自我价值。

大学生助人为乐的精神是积极的，大学生助人为乐的行为发生的频次还是很高的，特别是没有功利主义的助人为乐行为是很多的。家庭教育中父母的模范作用、学校教育的倡导、同学之间互帮互助，都能激发大学生助人为乐的行为。

三、当代大学生助人为乐存在的问题及其原因

当代大学生助人为乐现状从总体上看是好的，体现了大学生群体优秀的品质，但某些大学生也存在一些不好的方面，主要表现在以下方面：

1. 某些大学生缺乏对美好理想和崇高精神的追求

追求美好理想和崇高精神是个体在社会中的行为方式，符合高尚价值标准的

要求。由于功利主义的道德思潮对社会生活的侵蚀，某些大学生有脱离高尚价值标准的趋向，受到一些腐朽的错误思想的引导，主要表现为利己主义、金钱至上主义，其具体表现就是缺乏对美好理想和崇高精神的追求。

某些大学生在日常的社会实践中，由于受到道德认知、道德楷模的缺失的影响，会出现道德意识不强、自身行为违反道德准则的情况。缺乏对美好理想和崇高精神的追求，不能培养助人为乐的行为，会让大学生养成不良的道德品质。

2. 某些大学生缺乏舍己为人的精神

当代大学生获取信息的渠道不仅限于书本、电视等传统媒介，网络信息对当代大学生的思想意识的影响是很大的，特别是个人主义、享乐主义、拜金主义对大学生的思想影响，使一些大学生在助人为乐行为方面越来越不积极，只考虑自己的私心和自己的利益。这样负面的价值观会带来消极的道德行为。另外，在当代大学生中独生子女较多，他们在家庭生活中享受父母独一无二的爱，没有学会分享，没有培养出舍己为人的高尚品德。

3. 某些大学生缺乏同情心

某些大学生有很强的自我保护意识，在帮助他人时会评估帮助他人是给自己带来利益还是伤害，在不确定是否有风险之前，他们不会轻易地帮助他人。大学生存在这样的心理是因为社会上有些骗局是利用人们的爱心和同情心。在助人利他行为存在不可评估的风险时，有些大学生的助人意愿就会降低，助人的行为就会减少。如果社会不能提供让大学生感受到和谐、安全的社会氛围，大学生的同情心和爱心就会变少，对他人的帮助行为也会减少，久而久之，缺乏社会经验的大学生只会用封闭的拒绝行为来保护自己。

当代一些大学生助人为乐行为缺失的主要原因如下：

1. 社会环境中负面信息的不利影响

当代大学生从网络中获取了很多的信息，这些信息中含有的个人主义、自私、腐朽的思想对大学生造成很大的冲击，影响大学生正在被塑造的价值观念。某些大学生存在理想信念缺失、价值观异常、社会责任意识淡薄等问题。

2. 网络空间交往方式的影响

在现实社会中，人与人的交往基于真实的信息交流；而在网络环境中，大学生的交往没有社会道德的监督，这导致他们在交往中不负责任，缺乏交往的道德约束和助人为乐的意识。

3. 网络舆论的不正确引导

道德模范是在自己的工作岗位上勤勤恳恳、日复一日地工作，踏踏实实地为人民服务。有些媒体错误地标榜自私自利才是人的天性，忽视社会中这一为人民服务群体的存在。这导致某些大学生片面地相信媒体的错误引导。

4. 学校教育中德育工作的偏差

高校教育的根本目标是教书育人，育人就是对大学生的道德教育。高校应对大学生进行社会主义核心价值观的教育，把大学生培养成具有高尚道德品质的社会人才。然而，一些高校对道德教育的认识和在执行上存在偏差，所以高校德育教育的效果不是很理想。有的高校重视对大学生的知识教育，而忽视德育教育；有的高校的德育教育存在不合理性，没有充分考虑当代大学生的特点，对德育教育采用知识教育一样的方式，使德育的内容缺乏新颖性、德育的教学手段单一。

5. 溺爱的家庭教育

应试教育的结果是：成绩好的孩子就是好孩子，在家庭教育中，家长过多关注学生的成绩，而忽视子女的品格建设。一个好孩子不应该仅是成绩好，而首先应该是有爱心、讲道德的孩子。现代大学生多数是独生子女。有些家长对孩子的溺爱不仅体现在物质上，也体现在家庭教育上，缺乏传统孝敬、相亲相爱、互帮互助的教育。

6. 大学生自身要求低

有些大学生虽然接受了家庭、学校的教育，但他们对自身的要求低，自己的修养不足，没有在理念上认同传统的优秀价值观念，因此，助人为乐的行为受到自身要求的干扰，在助人的行为中往往进行不理性的对比，例如别人没有助人，自己也不会助人，丧失助人的主动性。

第三节　大学生助人为乐习惯的养成

助人为乐是优良的品德。当代大学生助人为乐习惯的养成可以分为道德教育和道德修养。大学生的道德教育是对大学生有目的地施以道德影响的活动，其内容是提高大学生的道德觉悟和认识，陶冶大学生的道德情感，锻炼大学生的道德意志，树立大学生的道德信念，培养大学生的道德品质，帮助大学生养成良好的道德习惯。大学生的道德修养是大学生为了实现高尚的品德，在道德意识和道德行为方面进行的自我锻炼。

当代大学生助人为乐习惯养成的实践主要是学校的道德教育和大学生自身的道德修养两个方面。学校开展一些对大学生有道德影响的活动，提高大学生的道德认识，培养大学生的优秀品质，帮助大学生养成良好的道德行为和习惯。大学生的道德修养是大学生在道德观念、道德情感、道德意志、道德信念上的自我锻炼；大学生的道德行为是在高尚道德意识支配下表现出来的有利于他人和社会的行为，是符合高尚的道德原则和规范、具有高道德评价意义的行为。

一、当代大学生助人为乐习惯养成的形式与方式

当代大学生助人为乐习惯养成主要指学校的道德教育和大学生自身的道德修养。当代大学生助人为乐习惯养成的形式在学校道德建设方面包括助人为乐的大学精神建设、做好助人为乐精神的校园文化建设，在自身道德修养方面包括强化道德认同、加强笃实修德。

当代大学生助人为乐习惯养成的方式不局限于课堂的书本教学，还应结合学校的校训、校风、学生管理方式、大学生日常行为规范，把大学生助人为乐习惯养成纳入整个大学教育与大学生活的总体布局，把助人为乐升华为文化和品德，让大学生自觉养成助人为乐的行为和品质。

二、当代大学生助人为乐习惯养成的对策与措施

学校应根据自己的特色和大学生的特点来对大学生进行助人为乐习惯养成的教育；助人为乐是大学生自身道德修养的一部分，大学生要进行主观自身意识和行为的修养。

(一)高校道德教育建设

高校教育要求大学生在德智体美劳各个方面得到全面发展，使大学生成为有理想、有道德、有文化、有纪律的社会主义建设者。高校的道德教育是提升全社会道德水平的基础工程，关系到大学生身心的健康成长，也关系到国家的未来和民族的前途。

1. 强调助人为乐的大学精神文化建设

高校要推进以助人为乐精神培育为导向的大学精神文化建设体系。大学精神的核心是以育人为第一要旨，以全面人才教育为大学使命。育人的重点包括：

一是培养大学生对国家、对民族的责任感；培养有抱负、有政治远见、有广博知识、有责任心的大学生。要教育大学生以天下为己任，继承前人"国家兴亡，

匹夫有责"的报国之情,学习前人"先天下之忧而忧,后天下之乐而乐"鞠躬为民的品德。大学生关心天下大事,主动服务社会、服务国家、服务人民。

二是理想、信念教育。理想和信念是精神世界深层次问题,它取决于世界观、人生观和价值观。要引导大学生树立正确的人生目标、人生理想、人生追求。

三是培养爱心。要教育大学生爱父母、爱生活、爱事业、爱祖国。

四是培养高尚的人格。教育大学生坚持真理,胸怀坦荡,高风亮节,严于律己,宽以待人,淡泊名利,无私奉献。

五是培养自强不息、厚德载物的精神。不仅教育大学生如何认知、如何做事,更重要的是如何做人,引导大学生敢于奋斗,善于成才。

培育当代大学生助人为乐精神,要培养大学生爱的优良品格,利用校训、校风、学风培育大学生助人为乐精神,通过爱他人、帮助他人来获得个人价值的成长。

案例链接

为缓解当前血液库存紧张的局面,弘扬"人道、互助、博爱、奉献"的无偿献血精神,2018年12月13日至15日,齐鲁理工学院联合济南市血液供保中心,在校内举行无偿献血活动。

13日上午9:00,公益采血车停靠杏坛大道左侧的小停车场上,引起了该校同学们的关注。"无偿献血的健康要求""为什么提倡一次献血400毫升""无偿献血免费用血手续"……血液中心的工作人员通过宣传板和口头讲解的方式,不断为该校同学们宣传献血常识,并鼓励大家积极献血。校志愿者联合会的志愿者也穿上工作服来到现场帮忙。老师和同学们纷纷前来献血。

在本次献血活动中,齐鲁理工学院共献血994人次,共计献血量225000毫升。该活动充分体现了当代青年以真情奉献社会、以爱心温暖校园的崇高思想品德,以及崇高的人道主义精神,这对该校构建和谐校园、营造良好的社会风气、弘扬社会主义核心价值观将产生积极的影响和深远的意义。

2. 做好助人为乐精神的校园文化建设

校园文化是学校内影响和制约师生活动和发展的各种文化因素的总和,是一种无形、巨大的教育力量，也是教育成功的重要基础，对大学生的健康发展有着不可替代的作用。校园文化是一所学校精神风貌的集中反映，是办学特色和发展个性的体现，它对启迪学生的智慧、开阔学生的视野、优化个性人格等都具有重大而深远的影响。

学校应规范学校制度文化，为学校精神文化培育创造执行、管理方面的条件；在规范学校制度文化建设的过程中，应不断加强制度的规范性、连续性、导向性研究，做到"全员参与"制定制度、"灵活具体"执行制度；积极渗透"民主管理""人文管理"的理念，注意对师生进行"制度意识"的培养，使刚性的制度转化为柔性的自觉行动；应规范教育行为、教学行为；充分利用好学校各种活动，结合学校特色，开展丰富多彩的庆祝活动和社团活动。

（二）自我道德修养

1. 强化道德认同

党的二十大指出："提高全社会文明程度，要实施公民道德建设工程，弘扬中华传统美德，加强家庭家教家风建设，推动明大德、守公德、严私德，提高人民道德水准和文明素养，在全社会弘扬劳动精神、奋斗精神、奉献精神、创造精神、勤俭节约精神。"大学生的道德修养关系着大学生自身价值观的塑造，影响社会主流价值观的发展方向。对于新时代大学生来说，道德修养就是大学生的品质修养，反映大学生在自我发展与社会发展中的价值态度和德行诉求。在大学生道德修养的过程中，道德认知是基础，大学生在社会实践中借助从社会中获得的道德行为来认识道德的概念；道德认同是关键，是大学生对社会道德体系中诸多规范的认可程度和接受程度。大学生道德认同建立在大学生对道德的感性认知上。大学生要增强自己的感性认知，从而形成自己的社会道德认同。

大学生强化道德认同，要主动向道德模范学习，争做崇高道德的践行者、文明风尚的维护者、美好生活的创造者。道德模范是时代的道德典范、道德榜样，体现了热爱祖国、奉献人民的家国情怀，自强不息、砥砺前行的奋斗精神，积极进取、崇德向善的高尚情操。

案例链接

齐鲁理工学院曲阜校区收到一面写着"春雨润物 明德育才"的锦旗，这面锦旗由山东省利津县的董钢山先生赠送，目的是感谢齐鲁理工学院文学院王月同学的助人行为。

今年寒假，董先生的一双儿女在赶往辅导班的路上不慎骑车受伤，女孩受伤尤为严重。路经此地的王月同学见状立即拨打了120救护电话，脱下自己的外套为女孩取暖，并不停安抚受惊的兄妹两人，直至救护车赶到。春节后，董先生几次前往王月家登门拜谢，王月一家一直拒收礼物，此举令董家颇为感动。事后，董先生一直感念王月同学的暖心之举，特写下感谢信一封，专程从老家利津县赶来齐鲁理工学院送上锦旗，以表感激之情。

王月同学"助人为乐，无私奉献"的事迹得到了齐鲁理工学院广大师生的赞扬；学校也以她的先进事迹为典型，对广大师生开展了形式多样的教育活动。

一直以来，齐鲁理工学院积极致力于推动广大师生践行社会主义核心价值观，不断加强对学生思想道德的引领和建设，高度重视学生日常行为的养成教育。学校还以"雷锋月"活动为契机，通过对典范事迹的宣传教育工作，引导广大师生弘扬雷锋精神，传递时代正能量，号召大学生做德智体美劳全面发展的社会主义新人。

2. 加强笃行修德

大学生要把正确的道德认知、自觉的道德养成付诸积极的道德实践。大学生在积极的道德认知的基础上要"笃行"，要达到知行合一。大学生在学校的学习、交往、社团工作，都要以道德修养为基础。大学生修德不是一蹴而就的，需要长久笃行，需要从小事做起。这是一个行动的过程，是不断提升的过程。大学生要做到知行合一，要把提高自己思想认识和端正行为结合起来。

习近平总书记在党的二十大讲话中指出："完善志愿服务制度和工作体系。弘扬诚信文化，健全诚信建设长效机制。发挥党和国家功勋荣誉表彰的精神引领、典型示范作用，推动全社会见贤思齐、崇尚英雄、争做先锋。"大学生志愿服务活动是助人为乐精神的阐释。志愿服务对高校大学生具有巨大的精神教育价值和实践教育价值，是指任何人志愿贡献个人的时间及精力，在不为任何物质报酬的情况下，为改善社会、促进社会进步而提供的服务。志愿服务的精神是奉献、友爱、互助、进步。大学生通过志愿服务活动，使互助奉献的精神得到彰显，社会责任感进一步增强，获得了社会的积极道德评价。志愿服务对整个社会的至善至美的精神追求也起到了积极的作用。

案例链接 ◢★

2019年7月8日，在齐鲁理工学院职业技能认证中心会议室内，齐鲁理工学院商学院政治学与行政管理学专业的胡静等10名大四年级优秀大学生在离校实习之前，与计算科学与信息工程学院的赵家钦等10名大二年级优秀大学生完成了一次特殊的工作交接。胡静等同学详细介绍了开展"一封家书送温情，助力戒毒塑灵魂"活动的情况、戒毒人员的思想转变，以及个人感悟与收获。这标志着齐鲁理工学院的"一封家书"活动团队度过了第三个年头并完成了第三次轮换。

"一封家书"活动起自2016年12月，是齐鲁理工学院与山东省济东强制隔离戒毒所双方领导共同谋划的，旨在针对戒毒人员法治意识淡薄、文化水平低、误入歧途后亲朋好友疏远导致的缺乏亲情温暖、心灵残缺、丧失信心等情况，在对戒毒人员进行生理与心理戒毒、职业技能培训的同时开展的"重塑灵魂、助力回归"的一项特殊形式的公益帮扶活动。

2017年4月16日，在济东强制隔离戒毒所内举行了"一封家书送温情，助力戒毒塑灵魂"活动启动仪式。在该仪式上，齐鲁理工学院副校长沈荣阐述了"一封家书"活动对于助力戒毒人员重塑思想灵魂、重树人生信心的重要意义，并就活动的方法、步骤和要求做了详细安排。由此，齐鲁理工学院商学院政治学与行政学专业10名优秀在校大学生与济东强制隔离戒毒所10名戒毒人员以"结对子、一帮一""一封家书"的形式正式拉开了对戒毒人员进行心灵帮扶的活动的帷幕。胡静等10名同学在信中谈法律知识、谈理想信念、谈人生感悟、谈家国亲情，举例子、讲道理，用情真意切的文字滋润着戒毒人员曾经封闭、冰冷的颓丧心扉，开启了戒毒人员洗心革面的阳光灵魂。

伴随着一封封信件的传递，寒来暑往，岁月如梭，到了2019年11月，"一封家书送温情，助力戒毒塑灵魂"活动也开展了三个年头。当年"一封家书"团队中的同学相继毕业离校或进入社会岗位实习，有的已经进入工作岗位，有的已经考上事业编制单位或公务员，还有的已考取研究生继续深造，不断有新的同学接过他们的"接力棒"，在关爱的路上继续前行。"一封家书"的同学一茬接一茬，他们都始终怀着一个共同的心愿："用我们的爱心温暖戒毒人员，帮助他们早日回归社会。"

近年来，齐鲁理工学院持续服务特教人群，扎实深耕，不计名利与回报的担当精神得到了山东省司法厅、山东省戒毒管理局以及各个戒毒所广大干警的广泛赞誉。学校被吸纳为山东省戒毒协会济东戒毒所分会的副会长单位，多名老师被聘为"山东省戒毒专家""山东省戒毒工作形象大使""山东省戒毒工疗专家"和"戒毒帮扶讲师"，510余名在校大学生被聘为"山东省戒毒协会济东戒毒分会会员"和"山东省戒毒协会戒毒志愿者"。

三、结合学校实际情况将助人为乐落地实施

助人为乐是一种朴实的中国传统美德，也是社会主义核心价值观的具体体现。每个人在遇到困难的时候，最需要的就是别人的帮助。高校可以结合各自的实际情况，将助人为乐的德育工作落地实施。以齐鲁理工学院为例，3月是该校学习雷锋活动月，鼓励师生从身边的小事做起，从身边人帮起，在全校开展一系列志愿服务活动。

第四节　大学生助人为乐主题教育实践

一、活动背景

3月5日是"向雷锋同志学习"的纪念日。雷锋助人为乐、无私奉献的精神影响了一代又一代的青年。至今，雷锋的感人事迹已家喻户晓。为进一步弘扬雷锋精神，弘扬"奉献、友爱、互助、进步"的志愿服务精神，齐鲁理工学院以3月雷锋青年志愿者服务月为契机，组织学生开展志愿服务活动。

二、活动主题

"弘扬雷锋精神，关注校园文化，建设精神文明"

三、活动目的

通过本次活动，学校一方面增强大学生学习雷锋的意识，激发他们学习雷锋精神的热情，提升他们的思想境界，配合学校和社区创建良好的环境；另一方面利用3月学习雷锋活动月，提升学生的志愿者服务精神，促进"奉献、友爱、互助、进步"的志愿者服务精神的传播，推动志愿服务与社区、校园和大学生身边的环境的不断融合。

四、活动时间

3月5日～3月31日

五、组织形式

本次活动以青年志愿者为活动主体，号召党员、团员及入党积极分子发挥党员的先进性及先锋模范作用，带头参加志愿者服务活动，并鼓励其他学生加入志愿服务的行列中来。

六、活动内容

（一）主题活动一：学雷锋义务整理图书活动

1. 活动意义：由青年志愿者协会组织青年志愿者在 3 月期间定期分批走进图书馆，义务为学校图书馆整理图书，开展整理图书志愿服务活动，进一步宣传"奉献、友爱、互助、进步"的志愿者精神。

2. 活动时间：3 月 5 日～3 月 31 日。

3. 活动地点：图书馆。

4. 活动方式：由二级学院分别轮流组织志愿者帮助图书馆工作人员整理图书及维护图书馆的日常卫生。

5. 活动流程：

（1）活动宣传及组织报名：青年志愿者协会发布活动通知，二级学院上报志愿者名单。

（2）青年志愿者协会工作人员到图书馆联系图书馆工作人员，并商量具体活动细节。

6. 活动实施：3 月 5 日早上 7:30，所有参加活动的志愿者各分会负责人带队在图书馆一楼大厅集合，8:00，全体志愿者参加活动。3 月 5 日～3 月 31 日每周三 13:30 在图书馆集合。

7. 活动奖励：对表现积极的志愿者进行证书表彰。

（二）主题活动二："助人为乐"倡导书设计大赛

1. 活动意义：以"雷锋服务他人"的精神，倡议大学生共创校园美好人文环境，促进校园精神文明建设，创建文明校园，培养大学生助人为乐的好习惯。

2. 活动时间：3 月 5 日～3 月 31 日。

3. 活动方式：面向全校征集倡议设计方案。设计方案可以是公约、承诺、宣传画等形式；以大众投票和专业评审的方式确定优秀设计方案。

4. 活动流程：

（1）各二级学院积极组织学生参与"助人为乐"倡导书设计大赛，二级学院进行初赛的选举，选出 2～5 份优秀作品参加学校层面的复赛。

(2)学校针对二级学院选送的优秀作品，组成专家评审小组；专家评审小组投票选出优秀作品，并将优秀作品向全校师生公布。

(3)在学校公众号平台，由专家评审小组投票胜出的作品接受全校师生的投票，并将获奖倡议推向全校师生。

(三)主题活动三：学雷锋关注弱势群体，进社区奉献青年热情

1.活动意义：学院组织青年志愿者走进社区，关爱留守老人和留守儿童，帮助他们消除离开亲人的失落心情，帮助老人搞卫生工作、陪儿童进行体育锻炼、为儿童组织游戏，并在社区以集会发言的形式向社区宣传安全、文明方面的知识，对社区的街道、体育设施等公共设施做好清洁工作，做到文、教、卫进社区。志愿者要在活动中体现"关爱他人，奉献自己"的主题，充分发扬雷锋精神。

2.活动时间：3月5日～3月31日的每个周末。

3.活动地点：偏远的乡村。

4.活动流程：

(1)由学校志愿者协会工作人员提前与社区取得联系，初步掌握社区留守家庭情况，并与博物馆、科技馆取得联系。

(2)学校志愿者协会在学校中招募志愿者，积极宣传活动的意义。

(3)在活动当天组织好志愿者，并且分配活动任务，圆满开展活动。

(4)在活动结束后，总结经验，联系社区，为后续活动开展做好准备。

(四)主题活动四：学习雷锋精神，无偿献血活动

1.活动意义：全校范围内宣传雷锋精神，开展无偿献血活动，以此带动广大学生参与到无偿献血的队伍中，用爱心帮助需要帮助的人们，同时提高大学生的素质和服务社会的热情，以实际行动来弘扬雷锋精神。

2.活动时间：3月5日～3月31日的每个周末。

3.活动流程：

(1)在活动前期要积极宣传无偿献血的意义，让同学们积极参与献血活动。

(2)在学校小停车场由小红帽志愿者组织学生有序参与献血，同时讲解献血后的注意事项，给予学生科学的指导。

(3)各二级学院在学生献血活动结束后给予积极的表扬。

第八章　勤俭节约

本章导读

　　勤俭节约是一种美德，更是一个人养成良好行为习惯和道德品质的象征。习近平总书记在党的二十大中指出，在全社会弘扬勤俭节约精神，培育时代新风新貌。勤俭节约是我国的优秀传统，然而随着我国经济的不断发展、人民生活水平的不断提高，有些人对勤俭节约的重视度不断下降，铺张浪费的社会现状影响了良好的社会氛围，也使得具备先进思想的高校大学生出现了不良的浪费现象。这不仅不利于我国优秀传统美德的发扬，更不利于大学生的良性发展。

第一节　概　　述

一、勤俭节约的内涵

　　自古以来我国提倡勤俭节约，尤其是中华人民共和国成立以来的发展实践充分说明"勤俭节约、反对浪费"在促进社会主义经济建设和增强国家综合实力等方面发挥了极其重要的作用；而一旦兴起浪费、奢靡之风，则会给国家和人民造成重大的经济损失。可以说，勤俭节约是现代财政监督的思想根源。以史为鉴，警钟长鸣，任何时候都不能忘记勤俭节约是中华民族的传统美德。

　　作为学生，本职就是学习，如果想学有所成，就不应该用父母的血汗钱奢侈享乐，而应该以勤俭节约作为自己的道德准则和人生追求。骄奢是一条绳索，一旦被它束缚，就难以迈步；骄奢是一个深渊，一旦掉了进去，就会难以自拔。古往今来，纨绔子弟少伟男，原因就是奢侈豪华腐蚀了意志，消磨了精力！其实，勤俭节约并不需要多大的勇气和多高的智力才能做到，它只需要大学生懂得一些常识和拥有抵制自私享乐的能力，只需要有一点点自我克制的能力，就能为社会增加一份财富，自己的品德也会得到升华。

二、新时代背景下开展勤俭节约教育的意义

随着社会经济的高速发展，人们的生活水平有了明显的提高，物质生活越来越丰富，大学生的生活物资短缺问题已经少有存在，"勤俭节约"这一优良品德与社会意识逐渐淡出了某些人的脑海，"节俭"成了穷人和吝啬者的代名词。

节约是美德，不管是对于个人，还是对于家庭或国家，这个美德都有相当重要的意义。我们的生活应该提倡节约，不仅仅是为了我们自己，更是为了这个国家、这个民族。

从个人角度来说，节俭的生活习惯不是我们用来谈论的话题，而是自我修养的一种体现。大学生要把节约的习惯用在每一个需要节约的地方，而不是作秀给别人看；应把节俭放在心中，去学习、去思考、去实践，努力成为一个高尚的人，把优良的传统继承下去，传播开来。

从家庭角度来说，节俭的习惯可以减少很多家庭的开支。精打细算不是小肚鸡肠，需要的东西该买就买，不需要的东西坚决不买，这就是经营家庭的重要道理。大学生不应该浪费食物、生活必需品、钱财、资源和时间，而要从节约点滴开始。

从国家、民族的角度来说，我们的生活虽不富庶，但如果我们每个人都把节约下来的食物、衣服、钱财捐献给困难地区的同胞们，那么他们的生活将会大大改善，这将是国之大幸，民族之大幸。如果每个人都心怀天下，心怀他人，那么国家将更有前途，民族将更有希望。

案例链接

季文子出身于三世为相的家庭，他是春秋时期鲁国的贵族、著名的外交家，为官 30 多年。他一生俭朴，以节俭为立身的根本，并且要求家人也过俭朴的生活。他穿衣只求朴素整洁，除朝服外没有几件像样的衣服，每次外出，所乘坐的车马也极其简单。见他如此节俭，有人就劝季文子说，你身为上卿，德高望重，但听说你在家里不准妻妾穿丝绸衣服，也不用粮食喂马，你自己也不注重容貌服饰，这样不是显得太寒酸，让别国的人笑话您嘛？这样做也有损于我们国家的体面，人家会说鲁国的上卿过的是一种什么样的日子啊？您为什么不改变一下这种

生活方式呢？这于己于国都有好处，何乐而不为呢？季文子听后淡然一笑，对那人严肃地说，我也希望把家里布置得豪华典雅，但是看看我们国家的百姓，还有许多人吃着粗糙得难以下咽的食物，穿着破旧不堪的衣服，还有人正在受冻挨饿，想到这些，我怎能忍心去为自己添置家产呢？如果平民百姓都粗茶淡衣，而我则装扮妻妾、精养良马，这哪里还有为官的良心？况且，我听说一个国家的富强只能通过臣民的高洁品行表现出来，并不是以他们拥有美艳的妻妾和良骥骏马来评定的。既如此，我又怎能接受你的建议呢？这一番话，说得问话的人满脸羞愧之色，同时也使得他内心对季文子更加敬重。之后，此人也效仿季文子，十分注重生活的简朴，让妻妾只穿用普通布做成的衣服，家里的马匹也只是用谷糠、杂草来喂养。

第二节 大学生勤俭节约的现状

一、当代大学生勤俭节约的现状分析

当前，我国正处于经济快速发展的时期。大学生正处在一个物质极其丰富的社会，其消费结构呈现出多样化的发展趋势。总体而言，大学生的消费行为是比较理性、务实的。他们在购买商品的过程中，更多还是寻求品质、价格与时尚三者之间的最佳平衡，提倡经济实惠、物美价廉的消费理念。除此之外，大学生的俭德意识还体现在日常学习与生活中的简单行为上：有的大学生为了减轻家里的负担，利用周末空闲的时间勤工俭学；有的大学生把闲置的衣物及学习用品、书籍等转送给其他有需要的同学；有的大学生将学习用过的书本草纸、废弃的饮料瓶子等收集起来卖废品，做到勤俭节约、物尽其用。

但是，在校园中，奢侈浪费的现象也屡见不鲜，勤俭节约意识的培养更是刻不容缓。有的大学生相互攀比，比阔气、比花钱，追求一些没有实质意义的名牌，这些都是大学生缺少正确的俭德观从而导致俭德行为不规范的表现。如今，全国都在积极践行节约、减少浪费，对于作为祖国明天建设者的大学生群体来说，这些问题值得引起社会各界的深思，需要高度重视。

二、当代大学生勤俭节约存在的问题及原因

勤俭节约，是我们中华民族的传统美德，更是当今时代的客观要求和大势所

趋。我们需要改变虚荣消费心理和浪费观念，需要时刻谨记中华民族优良传统和良好美德。小到个人消费，大到公共资源，从粮食浪费、水电浪费到时间浪费，无一不让人痛心疾首。大学生是我国社会主义社会接班人，然而一些拥有丰富知识的大学生却在勤俭节约方面存在严重问题。

1. 粮食浪费

一些大学生存在故意铺张浪费的问题：有些大学生在请客时故意多点菜，以显示自己经济实力强大；有些大学生吃饭时故意在盘子中剩余食物，生怕别人笑话自己穷酸；有些大学生对食物的口味比较挑剔，尤其是学校食堂饭菜相对便宜，一些大学生在吃饭时一旦发现饭菜不合口味，便没有半点犹豫，直接将饭菜倒掉。

2. 水电资源浪费

在公寓宿舍里，一些大学生在使用水龙头之后没有及时拧紧水龙头的思想认识，导致水资源浪费；一些大学生在离开自习教室后没有随手关闭电灯开关的思想认识，导致电资源浪费；一些大学生为了夏季降温，即便离开宿舍也会让电风扇持续工作。上述行为不仅浪费了学校的水电资源，也放纵了学生的浪费行为，影响了大学生勤俭节约品质的养成。

3. 时间浪费

时间是生命，是人类最宝贵的资源之一。大学生本该在最好的年华里学习知识、丰富自身、提高素质。然而，有些大学生沉迷网络游戏不能自拔，还有一些大学生沉迷谈情说爱，使宝贵的时间被浪费。大学生没有学习到丰富的知识，没有提高自身综合素质，不仅是个人的损失，更是社会的巨大损失。

勤俭节约精神不是物质上的占有能够替代的，它是价值观念、人生追求和行为作风的体现。奢侈结出的恶果，不仅仅是物质的浪费，更重要的是精神的颓废、意志的消沉和事业的衰败。现阶段，大学生在勤俭节约方面存在各种问题，主要出于以下几个方面的原因：

1. 不良社会风气的侵蚀

社会转型期是各种思想并存的时期，信息化时代的到来使各种思想在极短的时间、极大的范围内形成较大的影响。随着对外开放等政策的实施，国外的众多思想观念纷纷涌入，许多人接受了西方自由主义思想，逐渐抛弃中国传统道德，缺少诚实守信，损人利己，不以为耻反以为荣，贪图享乐，过度追求荣华富贵。媒体对消费主义的过度宣传更加营造了消费至上、放纵享受的社会坏氛围。社会舆论导向的偏差，使嫌贫爱富等不良风气进入大学校园，部分大学生追求名牌，热衷于炫耀、攀比，求"新"求"异"，盲目追求外在的个性，浪费不必要的金钱和物质资源，使勤俭节约变成"小气""寒酸"的代名词。

2. 学校思想政治教育存在不足

思想政治课程应承担起引导大学生树立正确的价值观的职责，但是传统的"两课"（我国现阶段在高校开设的马克思主义理论课和思想政治教育课）理论性强，政治教育偏多，思想教育和道德教育比重相对较少，传统文化也未被很好地吸纳，理论与实践的结合性略有欠缺，不能真正引导大学生做到将勤俭节约的传统美德与时代需要有机地结合。在校园文化形成过程中，学校对勤俭节约的不够重视和奖惩机制的缺失，客观上也纵容了大学生过分追求物质享受以及高消费、攀比消费等非理性消费观念的形成。

3. 家庭对子女勤俭节约教育的缺失

随着家庭经济条件的改善，多数父母不愿让子女吃苦受累，他们千方百计地满足子女的多种物质要求，很少对其进行艰苦奋斗、勤俭节约层面的思想教育。隔代抚养更容易滋生家长对孩子的溺爱。大学新生入学后，部分家长从建立良好的人际关系的角度出发会额外给子女零花钱，在金钱上的大力支持和勤俭节约教育上的忽视使大学生的不合理消费行为愈演愈烈。

4. 同辈群体的影响

大学生接受新事物的能力强，同时思想意识也容易受到周围不良环境的影响。共产主义信仰和社会主义信念的薄弱，使大学生在生活方面容易受到他人消费观念和行为的影响。他们盲目跟风，追求时尚，害怕被别人评价为小气、寒酸而影响人际关系。因此，加强对大学生群体自我意识的教育尤为重要，应从整体入手改善周围的环境和风气，同时加强大学生个人自我教育和自我批评，使大学生形成合理的消费观。

我们的社会发展了，各方面的条件优越了，有的人就开始出现铺张浪费的行为了。但是，我们要清醒地看到我们的发展还处于不均衡阶段，财力、物力和物产资源浪费不起，即便真正富裕发达了，勤俭节约的良好美德也绝不能丢。

案例链接

共产主义战士雷锋在生活中处处注意节约。他参军后，每月领到的津贴费，除交团费、买书和买必需的生活日用品外，其他全部存入了储蓄所。他的袜子总是补了穿，穿了又补，变得面目全非了还舍不得买双新的；搪瓷脸盆和洗口杯有许多疤，也不愿意丢掉另买。他在内衣上也补了许多补丁。在部队发夏装时，按规定每人可领两套单军装、两件衬衣、两双鞋，而雷锋却只领一份，说"够穿了"。

第三节　大学生勤俭节约习惯的养成

一、大学生勤俭节约习惯养成的教育思路

自古以来勤俭节约是中华民族的优良传统和美德，这充分体现出具有上下五千年悠久历史的中华文明古国求真务实的人文精神。当前高校要积极构建全员育人、全程育人、全方位育人的良好氛围，切实做到管理育人、教研育人、服务育人和环境育人，创造性地做好大学生的教育教学管理工作，努力为大学生的成长成才营造一个良好的育人环境，这是节约型校园的根本所在；要把节约型校园作为一种形象来树立，作为一种品牌来打造，作为一种文化来发展，必须从转变思想观念、强化节约意识入手，让勤俭节约之风吹遍校园。同时，大学的教育教学工作应发挥弘扬中华优秀传统文化的教育优势，充分利用大学思想政治教育得天独厚的有利条件，结合当代大学生的特点，不断加强大学生思想政治理论课的针对性，不断推进教学内容、教学方法和教学手段的改革，进一步充实和完善勤俭节约、节能环保、创新发明的教学内容，切实改变过去一些学校出现的老师懒得讲、学生懒得听的问题，改进学生最忌讳的居高临下的空洞说教的教学模式，用大学生喜闻乐见的方式进行传授和引导，真正把勤俭节约、节能环保的理念潜移默化地融入大学生的心坎里，做到入耳、入脑、入心。

高校应紧紧围绕对当前大学生社会主义核心价值观的培育，深入进行节俭节约宣传教育，广泛开展多种形式的勤俭节约社会实践活动；以活动为载体，凝结广大师生的思想和智慧，为构建节约型校园提供基础性保障，这是大学生提高认识的重要环节，对于促进大学生了解社会、认知国情、增长才干、培养品格、增强社会责任感具有不可替代的作用；应将社会实践作为大学生开展构建节约型大学校园活动的第二课堂，并将其纳入当代大学的教育教学计划；要积极组织大学生参加社会调查、志愿服务、公益劳动以及节能环保科技创新等社会实践活动，

不断丰富大学生社会实践活动的内容和形式，努力做到"四个结合"，即将社会实践与课堂教学、服务社会、勤工俭学、创新就业相结合，进而确保创建节约型校园活动取得实效；应在大学校园营造厉行节约、拒绝浪费的浓厚氛围，充分利用大学思想政治教育的有利条件，以及不拘一格寓教于乐的各种教育实践活动，传播建设节约型校园文化，引导大学生知晓铺张浪费同中国人口众多、资源匮乏的国情是相悖的；组织大学生学习厉行节约的先进事迹，使大学生认识到节约不仅仅是一个人、一个家庭、一个国家节约开支，更是一个全球问题；应在校园和大学生中大力营造勤俭节约光荣、铺张浪费可耻的良好氛围，广泛开展节约资源科普教育，使大学生在各种喜闻乐见的活动中掌握节约资源与垃圾分类回收再利用等一些基本知识和方法，形成人人参与、人人节约的良好校园新风。具体应从以下几个方面入手：

1. 加强爱国主义教育

党和国家应该加强对大学生的爱国主义教育，培养大学生的国家荣誉感和自豪感，提高危机意识，警惕西方个人主义、享乐主义、自由主义、拜金主义的侵蚀，在全党、全社会大力弘扬勤俭节约的优良传统，树立节约光荣、浪费可耻的思想观念，大力支持中国特色社会主义现代化建设，实现中华民族伟大复兴。

2. 媒体正面引导，营造良好社会风气

媒体应成为宣传勤俭节约意识的重要载体。然而，有部分媒体奉行金钱至上的原则，甚至牺牲职业道德以获取经济利益和知名度，为企业做广告，大力宣传奢侈消费和超前消费，使消费者形成不理性的消费观。天天与网络最新信息接触的大学生极易受到各种诱惑，产生不理性的消费行为。因此，媒体应该大力倡导勤俭节约、理性健康的消费观，极力营造良好的舆论环境，形成厉行节约、反对浪费的社会风气。

3. 发挥学校教育的重要作用

高校应不断丰富和完善"两课"，使"两课"更具有时代特征，增强"两课"老师的与时俱进，继续加强中国特色社会主义文化建设和精神文明教育。学校宣传部门可以制作简单、清晰、有活力的视频和漫画，通过生动、形象的方式引导大学生树立科学、合理的消费观；积极发挥社团的作用，以勤俭节约为主题，通过开展征文活动、演讲比赛、辩论赛、图片征集、视频征集等方式调动大学生的积极参与，在过程中实现自我教育，在实践活动中深化勤俭节约意识。学校可以适当制定奖惩制度和节约制度，鼓励大学生勤俭节约、艰苦奋斗，引导大学生将精力集中在学业上，不要过分追求物质享受，而要摒弃高消费、攀比消费等非理性消费观念。

4. 重视家庭教育

家庭是孩子的第一课堂，家长的素养、行为、习惯对子女的影响无处不在，他们在潜移默化中已有形或无形地向孩子宣传了自己的思想意识。只有家长树立勤俭节约的意识，以身作则，注重言教与身教的结合，才能为孩子起到良好的带头作用。家长应营造勤俭节约的家庭氛围，节约粮食、水电、生活用品等，通过家庭的熏陶使孩子树立正确的消费观念，保持良好的生活习惯。

5. 树立典型

同辈之间相互影响的现象非常普遍，因此应注重对大学生干部和"领头羊"的教育，使其发挥模范带头作用，努力培养他们勤俭节约的思想意识，使同学之间互相影响。

二、大学生勤俭节约习惯养成的具体措施

一直以来，齐鲁理工学院高度重视大学生勤俭节约习惯养成教育。对大学生进行勤俭节约教育，使他们养成勤俭节约的思想意识和行为习惯，不仅有利于其健康成长，而且直接影响到良好社会风气的形成，关系到国家和民族的未来。因此，加强勤俭节约教育意义重大，必须作为一项长期坚持的战略任务，形成制度、严格要求、常抓不懈，结合齐鲁文化精髓，彰显高校"立德树人"理念，做好顶层设计，强化育人实效，全力促进大学生成长成才。具体体现在以下几个方面：

1. 狠抓课堂主渠道不放，充分发挥德育工作的作用。学校根据不同年级、不同专业和认知水平，甄选大学生管理人员德育教育重点和大学生现实生活的结合点，分年级、分专业、结合实际进行指导，让勤俭节约教育贴近大学生、贴近生活、贴近实际，使大学生易懂、易学、易接受、易掌握；针对当前大学生中出现的问题及时改进，确保勤俭节约教育入耳、入脑、入心。

2. 加大宣传力度，推进勤俭节约向纵深发展。学校通过校园广播、黑板报、橱窗等形式开展勤俭节约教育宣传，在学校显著位置设立勤俭节约教育宣传专栏，在学生处及各二级学院网站通过德育网页、班级微博、微信公众号等对大学生进行勤俭节约教育宣传，引导大学生从我做起，从身边小事做起。

3. 召开主题班会，稳步提高勤俭节约教育实效。各学院管理人员围绕"杜绝自身浪费现象，养成良好节约习惯"这一主题，召开班会课，让大学生自我查找

生活中存在的浪费行为，做到理性消费、不攀比、不浪费，自觉关闭"长明灯""长流水"，引导大学生厉行节约、拒绝浪费。

4. 倡导"光盘行动"，强化勤俭节约行为美德落到实处。学校发出倡议书，向大学生提出"文明用餐、节约粮食、不浪费一粒米"的要求，设立"学生文明就餐监督员"，将践行"光盘行动"作为"优秀学生"评选的重要标准，以"优秀学生"评选推动大学生勤俭节约意识的养成。

5. 组织各类主题教育活动，深入推进校园文化品牌建设。学生处、团委及各学院组织开展"美丽校园我行动""禁塑活动""废物利用创意设计""我为节俭献计策"等活动，在活动中培养大学生的节约意识。

"勤俭节约"是齐鲁理工学院养成教育的重要组成部分，更是狠抓落实的工作之一，与"齐鲁文化"教育紧密结合，扎实推进勤俭节约教育的制度化、常态化、科学化，促进大学生勤俭节约行为习惯养成，将勤俭节约之风贯穿到学生工作的方方面面，形成品牌、做出特色、步入常态、上下联动，共同营造艰苦朴素、勤俭节约的优良之风。

第四节　大学生勤俭节约主题教育实践

"锄禾日当午，汗滴禾下土。谁知盘中餐，粒粒皆辛苦。"这首李绅的《悯农》，是勤俭节约启蒙教育的标志。时至今日，节约不仅是一种理念，也是一种习惯，更是每次饭桌上的"光盘行动"。学校应紧密结合大学生当前实际，把"爱粮节粮"教育作为节约教育的重中之重，重点解决大学生浪费饭菜问题，通过"光盘行动"，使大学生树立节约光荣、浪费可耻的正确观念。

一、活动主题

"勤俭节约，从我做起"

二、活动目的及意义

我国坚持科学发展观，走可持续发展道路，要求高校必须从现在开始，切实加强大学生勤俭节约意识的培养，营造良好的厉行节约的校园环境；应加强基本国情教育，强化大学生的节约意识，阐述勤俭节约教育的重要性，确保大学生在校园内的健康成长；应进一步弘扬勤俭节约传统美德，引导大学生养成良好行为习惯，推进节约型校园建设，紧密结合"齐鲁文化"精髓，秉持"立德树人"理念，鼓励青年学子勇做勤俭节约的倡导者、实践者、传播者，牢固树立"节约资源，人人有责"的意识，从我做起，从身边做起，为培养"齐鲁文化孕育下的理工生"不断贡献力量。

三、活动时间

每年 9 月～10 月

四、活动地点

教学楼

五、活动内容及安排

在活动前期，通过为期一周的宣传和倡导，大学生逐渐养成勤俭节约的好习惯，形成勤俭节约的良好校园风气。

在活动进行期间，学校有关部门、团委、学生会、社团等积极配合，进行节能关灯、节约用水、"光盘行动"等活动，组织大学生参加活动，保障活动有序进行。

1. 举办节能关灯活动。举行节能关灯签字仪式，让大学生做到随手关灯，并制定考核机制，对不及时关灯的不文明行为进行扣分。

2. 健全节约用水规章制度，积极推广使用节水器具；杜绝"跑冒滴漏"水现象；采用滴灌、自动喷灌等先进灌溉方式进行花木浇灌。

3. 开展勤俭节约"光盘行动"。由学生处牵头、班干部带头，让大学生在校用餐做到基本不剩饭菜；制定相应的考核机制，对餐厅不文明的浪费行为扣分。

六、参加人员

全体在校师生

七、活动准备

做好前期宣传，充分准备活动物资，注意活动的安全性。

第九章　阳光乐观

本章导读

　　阳光乐观为何意？不同的人有不同的理解。本章以阳光乐观的内涵、特点为初始探讨内容，以当前高校的基本概况为现实基础，阐述大学生阳光乐观心态的培养方法和现实意义。

第一节　概　　述

一、阳光乐观的基本内涵

　　阳光，就其物象而言，它驱除阴暗、照耀四方，让人心旷神怡；它沐浴万物，让世界充满向上和成长的力量；它坦荡无私，播撒快乐与博爱的光芒。将阳光比拟化，是一种向上的态度，是心中那一轮冉冉升起的朝阳。乐观，是对待世事万物的坦然心态，是正能量的传播。它并非盲目的积极，是客观判断下的主观反映，又作用于客观事物。高校教育，从行动开始；阳光乐观，从态度启程。

　　阳光乐观，更偏于感性，它是精神上的阳光乐观，亦是内化于心的心理品质，更是待人接物的一种态度。高校教育下的阳光乐观更贴近大学生实际，更切合当代社会对大学生的要求，可谓心态的培养。

　　心态决定人的思想，思想决定人的行为。心态对大学生的思维、言行都有导向和支配作用，可以说小到影响一天的学习质量，大到影响整个大学生涯乃至人生轨迹。概括来说，阳光乐观，就是像阳光一般健康、和谐、愉快、积极、包容。

　　阳光乐观也是一种知足、达观的心智模式。一个人具有阳光乐观的心态，就会充满自信，积极乐观，充满正能量，能够理性地看待问题，不论遇到成功抑或失败，都能够宠辱不惊。高校教育中阳光乐观心态的培育就是要培养这样一种心理和精神状态：对待自己，自尊、自爱、自信；看待问题，客观理性；对待成败，心态平和，胜不骄，败不馁；对待未来，充满理想和憧憬。大学生拥有了阳光乐观的心态，就等于拥有了抵御挫折的利器。阳光乐观的心态可谓是调适大学生心理成长的营养素。

高校不仅仅是传授文化知识的摇篮，更是开拓精神世界的温床。高校教育并非一种由纯理性支配的主体性教育，其心理上的培育在当今社会显得更加重要。培育阳光乐观、积极向上的心态，便成为其一大助力。

二、阳光乐观养成教育的历程

(一)制定严格的管理机制

高校应制定严格的规章制度和管理制度来进行阳光乐观养成教育；注重对学生思想、行为的引导，使阳光乐观养成教育由自发成为自觉，引导学生自我改善、自我管理；通过活动训练、行为养成、环境熏陶和品质内化，使学生养成阳光乐观的心态。

(二)开展一系列阳光乐观教育活动

高校应精心组织实施，推动活动扎实开展，以丰富多彩的实践活动为载体，加强常规管理，强化学生心理教育，把阳光乐观养成教育的基本点落到实处，结合实际，创新思路，积极探索阳光乐观养成教育的新途径、新形式和新方法；通过开展各种讲座对学生进行思想品德方面的教育；通过各种参观考察活动，如参观爱国主义教育基地、改革开放成就展，进行人生观、价值观教育；通过开展主题班会、社团活动、青年志愿者活动、征文大赛、演讲比赛、辩论大赛等方式，教育、熏陶和引导大学生树立正确的价值观，明确在校期间的奋斗方向。

(三)加强校园文化建设

良好的校园文化具有砥砺意志、陶冶情操、净化心灵等积极作用。因此，高校要加强校园环境建设，营造高雅、文明的环境，促进大学生阳光乐观品格的形成；要倡导良好的校风、学风、教风，充分发挥图书馆、实训室等设施的作用，切实使学生受到潜移默化的教育和感染；要充分发挥学生社团"第二课堂"的作用，在开展文化、科技、艺术、体育等活动的同时，发展学生的爱好与专长，提高综合素质；开设各种人文社会科学讲座，进行审美和艺术教育；加强院报、宣传橱窗、广播、校园网等宣传阵地的管理，为大学生营造阳光乐观的文化氛围。

三、阳光乐观养成教育的现实意义

大学生阳光心态培育的宗旨就是要把教育客体培育为阳光青年。外因通过内因起作用，作用于学生自身，作用于学校教育活动。

（一）对于学生自身而言，阳光乐观内化于心

1. 阳光乐观的心态丰富了学生的精神世界。大学生怀有阳光乐观的心态，坚定理想和信念，主动参加积极有益的校园活动，有利于培育健全人格，增强对真善美的追求，有益于形成阳光乐观的校园氛围。

2. 构建优良的心智模式，培育正确的思维方式和良好习惯，增强学生的精神力量。阳光乐观的心态具有特有的感染力和感召力，使学生在学习活动、实践活动中力量倍增。

3. 阳光乐观的心态使大学生正确地认识自我，学会悦纳自我，并不断完善和超越自我。自信是大学生阳光乐观心态的较高要求，是大学生阳光乐观心态的心理基石和精神支撑。

4. 阳光乐观影响学生的实践活动、认识活动和思维方式，使学生形成理性平和的心态，为学生自我成长提供精神动力，为学校教育事业、国家富强和民族振兴提供力量源泉。

（二）阳光乐观作用于高校教育，外化于行

1. 培养阳光乐观的心态，有利于加强校园文化建设。校园环境建设是构建和谐校园文化的重要环节。阳光、健康的校园环境，能发挥寓教于景的作用。学校力求通过人文关怀和人性化教育，打造"阳光"校园文化，为大学生提供健康、快乐、温馨的校园生活，促进学生身心和谐发展。

2. 培养阳光乐观的心态，有利于学校、班级制定严格的管理机制。班级管理在学校教育教学中有着举足轻重的地位。建立和谐的班集体，形成团结、合作、勤奋、积极进取的班级精神，对于学校教育教学目标的实现和学生的健康成长有着十分重要的意义。培养学生阳光乐观的心态，更加有利于学校、班级各项规章制度的落实与实践，从而使学生达到知行合一。

3. 培养阳光乐观的心态，有利于形成教书育人、管理育人、服务育人的管理机制。高校通过建立谈话制度，掌握学生的思想动态，进行正向引导，解决学生在思想、学习和生活中的问题。专业教师在教学过程中还可以加强专业方向、人生理想、职业道德方面的教育。

4. 培养阳光乐观的心态，有利于与心理健康教育相结合。高校应注重培养大学生自尊、自强、自立的精神，引导大学生树立远大的人生理想和"天生我材必有用"的信念，养成良好的学习习惯，培养自理、自治、自护能力，学会独立生活和解决各种实际问题的本领，同时，树立强烈的民族自尊心和自信心。

(三)阳光乐观心态有利于构建和谐社会

大学生阳光乐观心态的培育根植于和谐社会的土壤。和谐社会，从根本意义上说是指人与自然、人与社会、人自身三大矛盾的全面和谐。对于大学生来说，在和谐的社会环境中培育阳光乐观心态，有利于树立正确的"三观"；有利于形成健全的人格，促进自身发展；有利于形成处理个人与自然、个人与社会的关系的能力，培育团结、合作精神；有利于形成感恩品质，培养感恩意识，养成感恩行为；有利于增强幸福的体验，把握幸福的真谛，树立科学的幸福观。

第二节　大学生阳光乐观的现状

一、当代大学生阳光乐观的现状分析

当今社会，各种社会思潮相互激荡，东西方文化交汇，古今文化融合，主流文化和大众文化并存。大学生的价值取向、生活方式、行为习惯发生了深刻的变化。当代大学生的文化理念更加开放、包容，有利于大学生崇高的理想信念的形式；另外，西方文化倡导的自由主义、享乐主义、实用主义和极端个人主义，对大学生理想信念、行为的负性转换不断推波助澜。因此，各高校对于大学生阳光乐观养成教育愈发关注。

近年来，大学生心理健康研究已成为新的研究热点之一。有研究表明，某些大学生具有一定的心理问题。加强大学生的心理健康教育，不仅是高等教育机构的优质教育需要，也是这个时代的需要。

二、当代大学生阳光乐观存在的问题

(一)人格成长问题

学生的心理障碍和心理疾病往往是通过人格表现出来的，因此，学生的心理问题首先表现为人格成长问题。由于大学生在学习任务和学习压力方面都较中学生有明显减轻，他们更关注自己的人格发展。将来要成为什么样的人，应具备什么样的性格特征，该培养怎样的世界观、人生观和价值观，这是他们经常思考的问题。这些问题直接影响到他们的人格成长。

（二）当代大学生的价值观问题

价值取向是指主体对价值追求、评价、选择、认同的倾向性态度，也就是指一个人以什么样的人生态度对待社会价值和自我价值，并作出相应的选择。我国当代大学生的价值观呈现出多样性的特点。社会价值观念、个体信息发展水平以及家庭经济状况、文化背景等多方面因素，无不对当代大学生的价值取向带来巨大影响，突出表现在以下方面：

1. 自我意识增强。改革开放以来，大学生的自我意识逐渐增强，对自我需要的尊重、对自我价值实现的关注与追求、对自我价值主体地位的确认等，已成为当代大学生价值取向的重要因素。

2. 竞争意识和效益意识增强。当代大学生由于受市场经济的冲击，生活中无处不存在竞争。比如，他们认为学生干部能够锻炼能力、培养管理素质；争取到奖学金和各类荣誉证书，既能表现知识和能力水平，又可以缓解经济上的压力，同时还能充分展示自身价值。

3. 民主法治意识增强。民主法治意识的增强是当代大学生价值取向的积极表现。他们能够积极了解自身相关权利，并加以维护，但也有不少学生不能正确地理解权利与义务的关系。

同时，我们也看到一部分学生受社会上错误思想和不良倾向的影响，产生了一些消极甚至错误的思想和行为。尽管如此，目前我国大学生价值观的主流仍然是积极向上的，即个人价值的实现在于对社会和人民的奉献。马克思列宁主义、毛泽东思想、邓小平理论、"三个代表"重要思想、科学发展观、习近平新时代中国特色社会主义思想是大学生树立积极价值观的理论基础；以爱国主义为核心的民族精神和以改革创新为核心的时代精神，是大学生树立积极价值观的道德基础。

案例链接 ❤

案例（一）

陈同学来自河南省一个偏僻乡村，父母均是农民，母亲积劳成疾，患有多种慢性病，家庭比较贫困，姐弟二人。她性格内向，不善言语，喜欢独来独往，很少与人交往。但她从小很节俭，从不与同学攀比；学习刻苦，成绩优异。然而自上大学之后，她发现以前的生活方式完全不适合大学生活。她想融入班集体。一年多来，她和班上同学相处很不融洽，跟同宿舍人发生过几次不小的冲突，关系相当紧张。她基本上不和班上同学交流，集体活动也很少参加，与同学的感情淡漠。她觉得自己没有一个能相互了解、谈得来的知心朋友，常常感到特别孤独和自卑。长期的苦恼和焦虑使她患上了神经衰弱症，经常的失眠和头痛使她精神疲惫，体质越来越差。她本想通过埋头学习来减轻痛苦，然而，事与愿违，由于她学习精力很难集中，效果很差，成绩急剧下降，后来竟出现考试不及格的现象。她感到恐慌，失去了坚持学习的信心。这种心理使她逐渐对大学生活失去了兴趣，迷失在自己编织的网中，一度自暴自弃。

案例（二）

邓同学考入大学后，父亲下岗，给人打工时从工棚摔下造成腿部骨折，好长时间不能做事，家里没了经济来源。助学工程及时伸出了援助之手，使他走上了大学之路。

他是一个不轻易服输的阳光男孩。与他一起生活的舍友们证实了这一点。他爱运动，他很健康；他乐于助人，总保持乐观的心态。"在学校里有好多像我这样或者比我更困难的同学，我经常会和他们一起探讨问题，互相激励。可是有些特困生却很自卑，怪别人看不起自己。我觉得他们不明白一个人要赢得别人尊重首先要自己看得起自己。"邓同学以阳光乐观的心态对"大学生贫困"问题表了态。

第三节　大学生阳光乐观心态的养成

一、新时代背景下对大学生阳光乐观心态养成的新要求

阳光乐观，表达的是一种态度，强调的是情感的倾向性和意志的坚定性。它超出单纯的知识范围，有着更为丰富的内涵。

大学生阳光乐观心态的形成、变化与行为转换是一个动态的过程。受学生个人阅历水平和思想认识的影响，一个人的心态可以有很多种，在不同时期还有所变化，具有多样性和变化性。大学正是大学生世界观、人生观、价值观的形成、定型时期，大学生的理想信念认知、变化与行为转换处在不断变化的过程中。因此，高校在进行阳光乐观养成教育过程中，要注意不同年级、不同专业、不同性

格学生的个性化培育。

新时代背景下，对大学生阳光乐观心态的形成提出了新要求：

一是认知学习。学习是行动的先导。认知作为一种心理活动，也是人的个性心理成长的过程。在我国，大学生理想信念教育是一种特殊的信仰教育，即特指社会主义和共产主义信仰教育，是大学生思想政治教育的核心内容。大学生的理想信念应该是清晰的、具体的、可知可感的。其中，阳光乐观的心态的确立，是大学生思想政治学习和接受马克思主义世界观、人生观、价值观的主要阵地，也是树立崇高理想信念的重要高地。在认知活动中，大学生要注意观察学习，积极思考。

二是思想引领。阳光乐观的心态需要先进思想的引领。这绝不是一个虚空的概念，而是有一个个具体目标指向的，其核心元素是在真知真觉的基础上真信笃行。注重思想引领的现实性，通过潜移默化或形成具有感染力的环境气氛，在情感上熏陶感化，入脑、入心；注重思想引领的层次性，使思想素质处于不同层次的学生都有受教的机会，给每个学生的心灵打开一扇明亮的窗户，由浅入深、由近至远。没有层次的理想信念教育或用超前性代替现实性的要求，必然造成教育目标的模糊，会让学生感到无所适从。

三是慎思明辨。高校应高扬社会主义旗帜，在形形色色的意识形态中善于思考，明辨是非，提高观察力、判断力，增强免疫力。

四是实践养成。阳光乐观心态的养成要注重力行，强调道德践履，在每个大学生的心中架起一座通往阳光乐观的桥梁。

二、大学生阳光乐观心态养成的路径与模式

(一)转变观念，树立现代教育观念

辩证唯物主义告诉我们，实践决定认识，认识对实践具有反作用。高校要立足于大学生长远的、终身的发展，树立以人为本的教育理念。高校的教育不仅仅是为国家和社会培养人才，更是为了让大学生在经过大学阶段的教育后，能站在更高的境界上准确把握自身的价值、社会的价值。只有在这种以人为本的潜移默化的教育里，大学生才能摆脱那种短浅的成才理念，进而树立远大的理想和信念，脚踏实地，关爱社会、关爱他人、关爱自身。

(二)加强师资队伍建设，提升教育者的人文素养

大学老师是大学生人文素养培育的实践者和先行者，他们不仅要具备渊博扎

实的专业知识，也要具备精湛的教学艺术、较高的科研能力和高尚的人文素养。老师要努力提高自身科学文化水平和个人文化素养，以渊博的知识、美好的品德、坦荡的胸怀、良好的性格去渗透大学生的心灵。同时，老师还要加强人文学科(包括文学、历史、哲学、地理、国学等)的学习，不断汲取古今中外文化的精华，舍弃自身存在的不足和糟粕，并成功运用在教学中，增强教学趣味性，寓教于乐。

(三)优化大学生阳光乐观心态塑造的外部环境

第一，营造人性化的社会环境。高校应坚持科学发展观，树立以人为本的理念，处理好物质文明建设和精神文明建设的关系，克服市场经济带来的拜金主义，避免奢靡之风的侵蚀，抑制功利主义的教育观；同时，需要充分利用传统媒体和新媒体，例如微信、微博、贴吧等新兴平台引导当代大学生，加强正能量的传播，弘扬社会正气；注重大学生公德素质和以人为本素质的培养，提升大学生的判断能力。

第二，强化家庭环境的育人功能。家庭环境是高校思想政治教育的重要环境之一，父母的教育对其子女思想的影响至关重要。合理的家庭教育折射出家长身上的优秀品质，如谦虚、真诚、善良、勤奋、责任感强。因此，家长要努力提高自身素质，树立全面发展的素质教育理念，形成良好的家风环境和和谐的家庭氛围，重视子女德智体美劳全面素质的培养，使孩子成为全面发展的综合型人才。

(四)培养大学生自身素质

第一，保持自信。大学生要想保持阳光乐观的心态，最重要的就是要保持自信。自信的人可以勇敢面对困难，并且主动思考解决问题的办法，而不会被动地等待别人来处理。

第二，学会调节。大学生学习中难免会遇到难以预料的状况和困难，这就需要大学生不怕困难，学会及时调整自己的心态，并且学会凡事不往坏处想，多往好处想。

第三，懂得宽容与感恩。大学生要注意培养自己的宽容心和感恩心，因为胸怀宽广更容易拥有积极乐观的心态。

三、大学生阳光乐观心态养成的对策与措施

（一）加强对大学生的心理辅导和素质教育

1. 引导大学生正确认识和评价自我

进入大学后，不能正确认识和评价自己是大学生产生自卑心理的一个重要原因。在学习和生活中，辅导员要重视培养大学生正确的自我意识，加强大学生对外界环境的适应，帮助大学生切实摆正自己的位置，既要接纳自己的优点，也要包容自己的缺点，积极与同学沟通，积极参加各类文体活动，提高自身的人际交往能力。

2. 加强大学生入学适应性教育和挫折教育

进入大学后，部分大学生不能很好地适应大学生活，很容易出现心理问题。在日常工作中，辅导员要高度重视新生入学适应性教育，帮助大学生实现角色转变，并引导大学生变被动学习为主动学习，主动采取措施、想方设法去适应新的环境，而不是让环境适应自己；注重培养大学生的受挫能力，加强挫折教育，帮助大学生学会遇到问题积极想办法，而不是逃避问题，甚至自暴自弃。

3. 开展自我心理健康教育，实现自我辅导

在生活中，辅导员要积极鼓励大学生开展自我心理训练、自我心理激励和自我心理辅导，帮助大学生从自身出发，解决心理方面的各种问题。对于自卑者，辅导员要鼓励他们打开心扉，让心灵和外界充分地交流，驱散积郁心中的阴霾，使其心理问题和压力及时得到解决和释放。

4. 重视理论引导，提高综合能力

在学习和生活中，辅导员不但要积极组织和开展丰富多彩的文体活动，增加大学生沟通、交流的机会，更要重视理论引导。老师要鼓励学生多到图书馆、电子阅览室、中国知网等查阅书籍和资料，提高自己的理论修养，提升对人际交往能力的理解。

（二）全面部署，周密思考，解构阳光教育文化

高校要使养成教育真正成为学校办学理想、办学特色、办学品位的一个标志，要激励全校师生、学生家长树立共同的教育理想，并为学校弘扬传统、开拓未来、打造特色、提升品质而奋斗，要全面部署养成教育计划，周密思考，要让学校师生和家长在认同的基础上理解养成教育。

（三）切入重点，推进活动，践行阳光教育文化

教师是否具有阳光心态，是养成教育能否得到推进的关键。学校要常在教师中开展读书学习培训、小课题研究、高效课堂听评课、阳光成长故事演讲、艺体展示、阳光教育用语征集、阳光教师评选等活动，锤炼教师的阳光心态。

第四节　大学生阳光乐观主题教育实践

一、切实加强思政教育工作

高校的思政工作者要抓住当代大学生的本质特征，在培育积极进取的阳光心态上下功夫；要用欣赏的目光去接纳大学生，慎用批评，多用鼓励和赞美，有意激发大学生自我成功的内在动力，激发他们对未来的必胜信念，激发他们发挥自己的聪明才智以及主动解决问题的积极性；要悉心发现和宣传大学生成功解决问题的经典事例，增强大学生的自我效能感，使其树立起对自身能力的坚定信念，从而真正形成并长久保持积极心态。

二、建立阳光心态培训机制

高校不仅要开展传统的心理讲座等活动，还要开展应对压力的训练，创设模拟环境，让大学生进行实训，以此来检测他们的承受心理与能力。在此基础上，高校再有的放矢地进行纠正和引导，从而有效地培育大学生积极进取的阳光心态。

三、建立健全跟踪监测机制

高校要摸索建立一套行之有效的对大学生的心态跟踪监测的机制，动态把握大学生心态，将培育大学生积极进取的阳光心态纳入日常的教育与管理工作中，为培育大学生积极进取的阳光心态奠定坚实的工作基础。

四、充分发挥学生组织的价值

学生组织是由学生组成的一支为同学服务的强有力的团体，在学校管理中起很大的作用。高校应充分发挥学生组织作用，这不仅能很好地锻炼组织内部人员，体现其个人价值，而且能鼓励他们阳光乐观地发展身心。

心理测试:

下面有 25 个问题,请根据你的实际情况如实回答。回答从否定到肯定分为 5 个等级:0 表示完全否定;1 表示基本否定;2 表示说不准;3 表示基本肯定;4 表示完全肯定。请把每题的得分记下来。

1. 你现在对自己有信心吗?

2. 当你情绪不好时,你会进行调节吗?

3. 你有明确的人生目标吗?

4. 你有业余爱好吗?

5. 对于生活中出现的问题,你能往积极乐观方面想吗?

6. 你经常进行体育锻炼吗?

7. 当事情没做好时,你也不因此否定自己吗?

8. 你能以幽默的态度对待生活中的许多事情吗?

9. 你能不过分关注自己的心理问题或症状,而去做你该做的事吗?

10. 你的惧怕心理越来越少,胆量越来越大吗?

11. 你只关注着自己的进步,而不和别人盲目比较吗?

12. 你能把学到的理论运用于自己的生活实践吗?

13. 你是否认为你应该对自己的人生负责,而不应归咎于父母等外界因素?

14. 你有可以相互交流、相互倾诉、相互帮助的朋友吗?

15. 当别人提出你不愿意接受的要求时,你是否敢加以拒绝?

16. 你是否能理解别人和关心别人?

17. 你是否能安下心来专心地做事?

18. 你对生活充满着热情而不是无聊消沉吗?

19. 你已明确了自己的长处和短处并能辩证地看待吗?

20. 你能保持对外界的关注,而不是盯着自己的心理症状吗?

21. 你对自己出现的退步能加以宽容吗?

22. 你能把生活安排得井井有条吗?

23. 你是否已经不十分在意别人的看法?

24. 你是否已经不拿一些无关的事情来否定和考验自己?

25. 你的情绪基本上处于稳定和良好的状态吗?

测试结果:

低于 65 分则要引起高度警惕,马上进行调整! 66 分至 80 分为基本合格;81

分至 95 分为良好；96 分以上为优等。

测试意义：引起大学生对阳光乐观心态的重视，使其正视自己的心理状态，从而有效地淡化、消除烦恼，并在此基础上学会塑造阳光心态，做一个快乐的人。

第十章 大度执着

随着经济的快速发展以及国际交流的日益紧密，国家的发展离不开全球化的视野，个体的发展同样也离不开对社会、对自我进行整体的把握和对接。对社会、对自我进行整体的把握需要大学生养成大度的品格，而将自我与社会进行对接则需要大学生养成执着的品格。做人要大度，做事要执着。做人大度不仅开阔自我视野和胸襟，而且能赢得良好的人脉和人际环境，是幸福人生的保障；做事执着就会不断积累丰富的业绩和优异的成果，是事业成功的保障。大学生需要认识到：不是世界选择了我们，是我们选择了这个世界；更不是命运给了我们怎样一种生活，而是我们为自己选择了某种生活。

第一节 概 述

一、大度执着的内涵

"大度"是指气量大，能容人的意思。大度是以坦荡的心境，开阔的胸怀面对生活，是中华民族的传统美德。"执着"亦作"执著"，原为佛教语，指对某一事物坚持不放，不能超脱；现常作褒义词，形容人为达到较高的目标而坚定不移地付出。"大度执着"的结合，意在做人首先要开阔胸襟，积淀为人处世的能力，在大千世界中找到自己为之奋斗的事业，在自己的工作岗位上发光发热。

人生境界的必修之路是大度。对内而言，大度不是正义面前的懦弱，更不是恶势力压迫下的忍让，而是能屈能伸，有胆识也有谋略，既能顺应当下，又能兼顾未来。对外而言，大度使我们规避嫉人之才，学会察人之难；规避鄙人之能，学会补人之短；规避讽人之缺，学会扬人之长；规避责人之误，学会谅人之过。

人生境界的必登之山是执着。对内而言，执着不是固执己见，更不是不思进取地闭门造车，而是勇于自我批评，追求自我超越，既能守正固本，又能推陈创新。对外而言，执着使我们规避特立独行，学会合作共赢；规避一意孤行，学会集思广益；规避无理申辩，学会虚心求教；规避不懂装懂，学会自我克制。

二、新时代背景下开展大学生大度执着教育的意义

中华文明源远流长，孕育了中华民族的宝贵精神品格，培育了中国人民的崇高价值追求。坚持和发展中国特色社会主义，需要物质文明和精神文明全面发展、人民物质生活和精神生活水平全面提升。现如今，中国特色社会主义进入新时代，高等教育也步入了大众化阶段，大学生作为新时代中国公民，需要更加紧密团结在以习近平同志为核心的党中央周围，听从总书记的殷殷教诲，把围绕国家工作中心、服务国家大局作为基本职责，胸怀大局、把握大势、着眼大事，找准工作切入点和着力点，做到因势而谋、应势而动、顺势而为。这些都离不开大度执着品格的养成。

(一)在个人层面，大度执着有助于培养健全人格

从自身出发，大度是对自我边界的拓展，执着是对自我深度的提升。林则徐以"海纳百川，有容乃大；壁立千仞，无欲则刚"自勉，成就历史性的壮举与伟业。李斯也有诗曰："泰山不让土壤，故能成其大；河海不择细流，故能就其深。"拥有大度执着品格的人在日常生活中不管面对什么事情，都能够始终如一地全身心投入，在完成目标的过程中能够积极主动克服困难和挑战，意志较为坚强。有学者认为，具备大度执着品格的大学生能够在遇到负面情绪事件时采取更加积极主动的措施，而不是被动地适应或者逃避。还有学者提出，具备大度执着品格的大学生在毕业后更有创业倾向，更加喜欢挑战；在求职过程中更能够不屈不挠、主动出击，积极应对在求职过程中遇到的挫折，进而在心理上得到成就感。

从他人立场出发，大度是设身处地为他人着想，执着是坚守人际交往的原则与底线。用大度的心态去对待他人，可以产生更客观的看法，从而避免一些主观意见或者偏见让自己的判断产生偏差。用博爱的情感去对待他人，可以产生更乐观的情绪，从而避免一些负面情绪或行为影响彼此的关系。需要注意的是，大度不是盲目的退让，大学生需要执着捍卫为人处世的原则和底线。

(二)在学校层面，大度执着有助于开拓德育新篇

大学生德育作为大学生教育的重要组成部分，肩负着提高大学生思想道德素质的重任，是全面提高大学生各方面素质的基本保证，也是保证大学生在日益激烈的国际竞争中保持清醒头脑和坚定政治方向的思想武器。中共中央、国务院在《关于进一步加强和改进大学生思想政治教育的意见》中，就如何加强和改进我国大学生思想政治教育工作提出了若干指导思想、基本原则和主要任务，并对全面、深入、创造性地开展大学生思想政治教育工作提出了一些基本要求和保障措施，事实上也为我国高校大学生德育工作指明了方向。学校立足齐鲁文化，在广泛调研的基础上开设"五模块、二十项规范"的大学生养成教育校本课程。其中，大度执着作为性格模块的规范之一，高度概括了大学生为人处世的优秀品质。大度品格能帮助大学生将个人发展融入国家社会发展大局。而执着品格能帮助大学生将过大的压力转换成锐意进取的动力。研究发现，宽容大度和坚忍执着的品格对于降低和预防疾病的发病率、改善身心素质、缓解学业压力、提高学业成绩、增强创新能力等具有重大作用。为此，教育者应通过思想教育、习惯培养、心理调节等多种方式开展大学生大度执着品格的培养。

(三)在社会层面，大度执着有助于营造优良风气

在建设社会主义和谐社会的新形势下，一方面，一些适应新的经济生活和社会生活的现代道德品格应运而生，比如平等互助、开拓进取、尊老爱幼；另一方面，一些封建的、腐朽落后的劣根性也仍然存在，比如狭隘的等级观念、男尊女卑观念以及资产阶级的利己主义、享乐主义、拜金主义和腐朽生活方式等。这些以金钱、关系、权力、地位为诱饵的腐朽落后的道德观念严重败坏了社会风气，引发社会道德在某些地区、某些部门的大滑坡。同时，不良的社会风气也严重腐蚀了一些意志薄弱者，尤其是刚开始接触社会的广大大学生群体，使他们失去了道德信念，走向堕落。严峻的社会现实告诉我们，在改革开放和市场经济条件下，加强道德修养具有十分重要的意义，它关系到个人的道德发展和品格养成，也关系到社会的道德风貌，并且直接影响到社会经济的发展。而改革开放首先意味着解放思想，开拓自身格局，即大度品格；市场经济需要创新能力，而创新能力的背后离不开执着的探索和坚持，让自己在市场竞争中获得一席之地。

案例链接 ★

大度执着，让青春之花绽放在祖国最需要的地方

"他对群众很大方，就是对自己抠。"认识邱军3年来，华池县政府干部魏建飞这样评价自己这位朋友。

在华池，群众都深深地记着邱军的慷慨帮助。城壕镇余家砭村的王文正记得，儿子王志彤时常收到邱军嘱托妻子从安徽寄来的衣服、文具和玩具。南梁镇高台村的刘玉金记得，自己女儿读高三时一度心理压力很大，邱军经常来进行心理疏导。女儿上大学前，他还特意来看望，送了一部手机和一个行李箱。被帮扶户燕丽记得，一次邱军看到自己家里的电饭锅太老旧，第二天就买了一个，还亲自送了过来。

"每次买了东西，邱县长都亲自送过来。"王文正说，"一个大城市来的人，一个副县长，一点不嫌农村人，没有一点架子。"只有魏建飞知道，这位对群众大方的副县长，却把自己喜欢的皮鞋保存在手机相册里，一直不舍得买。脚上的皮鞋穿坏了，也只是花了10元钱，将开胶的鞋底扎了一圈。

2020年10月23日，邱军一大早就带着同事给深山里的孩子送去羽绒服和保温杯，随后走访调研，一直忙到天黑回到乡镇吃饭时，邱军接到母亲打来的视频电话，问儿子生日怎么过的，这时大家才知道，这天是邱军39岁生日。当天，吃着师傅赶制出来的长寿面，邱军动情地说："在家里有母亲念着，在华池有同志们想着，这是我过得最有意义的一次生日。"而这，也是他过的最后一个生日。在距离挂职期满的最后40天里，邱军病倒在扶贫工作岗位上。

在生命的最后关头，邱军惦念的依然是工作。在重症监护室中，他曾用发抖的手写下：把我写的自评报告交给集团，工作总结的数据完善到11月30日，明年的牛产业要做大，菊花产业要做强，乡上和村上工作要加强，对明年资金使用要有个大概规划，县上要加强与中国化学沟通，做好老百姓的动员……

邱军不幸病逝后，被追授为"全国脱贫攻坚先进个人""央企楷模""中央企业优秀共产党员"。他在扶贫一线奉献青春的事迹感动、激励了许多人，就如网友"大李"写道："他把生命献给了异乡的人民和土地。他是一个纯粹的人，一位高尚的人，一位真正的党员。"

第二节　大学生大度执着教育的现状

对于大学生来说，大学生活的开始也是独立生活的开始，从原本依靠父母、老师的帮助转变为自己一个人为自己的学习生活做谋划，对他人的关怀可能会相对减少。加上当代大学生多数是独生子女，相较于上一代，他们能够得到父母更多的关注和疼爱，就其主要的生活环境来说，可能缺乏照顾他人的能力。这两种原因叠加在一起，导致部分大学生在为人方面缺乏大度，常以自我为中心，只考虑自己的利益，格局狭隘。与此同时，高等教育的学习和生活一改基础教育的"植入式"，变为"自选式"，随之而来的专业和课程的选择，专业学习、人际交往、新技能培养和娱乐等生活内容的安排，对于大学生来说都是新的挑战。这些挑战导致部分内心不坚定没有方向的大学生在处事时不够执着，表现得急功近利、目光短浅、缺乏定力。大学生缺乏大度执着主要体现在以下几个方面。

一、依赖性强，缺乏格局

越来越多的大学生在学习、工作和生活中存在较大的依赖心理，怕困难，怕冒险，怕承担责任，在实际工作中表现为不思进取，格局太小。部分大学生难以适应大学的独立学习和生活，需要辅导员或老师的监督和关注，不愿主动打理自己的生活，在人际交往和学习上也表现出跟风攀比、人云亦云等现象。

二、自由散漫，缺乏定力

相较于中小学，大学的育人模式减少了纪律约束，更多的是为了培养大学生的自觉和自律。然而，很多大学生没有意识或顺应这一内在要求，导致在对待学习任务和社团工作时表现出不负责任、不遵守学校的规章制度、自由散漫等现象。部分大学生干这个嫌累，干那个嫌得不到实质性奖励和回报，存在拈轻怕重、好高骛远的心理。

三、眼高手低，缺乏执着

部分大学生对学历自视过高，却不愿意从基础工作干起，锻炼从业技能，在工作中不善于与人沟通，时常计较自身的得失。应该说，在个别大学生心里存在着一种认识上的误区，以为清闲、舒适、享乐就是幸福，少付出多回报才算有本事，大度执着反而成了没面子的事。这显然是本末倒置。

第三节　大学生大度执着习惯的养成

一、在与人交往中培养大度胸怀

(一)学会管理情绪，主动承担责任

稳定的情绪能帮助我们在解决人际交往问题的过程中保持冷静，关注问题本身以及各种可以转化的有利资源，进而找到解决问题的方法。很多人都有这样的体验：与人发生冲突矛盾的时候，恨不能撇清关系，回归最简单的自己。但这是不可能的，消极的情绪使我们回避问题，进而激化矛盾。而积极的情绪管理帮助我们直面问题，缓和人际关系，将消极情绪的破坏力转变成积极情绪的驱动力，致力于问题的解决和关系的共同维护。

(二)学会寻求支持，拓宽社交网络

大学生健全人格的培养，在内部离不开合理的观念、足够的能力和心理韧性，而在外部，则需要从人际支持系统中获得足够的关爱、肯定和支持。人际支持可以助力大学生克服生活中的困难和挫折，长期保持健康、愉快的心态。

当自己遇到生活或学习方面的问题，有的学生不愿意与家长、老师交流，可以与同学讲。如果自己可以积极主动地与家长、老师或是同伴做一些分享与交流，或者共同做一些简单的事情，就会慢慢形成自己多角度考虑事情的能力以及协调各种人际关系的能力。随着人际交往系统的不断拓展，自己的胸怀也就变得更加宽广。

(三)学会确立底线，把握发展规律

需要注意的是大度不是不拘小节，也不是无原则的放纵，而是对事情进行全盘考虑，根据事情变化的轻重缓急，合理地安排和调整自身所具有的能力和资源。大学生要学会辨析事物发展的主次矛盾，既要抓住主要矛盾，从大局考虑，又要防止次要矛盾向主要矛盾转变，确立大度的底线。大度不是没有底线的，大学生要把握好大度的底线，不能让它越过道德的底线和法律的红线。

二、在生活中培养"两吃"精神

"两吃"精神指的是乐于吃苦、乐于吃亏的精神品质。为什么要培养"两吃"精神？因为任何有价值的事物都不是唾手可得、不劳而获的，而是随着自身付出和投入的增加不断积累而成的。大学生需要认识到吃苦和吃亏对自我历练的可贵性，从吃苦中获得执着向前带来的充实感和价值感，从吃亏中体验大度宽容带来的智慧和从容。从唯物辩证法来看，事物发展是量变与质变的统一，新时代大学生要戒骄戒躁，避免急功近利，保持耐心和韧劲，在一点一滴的积累和日复一日的坚持中夯实基础，锲而不舍，永不言败，要克服惰性，迎难而上，保持久久为功的执着精神，不要过分在意一时的成败得失。

三、在学习工作中保持执着劲头

大学生在浮躁的享乐风气面前，忍住了诱惑，就能发掘更值得探究的生活课题。"成就"面前，大学生拒绝花花世界的各种诱惑，懂得"打井"的道理，围绕某一领域慢慢前进、攻坚克难，保持执着的劲头，就可以在孤独中创造精彩。而在学习和工作中的逆境挫折面前，大学生需要合理地调控情绪，放弃没有意义的抱怨，懂得用挫折来勉励自己，那么就能在历练中书写更加辉煌的人生。

四、在赛事活动中展示执着精神

(一)推行挑战式教学，鼓励执着精神

随着时代与社会的发展，一些新式教学方法应运而生，挑战式教学就是一种追求发展性和创造性的新式教学方法。教师根据学科的最新发展，不断提出具有挑战性的问题，以此来调动学生的好奇心和积极性，从而达到激发学生潜能、培养学生执着精神的目的。教师创设的挑战主题要在规定的时间内完成，并具备一定的难度。在操作中教师要鼓励学生广开思路、发散思维、探索解决问题的不同途径和方法，培养学生独立思考和自主应对各种困境的能力。不管学生最终能否挑战成功，教师都应鼓励和支持，不可随意打击学生的积极性。

(二)加强对学生的挫折教育，磨砺执着意志

学校可以内部开设专门的挫折教育课程，或联合其他高校、社会团体举办大学生喜闻乐见的赛事活动，培养大学生的问题意识以及不达目的誓不罢休的执着精神，使其体验勇毅前行带来的充实感和幸福感，增强自信心，提高大学生对学业和生活中遇到的各种压力、挫折、创伤等的应对能力。同时，学校应组织并鼓励大学生积极参加各种社会实践活动，让大学生在社会实践中经受锻炼，体会生活的艰辛，磨砺自己的执着意志和进取精神。

五、在养成教育中提升人格魅力

(一)培养学生大度执着思维，避免思维固化

大度执着思维并不是解决了某一件事就能具备的，它需要一个漫长的培养过程。培养大度执着思维模式是自我实现的一个重要元素。这种大度执着思维模式与良好的人格特质相关。

作为教师，可以引导学生进行如下思考：

1. 哪些科目需要我投入更多时间？

2. 如果我能学到知识，是否失败也无所谓？

3. 如果想在某些学科或活动中表现更优秀，我是否需要更加努力？

在固定思维出现时，大学生教育自己要学习、要转变，用更积极的态度去解决问题，比如找出失败的原因，或者告诉自己一次失败并不能证明自己是一个失败者，然后寻找更适合自己的学习生活方式。多个角度看待和解决问题，就能够从所谓的"绝对"失败环境中，看到一些积极的方面。

(二)创建积极向上的校园文化环境

学校是大学生主要的学习与活动场所，为促进大学生养成教育提供了重要的校园文化氛围、教育素材与教育管理机制，对大学生养成大度执着的优秀品格起着关键作用。一个积极向上的校园文化环境，可以提高学生的自我认同感和活动参与度，并能为学生提供较多竞争和锻炼的机会，打造展示自己兴趣和爱好的平台。

学校将通过制定大学生养成教育管理措施，强调理想的行为规范，有针对性、有计划地开展各种宣传教育，如通过聘请校外专家开办专题讲座、利用海报展览宣传具有大度执着人格品质的榜样人物和事迹，营造积极的校园氛围，使大学生得到启发和鼓舞，树立积极的信念。此外，学校将举办以自我实现和人际交往为主题的大型团体活动，增强大学生的使命感与社交能力，促进自我意识和良好人际关系的建立，让大学生通过多方面的发展，在潜移默化中提升自己大度执着的人格魅力。

第四节　大学生大度执着主题教育实践

大学生德育工作对于培养高质量人才的重要性日益凸显。学校在开展大学生

大度执着主题教育实践的过程中，应坚持以培养理念为思想保障，以党建工作为组织保障，以辅导员和实践导师为队伍保障，确保大度执着教育实践的可持续性。

一、活动主题

大学生"大度执着"主题教育实践

二、活动时间

每个教学周的周五下午

三、活动对象

全校全体学生

四、活动内容

1. 宣传大度执着先进个人和团体活动。先进事迹能更好地正向引领大学生了解大度执着的具体表现，由对大度执着的感性思维逐渐过渡到理性思维，潜移默化地形成自己为人处世的宗旨。宣传主题、宣传海报和宣传素材要紧密结合当下社会热点以及大学生身心发展和学习生活的特点，广泛开展"我身边大度执着的人"故事会、"为什么要培养大度执着"研讨会、"大度执着对当下社会的重要性"座谈会等活动，引导大学生认识到大度执着的重要性，以大度执着先进个人或团体为榜样开展自己的学习与生活。完善宣传活动的可持续机制，让参与活动的部分大学生参与到下一期的宣传活动中去，教学相长，使大学生大度执着品格的养成形成良性循环。

2. 深化大学生大度执着自我教育活动。大度执着自我教育活动属于群众性精神文明创建活动，要突出道德要求，充实道德内容，将社会公德、职业道德、家庭美德和个人品德中的大度执着品格养成贯穿活动全过程。社会公德中的大度执着要义是为民利民惠民，有助于提升基层社会治理水平和群众文明素质。职业道德中的大度执着要立足行业特色、职业特点，突出涵养职业操守、培育职业精神、树立行业新风，引导从业者精益求精、追求卓越，为社会提供优质产品和服务。家庭美德中的大度执着要聚焦涵育家庭美德，弘扬优良家风。个人品德中的大度执着要聚焦德艺双馨，努力成为德智体美劳全面发展的社会主义建设者和接班人。

3. 持续推进大度执着品格评价建设。大度执着是大学生优良品格的重要特征。学校要继承发扬中华民族胸怀天下、砥砺奋进的传统美德，弘扬与社会主义市场经济相适应的大度理念、大度文化、执着精神，推动学校各部门制定大度执着公约，促进大学生品格养成，构建覆盖全学制的品格评价体系，健全品格联合激励和失格联合惩戒机制，提高大学生品格养成的实效性；深入开展"大度执着养成记""大度执着宣传月"等活动，评选表彰"大度执着之星"，宣传推介大度执着先进集体，激励大学生更好地展现大度风采，追求执着精神。

4. 充分发挥大度执着文艺作品的教化作用。文艺作品是大众精神素养的体现，也是道德实践的载体。学校要制定大度执着文艺作品创作规程，完善文艺作品表彰制度，开展以"大度执着"为主题的角色扮演、舞台剧、诗歌朗诵、漫画展览、美文分享等文艺活动，多渠道强化大学生对大度执着品格养成的氛围感和参与感，增强大学生对大度执着品格的认同感和获得感。充分利用重要传统节日、重大节庆和纪念日，组织开展大学生"大度执着"主题实践活动，丰富道德体验，增进道德情感。

五、活动要求

1. 认真做好学习笔记，撰写每次活动的感受。

2. 积极参加各项活动和实践，并撰写实践报告。

3. 养成大度待人、执着做事的好品格。

第十一章　坚毅果敢

大学生要坚强勇敢、坚韧不拔、坚定而有毅力，培养自己坚强刚毅、勇敢果断的豪壮气质和一往无前、敢打敢拼的英雄气概，要有爱国情怀的血性和团队合作、机警勇猛的品性。

第一节　概　　述

提到"坚毅果敢"，很多人第一时间想到的群体形象就是军人。可见，这是一种被人们向往的、理想的性格品质。历史只会眷顾坚定者、奋进者、搏击者，而不会等待犹豫者、懈怠者、畏难者。一个足够坚毅果敢的人，生活态度会更加积极乐观，能够做好当下事，不迷失过去，不惊恐未来，在这个充满不确定的世界里勇毅前行。

一、坚毅果敢的内涵

坚毅，指坚定而又有毅力，"愚公移山""精卫填海""宝剑锋从磨砺出"的不畏艰难、勤奋顽强的精神，暗含了为长期目标而持续努力的恒心和持久的意志。坚毅是朝着目标长期坚持不懈地努力并且饱含激情的一种品质，倾向于意志力上的坚强持久。

果敢，即当机立断、敢作敢为。坚毅果敢是一种非认知人格特质，它必须至少具备两方面的内涵：为长远目标付出的坚持不懈的努力，面对失败或困境能做到不放弃；对这个目标保持一如既往的兴趣，能一直饱含热忱地为之奋斗，具有极强的行动力。

二、新时代背景下开展大学生坚毅果敢教育的意义

坚毅果敢是品格的基石，只有打好坚毅果敢品格的根基，才能铸造人格长城。古往今来，很多成功人士用他们的亲身经历诠释着坚毅果敢品格的重要性。身受宫刑，受尽屈辱而用自己坚毅的品格完成千年奇书《史记》的司马迁；经过五万余次试验，耗时十年发明了蓄电池的爱迪生；"不为五斗米折腰"的陶渊明；不管刮风下雨，每天都坚持观察、写作的狄更斯；"横眉冷对千夫指，俯首甘为孺子牛"的鲁迅……这些不论顺境、逆境都能拥有坚毅果敢品格的成功人士，不得不让世人由衷敬佩。

大学生作为未来社会的生力军，肩负着建设中国特色社会主义现代化的伟大使命，必须具备承受压力的品质和克服困难的勇气，以及面对困难不屈服的精神和强大的行动力。新时代背景下开展大学生的坚毅果敢教育，探寻大学生坚毅果敢品格的培养之路，是为了促进大学生成长成才，培养担当民族复兴大任的时代新人，让立德树人真正落地生根。

案例链接

张海迪 1955 年出生在山东半岛文登县的一个知识分子家庭里。5 岁的时候，胸部以下完全失去了知觉，生活不能自理。医生们一致认为，像这种高位截瘫病人，一般很难活过 27 岁。在死神的威胁下，张海迪意识到自己的生命也许不会长久了，她为没有更多的时间工作而难过，更加珍惜自己的分分秒秒，用勤奋的学习和工作去延长生命。

她在日记中写道："我不能碌碌无为地活着，活着就要学习，就要多为群众做些事情。既然是颗流星，就要把光留给人间，把一切奉献给人民。"1970 年，她随带领知识青年下乡的父母到莘县尚楼大队插队落户，看到当地群众缺医少药带来的痛苦，便萌生了学习医术解除群众病痛的念头。她用自己的零用钱买来了医学书籍、体温计、听诊器、人体模型和药物，努力研读了《针灸学》《人体解剖学》《内科学》《实用儿科学》等书。为了熟悉针灸穴位，她在自己身上画上了红红蓝蓝的点儿，练针体会针感。功夫不负有心人，她终于掌握了一定的医术，能够治疗一些常见病和多发病，在十几年中，为群众治病达 1 万多人次。

后来，她随父母迁到县城居住，一度没有安排工作。她从保尔·柯察金和吴

运铎的事迹中受到鼓舞，从高玉宝写书的经历中得到启示，决定走文学创作的路子，用自己的笔去塑造美好的形象，去启迪人们的心灵。她读了许多中外名著，写日记、读小说、背诗歌、抄录华章警句，还在读书写作之余练素描、学写生、临摹名画、学会了识简谱和五线谱，并能用手风琴、琵琶、吉他等乐器弹奏歌曲。现在她已是山东省文联的专业创作人员，她的作品《轮椅上的梦》问世，又一次在社会上引起了强烈反响。

认准了目标，不管面前横隔着多少艰难险阻，都要跨越过去，到达成功的彼岸，这便是张海迪的性格。有一次，一位老同志拿来一瓶进口药，请她帮助翻译文字说明，看着这位同志失望地走了，张海迪便决心学习英语，掌握更多的知识。从此，她的墙上、桌上、灯上、镜子上乃至手上、胳膊上都写上了英语单词，还给自己规定每天晚上不记 10 个单词就不睡觉。家里来了客人，只要会点英语的，都成了她的老师。经过七八个年头的努力，她不仅能够阅读英文版的报刊和文字作品，还翻译了英国长篇小说《海边诊所》，当她把这部书的译稿交给某出版社的总编时，这位年过半百的老同志感动得流下了热泪，并热情地为该书写了序言：《路，在一个瘫痪姑娘的脚下延伸》。

以后，张海迪又不断进取，学习了日语、德语和世界语。海迪还尽力帮助周围的青年，鼓励他们热爱生活、珍惜青春，努力学习为人民服务的本领，为祖国的兴旺发达献出自己的光和热。不少青少年在她的辅导下考取了中学、中专和大学，不少迷惘者在与她的接触中受到启发和教育。张海迪在轮椅上唱出了高昂激越的生命之歌。

第二节　大学生坚毅果敢教育的现状

一、当代大学生坚毅果敢的现状分析

有人说，当代大学生有的越来越软弱、怯懦、自信不足、自我封闭等。但每年也有很多优秀的大学毕业生，他们自信而有能力，受到公司的高薪聘用。大学之前的教育，可以说大都是应试教育，学生过着两点一线的生活。只有到了大学，大学生才会真正有机会接触到来自社会层面的历练。生活中有太多的人怀揣着梦想却与之背道而驰。不是没有能力实现，不是没有追逐的可能，而是没有一

颗愿意大胆去追逐梦想的心。让大学生明白坚毅果敢品格的重要性，并培养他们的社会能力，这是高校教育必须做的。

二、当代大学生坚毅果敢存在的问题及其原因

当前部分大学生在坚毅果敢品质上存在两方面的问题。第一，缺乏意志力，耐挫能力弱，缺少坚定的信念；第二，行动能力差，习惯于拖延，实际操作能力弱。究其原因，这与学校坚毅果敢教育氛围的缺失、家庭教育的不当、社会实践的不足以及个人自我提升意识的缺乏密切相关。

第三节　大学生坚毅果敢习惯的养成

要解决当代大学生坚毅果敢习惯培养的现实困境和实际难题，就要结合当代大学生的特点，全方位、多层次地探索解决问题的出路，不断提升大学生坚毅果敢的品质，并将其内化为积极强大的行动能力。

一、大学生坚毅果敢习惯养成的教育思路

(一)学校教育影响

结合我国国情来看，大学生品格教育主要从学校和家庭两方面入手，二者相互作用，不可分割。但由于青少年在大学生时代独立性增强，在学校所占时间比例较大，情感交际与短期目标都较为集中在学校方面，学校的品格教育重要性极其重大。

(二)家庭关爱引导

美国传统教育心理学界的观点将人格划分为禀赋、品格和自由意志。其中禀赋是一个人与生俱来的、不可改变的、先天的东西；品格是后天培养的可以改变的部分，一旦获得便相对稳定。可见，品格的养成是个长期的过程，尤其是对处于青少年时期的大学生而言，他们品格的形成趋于稳定但并未稳定，这时需要来自家庭的关爱。

(三)社会环境塑造

社会作为个体间的存在关系的媒介和总和，是培养大学生坚毅果敢品格的基础平台，是大学生成长成才、走向成功、具备坚毅品格不可或缺的组成因素。因此，积极发挥社会的价值观导向作用是培养坚毅品格不容忽视的重要因素。

（四）自我提升发展

任何一个社会都会以其历史条件为基础，要求生存于其中的个人养成一定的模范社会人格；同时，作为有自觉意识的人类，人们也期望不断实现超越自我。这种人格模范的树立，靠的是社会道德、舆论、规范、法律的倡导和自我约束。这种超越自我的根本途径，就是通过自我提升发展健全坚毅果敢品格的培养过程。

二、大学生坚毅果敢习惯养成的具体措施

（一）学校层面

一是培养良好的校园精神。校园精神是学校的灵魂所在。具体地说，它是一个学校广大师生的共同理想和追求、共同意识和风格、职业道德和标准的综合体现，是师生价值观和人生观的综合反映。校园精神不仅决定着学校的发展是否长久可持续，更是直接影响到在校学生的言行举止、道德品格的形成。一个学校要在社会主义市场经济的浪潮中生存和发展，决策、计划、管理制度、学科建设等都是至关重要的，但对学校产生最深刻的影响、长期起作用的因素主要是学校的校园精神。而校园精神又直接影响决定了校园风气，是整个校园思想道德作风的凝练，是全体师生行为意志的标尺。培养良好的校园精神犹如"阳光"，照亮整个校园，照在每个人身上，使大学生在阳光下茁壮成长，逐渐形成坚毅果敢的品格。

二是注重校园文化建设。校园文化其本质是一种人文环境和文化氛围。在这种由大学生自己为主体营造的人文环境和文化氛围中，有校园特色的人际关系、生活方式以及由大学生参与的报刊、讲座、社团及其他科学文化体育活动和各类文化设施作为校园文化的主要特征充盈着大学校园的各方面建设，从而使得大学校园更富有生机和活力。校园文化活动是自发的，也是自觉的，是受社会生活影响也受自我心灵主宰的，是无处不在的，是充满现代意识的，也是反映大学生复杂心态的。校园文化在当今高等教育中应该发挥重要的作用。校园文化是常新的，能够保持永恒魅力，能够唤起青年一代心灵，能够激发青年学生激情，能够唤起青年一代高尚的、独立的人格追求和高尚的道德追求。

（二）家庭层面

一方面，家庭的"爱"是品格教育的起源。家庭是人类最早、历史最久的一种基本的社会组织形式。从幼儿时期开始，孩子就受到来自家庭的教育和引导，家

庭的关爱伴随了青少年成长的全过程。家庭的关爱包括多个方面，比如为孩子建立一个健康、和谐和融洽的家庭关系，让孩子意识到教育约束自己行为的重要性，父母要努力提高自身素质为孩子树立榜样。研究表明，残缺的家庭、不当的家庭教育及不良的家庭生活方式都会对青少年思想行为产生极大影响，极易造成孩子自卑、逆反、孤僻的性格，甚至犯罪。因此，我们要重视来自家庭对大学生的关爱作用，提倡以和谐的家庭、正确的示范、健康的教育来正确对待大学生，培养他们形成坚毅果敢的品格。

另一方面，家庭的关爱有助于品格的正向发展。家庭的关爱充满了对孩子的希望，对孩子的教育往往充满正能量。不仅如此，家长由于见证了孩子的成长过程，一旦孩子在品格的塑造过程中出现了问题，家庭成员往往是优先察觉者。同时，父母由于与孩子存在天生的亲密关系，他们的教育作用是任何人不能代替的。学生在大学时代正处于青少年的叛逆期，他们的自尊心较强，情绪十分敏感，在学校的集体生活中同学发生"小摩擦"、受到老师的批评指正在所难免。举例来说，学生上课期间被老师提问未能回答出问题这件小事，都有可能造成学生的尴尬，觉得丢了面子而抵触老师的教学。这时候，有了来自家庭的关爱、家长的疏导和劝解，很容易使大学生明白如何以平常心与人相处，以感恩的心接受长辈的教诲，以谦逊的心虚心学习，让大学生脱离敏感、脆弱，成为具有坚毅品格的人。

(三)社会层面

构建和谐的社会关系，教育大学生正确地对待社会关系中的利益和诱惑，把握好适当的度，比如对于权力、地位、金钱的态度。有强烈的欲望和目的性会使人失去得失的平衡心，如果不能够及时正确地进行自我调节将会直接影响到个体的价值观的形成和建立。和谐的社会是公平正义、民主法治、人与自然和谐相处的社会，也是充满诚信、友善的社会，在这样人与人、人与自然、人与社会相互和谐的氛围下，大学生的价值观自然朝着正向发展。

坚定中国特色社会主义共同理想，注重社会目标价值取向，维护社会公正，培育大学生高尚品格。大学生作为国家、社会建设者的一支重要生力军，肩负重任，需要每个年轻人自觉实践，勇于探索，革新创造，树立远大目标。特别是注意要从点滴做起，从身边小事做起，求真务实，加强社会价值的行为规范，锻炼敏锐的思维，形成良好的判断能力，确立正确的价值取向，摆正社会价值和个体价值、道德价值、功利价值的关系，努力维护社会公正，使自己成为 21 世纪社会发展需要的新型复合人才，确实地肩负起建设中国特色社会主义现代化的伟大使命，树立正确的价值观，培育坚毅果敢品格，真正实现人生价值。

（四）自身层面

发展健全的人格要求我们学习文化知识，提高个人本领，学会自我悦纳、接纳他人。人格健全的学生是建立在个体自身具备一定的知识储备量、理性的思维、清晰的逻辑基础之上的。大学生扩大知识量和拓展逻辑思维能力的有效方式就是学习丰富的文化知识，从而达到对自我和事物进行客观正确评价的目的，进而能够正确地认识自己，积极地开放自我，坦率地接受自己的缺陷并对生活持乐观向上的态度，有正确的人生观与价值观，能够用理性分析生活事件，人格独立，自信自尊，理解并善待他人。

发展健全的人格需要建立良好的人际关系，培育幸福感。和谐社会需要将人的精神与人的价值提升到健全的和谐社会建设的要求上来，就是说，健全的人格不能纵容个人性格膨胀，更不能纵容私欲横流、为所欲为，而是对不同的人际交往对象表现出合适的态度，既不狂妄自大，也不妄自菲薄。建立良好的人际关系是大学生迈进社会的正向发展的指路灯，使大学生在人际交往过程中获得满足感和幸福感，从而倾向于做正确的事，走对的路，利于发展健全人格。

第四节　大学生坚毅果敢主题教育实践

为全面贯彻落实党的二十大精神，落实立德树人的根本任务，切实提高思想政治教育工作质量，引导大学生培养坚毅果敢的性格品质，激励大学生提升自己的意志素质，齐鲁理工学院在全校大学生中开展坚毅果敢主题教育活动。

一、活动主题

"坚毅果敢教育"

二、活动时间

每年 3 月至 12 月

三、活动内容

1. 开展"坚毅果敢"主题报告会。邀请就业创业典型的优秀毕业生来校举办主题报告会，引导大学生树立起培养坚毅果敢精神的意识。

2. 鼓励学生制订计划，每学期做几件克服学习、工作或生活中困难的事情，展示自己面对困难的意志和毅力。

3. 开展"榜样的力量"优秀大学生先进事迹宣讲会。从考研、从军、考公、西部支教等方面组建优秀大学生先进事迹宣讲团，与在校学生进行交流，使大学生有方向、有目标，用身边人、身边事教育大学生。

4. 开展"坚毅果敢"主题演讲比赛，以学院为单位组织开展。

5. 以学院为单位组织学生参加对抗性的体育比赛，训练和培养拼搏精神。

6. 引导学生积极参加各项大赛，在学科专业竞赛及其他赛事中展示自己敢打敢拼、追求卓越的劲头。

7. 其他形式的教育活动。各学院要结合本院学生实际，开展针对性强的主题教育班会、素质拓展、主题电影展、社会实践等教育活动，着力扩大活动的影响力，提升教育活动的针对性、实效性。

四、活动要求

1. 高度重视。深入开展"坚毅果敢"大学生主题教育活动，是学习好、贯彻好习近平总书记系列重要讲话精神和提高大学生综合素质的重要举措。各学院要高度重视、精心策划，采取有效措施，为落实立德树人的根本任务提供好抓手。

2. 精心组织。各学院要根据学校主题教育活动要求，结合本学院实际情况，制定大学生主题教育活动具体实施方案，将"坚毅果敢"大学生主题教育活动落实落地。

3. 注重实效。各学院要将"坚毅果敢"大学生主题教育活动与日常思政教育结合起来，运用新媒体、新技术，增强思想政治教育的亲和力和针对性，激发大学生在主题教育活动中的主动性、积极性和创造性，切实提高大学生的综合素质。

第十二章　认真严谨

本章导读 🌣

　　空谈误国、实干兴邦，一分部署、九分落实。不注重抓落实，不认真抓好落实，再好的规划和部署都会沦为空中楼阁。在现代社会分工越来越细和专业化程度越来越高的时代，细节决定成败，细节成就完美。这也就意味着在新时代做事要一丝不苟、认真严谨、注重细节，更重要的是对待小事与对待大事一样谨慎。"不积跬步，无以至千里；不积小流，无以成江海。"人们只有了解到这一点，才会关注那些看似无关紧要的小事，培养做事一丝不苟、认真严谨的品格。

第一节　概　　述

　　什么是认真严谨？有人认为，认真严谨是热爱生活的基本态度；也有人认为，认真严谨是活出亮丽人生的保证；更有人认为，认真严谨是筑梦圆梦的关键。可见，认真严谨是至关重要的。

一、认真严谨的内涵

　　"认真"是指态度严谨不马虎，以严肃的态度或心情对待人或事物；"严谨"是指严肃谨慎，做事一丝不苟、态度端正。"认真严谨"有很多近义词，如一丝不苟、严肃谨慎、注重细节、周全周到、追求完美等。

　　在不同的文化领域和学科领域，认真严谨的内涵各不相同。许多古代先贤、名人学者在谈到认真严谨时各有独特的见解，但更多的是强调细节意识的表述。《淮南子·缪称训》用"积羽沉舟，群轻折轴"为喻，告诫人们要"禁于微"，在细小事情上一定要严格要求自己。在"微"字上下功夫要做到两个方面：一是不管有无外在道德规范的限制和约束，都要严于律己，一丝不苟；二是不要执行两套标准，不能口是心非，要表里如一。三国时期，刘备曾告诫其子刘禅说："勿以恶小而为之，勿以善小而不为。"积德行善的事再小都要去做，败坏道德的事再小也不能去做。

名人、伟人也注重细节意识。老子云："图难于其易，为大于其细。天下难事，必作于易；天下大事，必作于细。是以圣人终不为大，故能成其大。"李大钊认为，凡事都要脚踏实地去做，不驰于空想，不骛于虚声，而唯以求真的态度做踏实的工作，以此态度求学，则真理可明；以此态度做事，则功业可就。认真严谨就是思想上注重细节意识，树立认真负责的态度，就是在工作、生活各个方面能够端正自己的态度，认真学习、认真做事，用认真严谨的态度，成就完美的人生。

新时代对认真严谨的要求更高。习近平总书记多次作出重要指示，在生活和工作中要用"战战兢兢、如履薄冰、如临深渊"的心态规范从政行为，自觉做到防微杜渐，谨防"第一次出轨""第一次湿鞋"，绝不越雷池半步，保持正确人生航向，堂堂正正为人，踏踏实实做事。不仅如此，我们还要做到"不受虚言，不听浮术，不采华名，不兴伪事"，认真严谨、勇于负责、善抓落实。

二、新时代背景下开展认真严谨教育的意义

习近平新时代中国特色社会主义思想实现了马克思主义中国化时代化新的飞跃。马克思主义是我们立党立国、兴党兴国的根本指导思想。实践告诉我们，青年强，则国家强。当代中国青年生逢其时，施展才干的舞台无比广阔，实现梦想的前景无比光明。全党要把青年工作作为战略性工作来抓，用党的科学理论武装青年，用党的初心使命感召青年，做青年朋友的知心人、青年工作的热心人、青年群众的引路人。因此，高校学生工作中要着眼学生的养成教育，引导大学生树立正确的人生观、价值观和世界观，养成良好的行为习惯，而良好行为习惯的养成需要认真严谨，从而提升大学生的处事和学习能力，促进学生健康成长。因此，在新时代背景下开展认真严谨教育具有重要的现实意义。

(一)认真严谨是一种观念

随着微利时代的到来，认真严谨的理念和做事模式必将是获得成功的有力武器。无论是企业还是个人，不管有怎样宏大的目标，如果在每个环节的连接上、在每个细节的处理上都不到位，那么就会积弊重重而导致失败。"大处着眼，小处着手"，在细节上下功夫，企业才能基业长青，个人才能成就卓越。

细节的注重，也称精细化的体现。精细化被用于现代企业管理中，最早由日本的丰田公司在 20 世纪 50 年代提出。它源于生产领域，也最先应用于生产领域。这里的"精"主要体现在质量上，涵盖了生产、管理、创新和服务等各个领域。它本质上强调的是一个连续改进、不断完善的过程。

人生的成功常常始于小事。人有理想、有雄心是好事，但一定要从身边的一点一滴的小事做起，小事中常常蕴含着很多机会。有些人常常眼高手低、看不起小事，只想做大事，得到的只是失败。因此，作为一名当代大学生，要树立认真严谨的观念，要重视身边的每件小事，只有踏踏实实地将遇到的每件小事都做好，才能在大事来临时，用完成小事时所获得的经验，得心应手地完成大事。

（二）认真严谨是一种创造

很多小事，可能每个人都会做，但往往做出来的效果却大不一样。为什么呢？这就取决于在一些细节上下的功夫和创新了。不认真严谨或者不注重细节，对事情敷衍了事，这样的后果无疑是不会把事情做好。能考虑细节、注重细节的人，不仅认真对待工作，将小事做细、做好，而且注重在做事的细节中寻找机会，并能抓住机会、不断创新，从而使自己逐渐走上成功。

一个企业要创新，必须培养对细节的关注。一向以创新意识著称的海尔集团董事局主席张瑞敏曾说过："创新存在于企业的每个细节之中。"海尔集团在细节上创新的案例可谓数不胜数，仅公司中单以员工命名的小发明和小创造每年就有几十项之多。企业不断推出新产品，使企业可以持续发展。新产品的新含义是推出具有新功能、新技术的产品。更多时候，企业应该不断地在旧产品基础上改进，在细节上不断磨炼，使产品更贴近消费者，更人性化，更有人情味，即"于细微处见精神"。也许，有的企业并不重视这些细小的事情，觉得没有必要或不值得去做，但只要留意就可发现，很多世界知名的大企业就是靠着做好细节一步步成长起来的，又凭着将细节做得更细而基业长青。

（三）认真严谨是一种责任

责任是每个人成就人生事业的重要前提。要想获得成功，唯一的捷径就是做好自己的本职工作，用心做好每件事，具体表现为尽职尽责、认真严谨、一丝不苟、善始善终等。简言之，认真严谨地做事，不只是把事情做对，更要用心，这也是认真做好本职工作的体现。

成大事，克难事，离不开细节，必须消除心浮气躁的态度，应脚踏实地，求真务实，不忽视小事、身边事，把小事做细、做透。成功不是偶然，取决于是否注重细节。能把每件小事做好，尽职尽责，是一种认真负责的态度，是一种责任感的体现。而具备了强烈的责任感的人，才能打造完美的细节，才能更容易受人尊重，更容易获得成功。

(四)认真严谨是一种习惯

如果你每天都把细节做好，把小事做好，那么你就是成功者。这是一种养成，更是一种习惯。良好的习惯是实现成功的重要因素。在大学期间，大学生要自觉培养做事从细节入手的做事品质和行为习惯。注重细节是一种功夫，这种功夫是靠日积月累培养出来的。

(五)认真严谨是一种宝贵经验

现实工作中的失败和管理中的失误，往往不是由那些致命的错误造成的，而是由一些微不足道的小错误引起的。因此，对待所有的工作都应认真严谨，重视工作中的小事与细节。如果不重视细节，"不矜细行，终累大德"那么问题就会层出不穷，最终会付出巨大的代价。

第二节　大学生认真严谨的现状

一、有些教师的教育理念偏颇，理论与实践脱节

针对"认真严谨"研究中，一大批学者对其内涵及外延进行了深刻的探讨与剖析。精益求精、严谨敬业、一丝不苟已成为"认真严谨"的具体表现，但在现阶段部分大学教育中有些教师对"认真严谨"的认识过于片面，以偏概全，未树立正确的教育理念。受"投资少、周期短、见效快"观点的影响，当前"认真严谨"已被等同于职业精神的培育。有些教师只重视将学生培养成"有工艺专长的匠人"，而忽视精神层面的教育，直接导致学生只重视自己的动手能力的培养，而对本专业的思想认识不高。部分教师缺乏对认真严谨内涵的认识，且学校的人才培养方案过分注重适应市场经济的需要，专业课程的设置不合理，使得学生认真严谨的习惯培养较为缺乏，从而陷入对技术的"高、精、尖"的极力追求但缺乏人文思想的培养，不利于学生素质的提高。

二、有些教学活动缺乏相关制度支持

在目前大学的工科教学中，相关教育经费保障机制未得到真正落实；大学生

顶岗实习的专项补贴制度不够完善，使得教学相关行之有效的措施实施起来困难重重，学生不能将认真严谨很好地贯彻落实到实践中，从而限制了其对认真严谨的深入理解。此外，学生认真严谨的养成离不开教师的身体力行，而教师自身的认真严谨素养对学生的影响重大。受学校编制不足等因素的影响，部分大学院校的专业教师存在超课时等不良现象，直接造成教师的工作量增大，进而影响了教学质量；一些教师的校企合作能力及科技研发能力缺乏，且教研教改能力不高，离认真严谨的要求还很远。因此，大学生认真严谨习惯培养方面的实施效果不尽如人意。

三、一些大学生的认真严谨能力有待培养

传承、创新认真严谨精神，是提升大学生综合素质能力的重要途径。但是，在当今物质需求极度扩张及经济高速运转的社会，大学生认真严谨的习惯培养无法有效实施。自身素质诸如尚德、敬业、严谨、认真、耐心、专注、勤奋、坚持、毅力、抗压等，都是大学生综合素质能力提升必不可少的职业素质要素和心理素质要素。但当前一些大学生社会责任感弱、眼高手低、缺乏恒心和毅力、做事虎头蛇尾、遇事得过且过，放低对自己的要求，在学习和工作中不求创新，依赖性较强，且心理承受能力较弱。在大学生就业统计中，用人单位非常重视大学生的综合能力与综合素质，大学生认真严谨的能力已经成为其就业与创业成功与否的重要指标，而大学生的综合素质与用人单位需求之间存在较大的差距。

四、一些大学生认真严谨的自我意识不足

个人在成长和发展的过程中会逐渐形成自我意识，也就是评价、体验和认知周围环境事物与自身的相关性，同时也包括自身的态度、情感和思想。由此可见，个体在发展的过程中，自我意识具有重要的作用。假如一个人不能够很好地区分周围和自身，就无法实现对外界事物的认识。只有正确地意识到自身的优缺点，才能针对性地扬长避短，提升自我教育的实施成效。就当下实际情况而言，大学生在自我意识上具有显著的差异性，并且就整体水平而言，一些大学生的自我意识偏低，使得他们不能够在自我意识的推动下履行自身的社会责任，其认真严谨的自我意识培养也不足。

案例链接 ◄★

案例（一）

有三个人去一家公司应聘采购主管。第一个人毕业于某知名管理学院，第二个人毕业于商学院，第三个人是一家民办高校的毕业生。在整个应聘过程中，他们经过一轮轮测试，在专业知识与经验上不相上下，难分高低。随后，招聘公司总经理亲自面试，他提出了这样一个问题：假定公司派你到某工厂采购4999个信封，你需要从公司拿多少钱？

几分钟后，应试者都交了答卷。第一个应聘者的答案是430元。

总经理问："你是怎么计算的呢？"

"假设采购5000个信封，可能需要400元，其他杂费算作30元吧！"答者思路清晰、口齿伶俐。第二个应聘者的答案是415元。对此，他解释道："假设采购5000个信封，大概需要400元，另外可能需要15元杂费。"

总经理对他的答案同样没有表态。当他看第三个应聘者的答卷时，见上面写的答案是419.42元时，不觉有些惊讶，马上问："你能解释一下你的答案吗？"

"当然可以，"该同学自信地回答道，"每个信封8分钱，4999个是399.92元。从公司到某工厂，来回车票是10元。午餐费5元。从工厂到汽车站有一里半路，请一辆三轮车搬信封，需用3.5元。因此，最后需要的总费用是419.42元。"

总经理不觉会心一笑，收起他们的试卷，说："好吧，今天到此为止，明天你们等通知。"

作为一名采购人员，就要精打细算，能为公司节省1分是1分，绝对来不得半点马虎，更不能用大概来算账，因为这1分钱如果累积起来的话，那也是一笔惊人的财富，若不注意这样的细节的话，那么这笔钱就会慢慢地流失，到时候，受损失的是公司。第三个应聘者本着高度负责的态度，将成本算到了"分"，由此便得到了总经理的赏识，最后被录用也就不言而喻了。

个人如此，一个企业更是这样，都需要这种渴求细节完美的精神，起点低不要紧，关键是认真对待每件小事，把寻常的事做得不同寻常的好，在细节中真正体现出自己的责任。

案例（二）

1485年，英国国王查理三世和里奇蒙德伯爵亨利为争夺皇位进行了几年的战争，最后，他们在波斯沃斯决战。这场战争以查理三世失败而告终。令人难以置信的是，查理三世的失败居然是由一颗小小的铁钉造成的。原来，在开战之前，查理三世就让自己的马夫去给自己准备一匹优秀的战马。马夫找到一匹非常优秀的战马后，就让铁匠给战马钉马掌。铁匠知道这是国王用来打仗的战马，就给战马钉上了最好的马掌。

可是，在铁匠准备给战马钉最后一个马掌的时候，突然发现少了一颗铁钉，铁匠就让马夫去帮他寻找，马夫懒得去，他说："不就是少一颗铁钉吗，应该没事儿吧！"铁匠说："不要小看一颗铁钉，说不定在关键时候会有很大的作用的，你快去找吧！"这时，军号声响起，马夫不耐烦地说："军号都已吹响了，如果国王在出征前没有战马，国王肯定会生气的！"于是，查理三世国王就骑着这匹马掌上少了一颗铁钉的战马上了战场。

战争开始后，国王骑着战马冲在最前面。所有的战士都受到国王的鼓舞，个个斗志昂扬地往前冲，可是，没过多久，意外发生了，那个少了一颗铁钉的马掌脱落了。战马跌翻在地上，查理三世也栽倒在地。士兵看见自己的国王连人带马地摔倒在地上，一下子都乱了方寸，不知所措。

里奇蒙德伯爵亨利立即率士兵开始反击，查理三世的士兵四处逃窜、溃不成军，查理三世也不幸被俘。查理三世被俘后，哀怨说："没想到，堂堂英国国王竟然也败在一颗铁钉上。"

一颗看起来毫不起眼的铁钉，居然让查理三世国王失去了一个国家。如果当初那位马夫听从铁匠的劝说，找到一颗铁钉，也许英国的历史就是另外一个样子了。因此，不能忽视细节，也许它就是影响全局的关键。

细节往往因为它的"细"而更容易被人们忽视，也会因为它的"小"而令人感到琐碎。可是，这些微小的细节往往就是事情发展的关键和突破口。因此，要成大事者，必须从细节入手，否则只会功亏一篑。

第三节　大学生认真严谨习惯的养成

一、大学生认真严谨习惯养成的教育思路与措施

大学生养成教育应以科学发展观为指导，坚持"以人为本"的育人理念，突出学生自我教育、自我管理、自我服务"三自"作用的发挥，紧密结合实际，努力构

建大学生养成教育模式。大学生认真严谨养成教育包括四个阶段、四个实施方法及四种活动。

(一)认真严谨养成教育的各个阶段

大学生养成教育是一项系统工程,"养"的含义既包括客观上的教育、培养和训练,也包括主观上的学习修养和自觉行为。

1. 制度规范阶段

学校应科学合理地制定规章制度,将具体的要求落实到学生手册、培养方案等文本中,有章可循地约束、规范、指导、协调大学生的学习与生活行为,全面提高大学生各项素质。

2. 行为训练阶段

学校应有目的、有计划、有组织和有针对性地开展教育训练活动,使大学生的学习和生活行为规范化、标准化,严格执行各项规章制度,充分发挥违纪处理的警示作用,最终使学生养成自我管理、自我服务、自我教育的良好品德和行为习惯。

3. 自觉养成阶段

学校应夯实大学专业教育与通识教育,结合学生职业生涯规划使学生养成良好的学习习惯;借助大学通识教育的平台,使学生养成做人、做事的良好行为习惯,进而提高大学生的综合素质,促进大学生的全面发展。

4. 评价反馈阶段

学校主要依托学生综合测评,利用科学合理的指标体系对围绕养成教育开展的各项活动进行评价,并从评价内容、评价时间、评价方式等方面构建立体化的评价模式。

(二)认真严谨养成教育的实施方法

1. 正面灌输

在科学制定规章制度与组织纪律的基础上,学校应通过正面灌输进行系统阐述,结合晓之以理、动之以情的工作作风,使大学生提高道德认识,增强道德观念。

2. 严格管理

学校应制定可量化的管理目标;严格纪律,做到纪律面前人人平等;建立相对闭合的管理系统,提高管理效率;有机结合严格管理和学生自我管理。

3. **诱导启发**

在规章制度和训练活动得到认同的基础上，学校应充分调动学生内在的积极性，联系大学生的思想实际，帮助学生树立正确的世界观、人生观和价值观。

4. **典型教育**

学校应大力开展评先创优活动，充分发挥奖优惩劣的导向作用；发现、培养、宣传先进典型，特别是要表彰学风优良、道德高尚、人文素质突出的先进典型，用榜样的力量带动学生的全面健康发展。

(三)认真严谨养成教育的活动

1. **第二课堂活动**

第二课堂是实践教学的重要组成部分，是指除课堂教学外的一切传授知识、培养能力、锻造人格的活动，是对第一课堂学习的延伸、补充和发展，是素质教育的重要载体，是拓宽学生视野、激发学生学习兴趣、培养学生能力、提高学生综合素质的途径。

第二课堂以其活动的主体性、内容的广泛性、形式的多样性、参与的实践性补充了课堂教育的内容。

2. **学生社团活动**

学生社团是校园文化建设的重要载体，是高校第二课堂的引领者。各种社团以其特有的魅力丰富着校园生活，在促进校园文化的繁荣、增强学生的社会适应性、开阔视野、拓宽知识面、培养和锻炼学生的综合能力与素质等方面起到了积极而重要的作用。

社会实践是化知识为实际能力的一种活动。学生社团的事务涉及面广，不仅包括一些专业技术含量较高的部分，同时还有一些非专业的(如社会交往、筹备等)工作，经常需要社团成员细节性地分工、合作开展活动。因此，学生社团成员在发展个人专长的同时，也提高了自身的综合素质、实践能力。

3. **青年志愿者活动**

青年志愿者活动以"奉献、友爱、团结、互助"为宗旨，奉献个人力量，是大学生参与社会实践、锻炼个人综合品质和道德品质的良好载体。

大学生应积极参加志愿服务等公益活动，运用所学知识和技能服务人民，支援地方经济发展，奉献社会，培养为人民服务的道德观，弘扬社会主义道德风尚；发掘社会服务的新领域、新载体、新形式，积极参加志愿服务西部计划、贫困地区支教计划、青春红丝带志愿行动等活动，激发自身参与社会服务的热情，并带动更多同学参与到志愿服务中来；做好志愿服务、践行公益性思想，树立大学生良好的社会形象。

4. "三下乡"活动

文化、科技、卫生"三下乡"活动，是新形势下大学生参加社会实践的有效载体，是加强和改进大学生思想政治教育，帮助大学生在实践中深刻理解、学习、实践科学发展观的重大意义，以及全面、客观认识社会的有效途径。该活动一般在寒暑假期间开展，根据地方需求选派相关专业的学生组成团队，为基层群众办实事、做好事、解难事，如教育帮扶、文化宣传、医疗服务、科技支农、阳光爱心活动等。该活动使大学生能够在社会中学习知识，在实践中积累体验生活，最终提高自身素质，实现自身价值。

二、结合实践落地实施

齐鲁理工学院的办学特色就是培养"齐鲁文化孕育下的理工生"，其养成教育的内涵和项目均源自齐鲁优秀传统文化。养成教育使齐鲁文化融入学生血液之中，内化于心，外显于学生的品德、性格和日常行为中，彰显办学特色。认真严谨的养成需要在学生的日常生活中进行教育与引导，重视在认知学习、情感体验、意志磨炼、行为养成等方面对大学生进行培养。

1. 认知学习

通过理论学习和思考，学生正确认识社会发展规律、国家前途命运、自己的社会责任及社会对大学生的要求，掌握做人的道德标准，能够正确辨别是非、善恶、美丑和荣辱，形成正确的人生观、价值观和世界观。读书明理，首先要明白做人的道理。认知学习对情感体验、意志磨炼、行为养成起到理念引导、价值确认的作用，为所倡导的各类习惯养成提供心理驱动力。

2. 情感体验

学生在自我养成和各类集体活动中体验和感受，在感受中产生感动，在感动中净化心灵、提高觉悟，培育较高的情商。新的大学生活，处处都有可以体验的地方。这种体验，贵在用心。

3. 意志磨炼

学校设计了一系列习惯养成项目，引导学生坚持实践，不打折、不放弃，在此过程中培养其意志和毅力。行为养成的关键是坚持，意志磨炼本身就是一种重要的养成；在养成的过程中体验精神的享受，使意志磨炼与情感体验互动，对行为养成起到升华的作用，使学生把日常的行为升华为良好习惯的养成，升华为高尚素质的磨炼，升华为对生命质量的追求。在这种状态下，学生就不是在简单地打发日子，而是在自觉状态下每天在养成、在磨炼、在成长。

4. 行为养成

行为养成就是自觉意识下的实践，每天有目标地做，自觉地坚持做，从一点一滴做起、一言一行做起，养成多种好习惯。叶圣陶说"教育就是养成人的好习惯"；陶行知说"生活即教育"；行为心理学提出"21天效应"或称"21天法则"。可见，无论是从教育学的角度还是从心理学的角度，在大学里进行养成教育都是可行的。行为养成是把日常活动纳入养成教育的轨道；行为养成是培育良才的熔炉，是养成教育的落脚点。行为养成是目标指导下的实践，是每天有意识、有计划地做，是认知内化的过程，是情感体验、意志磨炼的过程，是提高素质的过程。因此，行为养成是实施养成教育的抓手，是开展素质教育的载体。

第四节　大学生认真严谨主题教育实践

一、活动主题

"认真严谨做事，踏踏实实做人"

二、活动背景

粗枝大叶、马马虎虎是学生常见的行为习惯，是学习中的"绊脚石"。养成做事认真严谨的良好习惯，可使学生终身受益，因此，培养学生严谨做事的习惯，是养成教育不可缺少的部分。

三、活动目的

培养大学生学习稳重、做事严谨的习惯，学会自我提醒和暗示，管理约束自己，培养自己，改变自己，向沉稳严谨的方向发展，逐渐走向成熟。

四、活动时间

每周一次

五、活动地点

教学楼

六、活动对象

全校全体学生

七、活动流程

首先，班会由主持人导入，通过体验活动，学生现场测试，体会认真严谨的重要性。接着，学生结合自身实际情况，具体分析"认真严谨"一词的内涵。辅导员老师播放一段视频，向大家展示班级日常管理中存在的诸多问题，使学生认识到自己的不足。然后，主持人通过一个小游戏——找不同，激发学生的兴趣。学生积极参与游戏，细心观察，找出所有的不同。学生通过欣赏中国刺绣与国画的细节之处，体会"大国工匠"的精神。学生观赏中国传统艺术——麦秆画的制作流程，深刻感受认真严谨的魅力。主持人由此提出问题，引起学生对认真严谨价值的思考与讨论。学生讨论的气氛活跃，积极分享自己的见解。

其次，临近尾声，学生结合具体案例，作出总结：认真严谨是一种人生态度，影响人的一生，且认真严谨是可以通过反复练习获得的。因此，学生应找到培养认真严谨习惯养成的方法和路径。

最后，辅导员老师对本次班会进行点评和总结，充分肯定此次班会，且结合自己经历，进一步阐述认真严谨的重要性；勉励学生从小事做起，从细微处做起，努力成长为一个认真严谨的人。

八、活动要求

1. 认真完成每次作业。

2. 认真做好课堂笔记。

3. 积极参加实验、实习、实践，并完成实验报告撰写。

4. 养成认真做好每件事的好习惯。

九、活动总结

对个人而言，"认真严谨"是一种认真、敬业精神。加强大学生认真严谨的意识，培养大学生耐心、专注、专业、敬业、一丝不苟、淡泊名利、精益求精的做事品质，这不仅是当前社会需要的，是大学生教育发展中所必需的，更是大学生自身发展所必备的。在行动中领悟认真严谨的精神，可使大学生毕业后在工作岗位上有更好的发展。

十、注意事项

1. 在班会活动中要有良好的应变措施，以应对现场的突发情况。

2. 在班会活动过程中，注意学生的情绪，灵活掌握活动进度。

3. 注意学生安全，在规定时间内完成任务。

4. 班会结束后，进行反思与自省，总结班会中好的地方和不足的地方。

第十三章　勤奋好学

本章导读

　　齐鲁文化之所以能在中华五千年的历史进程中历久弥新、生生不息，是因为其凝聚力、生命力来源于其海纳百川的包容性和顽强拼搏的奋斗精神。作为求学于齐鲁大地的优秀大学生，在学习方面自然也要发扬这一优良传统。时至今日，大学生成功与否的关键因素已转变为看其是否自强、自主、勤奋好学。在新的时代背景下，勤奋好学是每个优秀大学生需要具备的基本素质，更是每名中华儿女不可或缺的优良品格！

第一节　概　　述

　　在大学的生活中，勤奋好学是必不可少的。除学习知识和专业技能外，在大学生中开展"勤"德教育，既是传承中华民族优良美德的需要，也是大学生健康成长和顺利成才的需要。加强以勤奋学习、勤于实践为中心的行为习惯和人格品质的训练和培养，可为大学生全面发展提供内在动力。勤奋好学，学以致用，是大学生在大学学习的重点；大学生积累知识、掌握知识、运用知识，才能在社会主义现代化建设过程中贡献自己的力量。唯有勤奋学习，思维宽带得到扩容，人生的路才会越走越宽、越走越精彩。

一、勤奋好学的内涵

　　山东被称为"齐鲁之邦"，在这片广袤的土地上孕育而生的齐鲁文化不仅哺育着人民，更对中华文化乃至后世具有深远的影响。在齐鲁文化的框架下，人们能够更好地理解"勤奋好学"的含义。勤奋是认认真真，努力干好一件事，不怕吃苦，踏实工作。人们以"勤"为"径"，以"勤"补"拙"，以"勤"获"知"，通过勤奋读书来攀登高峰，到达光辉的顶点。勤奋好学是中华民族的传统美德，在源远流长的中华文明中体现的是中华儿女对待生活的智慧和传承文化的精神。现在是国家大力弘扬中华优秀传统文化之时，当代大学生应该发扬勤奋好学的优良传统，从古人那里寻找灵感，体验不同时代的精神。

案例链接

凿壁偷光

匡衡，字稚圭，勤奋学习，却因家贫没有蜡烛。邻居家有烛光却照不到他家，匡衡就把墙壁凿个洞引来了邻家的烛光，用书映着光亮来读。同县一个大户人家家里有很多书，匡衡被他家雇用劳作，却不要报酬。主人奇怪地问匡衡，匡衡说："希望能把主人所有的书都通读一遍。"主人惊讶，资助了匡衡。后来，匡衡成了大学问家。

圆木警枕

司马光是北宋人，一直坚持不懈地学习。他卧室的卧具很简单：一张木板床，一条粗布被子，一个圆木枕头。他用圆木枕头，是为了不让自己睡觉睡过头，因此，圆木枕头被称为警枕。在睡觉时，只要一翻身他就会醒来，起来继续读书，坚持不懈。

二、新时代背景下开展勤奋好学教育的意义

学校应围绕"立德树人"的根本任务和高素质应用型人才的培养目标，以养成教育为抓手，打造育人特色。勤奋好学教育不仅可以丰富大学生的文化科学知识，促进其自身能力的提升，对祖国的发展、对社会的进步也有着非常重要的意义。

(一)大学生勤奋好学对个人发展的意义

1. 勤奋好学可以丰富个人的理论知识

人的身心发展是具有顺序性和不平衡性的，我们的学习也是按照身心发展规律进行的。在学校，好好学习专业知识和科学文化知识，可以最大限度地把握关键期，能使大学生在后续发展中有更多的作为。

作为当代的大学生，面对瞬息万变的信息社会，仅凭在校学习的科学文化和理论知识，很难适应现实社会和现实工作发展的客观要求。因此，要想获得生活

的幸福和工作的业绩，必须养成勤奋好学的良好习惯，必须增强自己的学习能力，否则很难如愿。

2. 勤奋好学可以积累个人的实践经验

在大学期间学生最重要的任务就是学习，而且要积极主动地学习，这样才能在日常生活中灵活地运用各种知识。面对全球的挑战，作为未来社会的栋梁，大学生应不断丰富自己的实践经验，以适应时代发展的要求，提升处理问题的能力，在实践中学习知识、学会技能、学会做人、学会处事。

3. 勤奋好学可以保证个人的持续发展

终身教育理论是一种在国际上具有重要影响的教育理论，最早由保罗·朗格朗提出。随着联合国教科文组织的认可，终身教育理念被世界所接受，成为各国教育政策制定的指导原则。当代大学生应当树立终身教育和终身学习的观念，才能在不断的学习中提升自己，丰富自己的学识和经验。

终身教育对于大学生来说具有两重含义：一是作为指导自身个体发展的理念；二是使自己在学习中知道为何学习，学会如何学习，以适应未来社会的发展，不至于被淘汰。现代社会的发展日新月异，面对如此现实，当代大学生无论是养成自学和会学的良好习惯，还是提高自己适应未来社会的适应能力，对于自己可持续性的发展乃至终身幸福目标的实现具有决定性的意义。

(二)大学生勤奋好学对国家发展的意义

1. 勤奋好学才能不断创新

创新是一个国家的灵魂和动力。我们国家正处在改革开放的攻坚期，在国内外的双重压力下，更应该依靠创新走出一条不同寻常的道路。屠呦呦是第一位获得诺贝尔医学奖的中国本土科学家。从她从小求学的经历我们可以看出她是一个勤奋好学的人，在提升自己能力的基础上，一直刻苦钻研，为国效力。她的团队在她的带领下一直不断创新，在"青蒿素抗药性""抗疟""青蒿素治疗红斑狼疮"等研究方面获得新突破，并提出合理应对方案，获得世界卫生组织和国内外权威专家的高度认可。这样坚持不懈地钻研，就是勤奋好学习惯的反映，只有这样才能不断学习新知识，探索新领域，作出新贡献。

2. 勤奋好学为国家发展提供人才

科学技术是第一生产力。一个国家要靠人才来支撑和发展。从大国重器到日常生活都离不开创新，离不开人才。在新时代，党和国家高度重视人才的创新发展。人才强国早已上升为国家战略。人才的质量优劣直接影响到改革创新的推进力度和水平高低。进一步提高自主创新能力，是我国发展的迫切需要。

正是因为优秀的创新人才在不断地贡献自己的力量，才有了我国的繁荣富强。他们从小身怀报国梦想，以勤奋好学为途径，用广博的知识武装自己，让自己成为一个对国家有用的人，这也是当代大学生需要学习的。勤奋出真才，勤奋出智慧。在新时代背景下培养的时代新人要全面发展，要有勤奋好学的态度，把自己的个人理想融入国家和民族的事业当中，勇做时代的奋进者和开拓者。

勤奋好学是现代大学生的基本素养和要求。勤奋和学习两者之间就像鱼和水的关系，学习是鱼，勤奋是水。学习需要勤奋的支持，勤奋可以更好地支持学习，两者相辅相成。勤奋好学的能力是现代大学生的重要能力之一，是大学生在学习上独立性的体现。

第二节　大学生勤奋好学的现状

一、当代大学生勤奋好学的现状分析

大学生是社会的新鲜血液，是建设祖国的年轻力量，他们肩负着建设祖国的重任。大学生综合素质的高低影响着社会的发展。大学生的学习态度、学习状态、学习效果对大学生全面发展及推动社会的进步具有很重要的意义。同时，大学生在学校的学习表现也为高校的教学和管理工作提供了经验和教训，使在校大学生能更好地实现全面健康的发展。大学生的生活方式是一种持久的行为模式，是社会和文化背景下的一种复合表达。

每个在校大学生都应该扪心自问：是不是有许多时间都无所事事。有的大学生大部分时间都在宿舍床上度过，有的大学生的时间都用在各种网络闲聊上，还有一些大学生的时间都用在网络游戏上。把宝贵时间都浪费在娱乐上，会消磨意志。这样的大学生没有认真听过几节课，没有认真读过几本书，没有学到有用的知识。

案例链接 ◆

大学是人生的关键阶段，然而在大学期间有的大学生放任自己，虚度光阴；还有的大学生始终找不到正确的学习方法。他们应该用勤奋来寻找路径，用好学来书写答案。

唐明(化名)，男，大三学生。他平时在班上说话不多，与他人交流较少，周围朋友也比较少。在大三的上学期，他就有早晚自习早退、上课迟到、偶尔逃课、不及时上交老师布置的作业的小毛病。而且在前面的学习中，他的挂科门数也达到 5 门之多。辅导员和班长在平时查课中发现他的问题之后，找他谈过几次话。在谈话后，他会有一小段时间比较认真，但不久后就会故态复萌。他对大学生活缺乏合理规划，表现得比较自我，集体荣誉感也不强。他认为自己不争先进、不学优秀、不缺钱花、学习将就及格就行。这种自我认知的偏差导致的直接结果就是"大错不犯，小错不断"，成绩持续走低。

有些大学生就像唐明一样，大学期间没有给自己定下目标，很少参与实践活动，丰富大学生活。有的大学生怀着得过且过的心理，过着不思进取的生活，懒惰散漫，缺乏对就业压力的清醒认识，对自己的人生也缺乏规划。说到底也是对自己和家庭不负责任的体现。大学四年说长不长，说短也不短，关键看自己能否充分利用，是否过得每一天都对得起自己。

有很多大学生满怀壮志，奋斗在图书馆和实验室中，遨游在知识的海洋里。这样的人用勤奋来弥补不足，用好学来追求上进。他们积极上进，也带动周围的同学上进，营造了一个良好的学习氛围。很多大学生利用课余时间丰富自己的生活，参加实践活动；刻苦学习，善于总结学习经验，不断改进学习方法，理论联系实际，在大学这个"象牙塔"里实现自己的追求和理想，在安静的环境中坚持自己的原则，不挥霍大学时光。

二、当代大学生勤奋好学存在的问题及原因

做好新形势下大学生的思想政治工作，激发大学生勤奋好学的精神，已成为摆在每个教育工作者面前的首要任务。对部分大学生学习过程中出现的一系列问题及其成因，学校都需要认真地了解并解决。

(一)学习过程中出现懒惰心理

1. 思想方面的懒惰。懒惰的人常有"明日复明日"的思想。明知道这件事应该今天完成却总推迟到第二天去做。例如，有懒惰心理的学生在完成当天任务时常找出各种理由拖拖拉拉、边玩边学。时间晚了，就想明天早晨早点起床再完成，而第二天又起床晚了，再拖到晚上。这样，明日复明日，学习成绩可想而知。另外，懒惰的人还常有依赖别人的思想。例如，在课堂上踊跃发言的总是个别几名学生，更多的学生懒得动脑思考问题。这种依赖别人的懒惰心理只会使思

维变得越来越迟钝。

2. 行动方面的懒惰。思想的懒惰必然导致行动上的懒惰。懒惰的人明明知道某件事应该做，甚至应该马上做，可却迟迟不做；做事时总是无精打采、懒懒散散、拖拖拉拉；做事不积极、不主动、不勤奋。

部分大学生懒惰心理的成因如下：

1. 依赖性强。有的大学生有严重的依赖性，什么事情都依靠父母或其他人，没有主见，缺少独立性。这种依赖性是导致懒惰的主要原因。

2. 缺乏上进心。上进心是前进的动力。缺乏上进心的同学做事容易满足，对自己的要求不高，得过且过的思想严重；做事不求真、不求质量、不求快节奏，常抱着"应付"和"混过去就行"的不负责任的态度。而缺乏上进心的心理必然导致懒惰现象的产生。

3. 家庭的影响。从客观上说，家长的溺爱也是造成大学生懒惰心理的因素。父母对孩子的过分娇纵、大包大揽，只会使孩子从小养成"衣来伸手，饭来张口"的坏习惯。另外，有的家长本身就缺少时间观念，没有勤劳的习惯和雷厉风行、果断利落的作风，这就严重影响了子女良好习惯的形成和良好行为的发展，促成了懒惰现象的发生。

4. 对自己未来就业压力的不明确，没有清晰的人生规划。当今社会竞争十分激烈，没有扎实的专业知识和优良的学习习惯，很难在这个人才辈出的社会站稳脚跟，就算碰巧获得了好机会，也很有可能面临淘汰的风险。自身没有一技之长，得过且过，是对自己、对家庭乃至社会和国家的不负责任。

(二)某些大学生学习态度不端正

有些大学生把知识看得不是那么重要，重要的只是大学毕业这个结果，而不是在大学勤奋学习的过程中收获了什么，重视结果、轻视过程。这个问题的成因更多来自外界影响。不正确的价值观影响着大学生价值观的确立，大学生的价值观取向影响着整个社会的价值取向。因此，要积极引导大学生树立正确的学习观念。实践证明，随着社会民主化进程的发展和社会竞争机制的不断完善，人为的干预因素会越来越弱，自我的综合素质因素会越来越占主导地位。

(三)某些大学生学习缺乏动力

进入大学后，学生很容易卸下高考时巨大的学习压力，思想上也会逐渐放松，新的学习目标还没有明确，甚至会厌倦学习，学习动力也不如中学时代强烈。没有学习热情，就没有上进心。在这段时期，有些大学生的学习自控能力差，心理和行为的调节没有达到最好的状态。他们花费大量的时间在各种娱乐上，没有将电脑和手机当成学习工具来使用，上网时间无节制，消磨了学习意志，缺少上进的动力。外界的诱惑越来越多，有些大学生会经受不住这些诱惑，甚至会堕落。

(四)某些大学生学习方法不得当

有的大学生在学习方面不注意摸索学习规律，在求学过程中，中学时期所养成的良好的学习习惯也在流失，仅仅满足于对相关专业知识的一知半解。有的大学生在学习时不善于找出重点和难点。"学而不思则罔，思而不学则殆"，指做学问不能只学习不思考或者只思考不学习。有的大学生在课堂上会做笔记，但只顾记不会想，单方面地机械地接受老师传递的信息；做好笔记后，在课下也不复习，只在期末考试时才看；课后也很少对老师提出的观点、问题有所思考，对知识的理解只知其然而不知所以然。有的大学生更是靠死记硬背，这样的人在未来的工作中缺乏独立性，少有创造性的思维，更谈不上创造性的业绩了。

第三节　大学生勤奋好学习惯的养成

一、大学生勤奋好学习惯养成的教育思路与措施

(一)社会大力弘扬勤奋好学的风气

在社会层面，勤奋是一种坚持不懈的精神品质，一个人的理想能否实现贵在勤奋，赢在坚持；在国家层面，中国以"勤"治国的优良传统需要大学生继承和发扬。在这个充满机遇与挑战的时代，大学生要随着时代的脚步，完成时代赋予的重任，勤奋好学，脚踏实地。

(二)学校引导良好学习风气，打造良好校园文化

高校思想政治理论课是对大学生进行"勤"德教育的主渠道。学校是育人的场所，育人需要良好的育人环境。在专业和课程的设置上，学校应根据时代的变化和学生的兴趣来调整。教师是一线工作者，是与学生接触最频繁、对学生影响最深的人。教师的"勤"，在无形地影响着学生。所以教师要以身作则，为学生树立好"典型形象"；在课内和课外有意识地从观念、情感上感染学生；在上课过程中应该重视课堂氛围，并注重学生兴趣的培养。

高校应积极倡导优秀的校风、学风和教风的建设，并全面发挥图书馆、艺术

馆、体育馆、实训室等设施的重要作用，让学生受到潜移默化的影响；应结合专业和社会的需要，对学校的师资力量、课程设置情况、教材使用情况等进行认真分析，有计划地加强文学、历史、科学、哲学、艺术等人文素质和自然科学素质教育选修课。学校通过设置丰富的选修课，不断加强精品课程的管理和建设，拨出经费对教学效果好、特色鲜明的课程进行重点建设，对文化素质教育课程给予重点扶持，把一批优秀的选修课设置成为提高学生文化素质的常开课程，不断提高学生的综合素质和能力。

高校可以通过班级宣传正确的价值观和学习风气，由班内自查、推选、评比出各班具有良好学习精神和风气的优秀个人，并在各二级学院内进行表彰和奖励。各二级学院再推选院级具有良好风气与精神的班级和个人至学校，由学校组织各二级学院表彰推选的班级和个人。层层推选、表彰等活动，逐步引导学生形成比学赶超的良好风气。总之，只要我们着眼于社会、学校和学生个人的特点，有针对性地开展工作，就能让勤奋好学之风吹遍校园。

(三)培养学习的兴趣，开设多样社团活动

兴趣是情感的凝聚，是学生最好的老师。在这个信息技术繁荣的时代，高校应为学生开辟第二课堂，让学生到开放的环境中去参加社会实践，让学生充分得到自我表现的机会，培养学习兴趣。在缤纷的大学生活中，兴趣是求知的动力，是奋进的起点。学生的兴趣不同，选择的专业和喜欢的课程也不同，在兴趣的指引下，学生的学习动机会更加强烈。在新生入学时高校就要开展"勤奋好学"主题班会，让更多的新生了解勤奋好学的重要性，了解自己要付出的努力，规划好大学的学习。

学校在专业和课程设计上应该是多种多样的，能够吸引学生兴趣，要增加一些研究型课程，让同学间的互动交流更多，引导学生自主学习。另外，学校还应当尽量发挥学生社团的效能，使学生在参与各种文化艺术、体育、科技活动的同时，实现自身专长发展，优化自身综合素质。例如文学社、书法社等。文学社可以定期举办读书分享会，让学生积极踊跃参与其中，并通过朗读自己喜欢的书籍片段、书写读后感及向同学推荐好书等方式进行分享；可以举办"勤奋好学"主题文章的投稿活动，让学生将自己身边勤奋好学的故事利用公众号推送，向外传播，更好地树立勤奋好学的典型。

(四)持之以恒，自我约束

部分学生学习缺乏坚持性、持久性，学习意志薄弱。有的学生在开学时学习劲头十足，但半途而废；有的学生执行学习计划有始无终，对预习、做笔记、复习等需要坚持的学习行为不能持之以恒。学生应提高时间管理能力，要合理地利用和分配时间，根据自身的需要做好计划。

（五）积极参加实践活动，提高学习能力

学生在学习过程中总是会遇到很多现实问题，有些问题必须通过实践来解决。大学生要重视书本知识的学习，掌握基本理论知识，为参加实践活动打下良好的知识基础；更重要的是应在实践中勤于思考，要加强学习的计划性和预见性。

大学生参加青年志愿者活动，对自己的帮助是非常大的。根据"勤奋好学"的要求，学校可以组织学生参加图书馆的志愿活动，让大学生有读书学习的氛围；组织学生参加暑期的"三下乡"活动，让学生根据自己的专业对乡村和街道提供自己力所能及的帮助，增长见识，为乡村振兴出谋划策；组织专业实习活动，鼓励学生根据自己的专业进行实习培训，将书本知识转化为现实能力。

（六）养成良好的学习习惯

对于高校大学生而言，只有树立远大的理想，有计划主动地去学习，养成良好的学习习惯，才能有效提升自我学习能力和学习效率；对于学校而言，合理安排教学，建立良好的师生关系，才能更进一步激发学生学习的积极性，促进学生的发展。

榜样的作用是巨大的，学校可以经常邀请在社会群体中影响力较大的、对大学生有说服力的名人、成功人士来做演讲；每月在学校内选出一些表现优异的代表，评选"学习之星"，并利用校园网等手段进行宣传、奖励，扩大影响。

学习是成长进步的阶梯，刻苦勤奋才是大学生成长成才的必经之路。大学生应当树立正确的学习观念，善于抓住大学学习的黄金时期，积累知识本领，不断夯实成长基础。

二、结合实际具体落实

齐鲁理工学院遵循"齐鲁文化孕育的理工生"这个概念，不断深化养成教育的理念，在现有的养成教育的方针下取得较好的成效。学生在日常学习和校园生活中坚持20项好习惯。除学习成绩外，第二课堂是衡量大学生综合发展的一项重要指标。结合学校实际，齐鲁理工学院做了一些与勤奋好学相关的具体策划，具体见第四节内容。

第四节 大学生勤奋好学主题教育实践

一、评选宗旨

为了更好地推进素质教育，在学生中树立先进典型，引导学生乐于学习、帮助他人学习，学校每月开展"勤奋学习之星"评选活动。

二、评选对象

全校学生

三、评选时间

原则上，评选活动每月一次，辅导员须根据条件严格按照评选程序认真执行，班委认真核实，学校每学期总评一次。

四、评选标准

1. 学习目的明确，态度端正，勤学好学，能较好地掌握各门功课的基础知识和基本技能。

2. 善于分析，勤于总结，按时上早晚自习，上课不迟到、不早退、不旷课，具有良好的学习习惯。

3. 学习成绩突出，各科学习总评成绩均名列专业前茅，各科的平均分不低于80分。

4. 能够主动帮助他人一起提高学习成绩，至少有一名帮扶对象。

5. 能够保质保量完成各项作业，作业书写整洁、美观且正确率高。

6. 养成课堂记录笔记、每天复习、预习课程的好习惯，积极提升班级的学习氛围。

7. 在国家级、省级各项比赛中获得奖励。

五、评选办法及表彰

学生自主报名（或由班委提名），由"勤奋学习之星"评选委员进行投票选举表决入选名单。评委会人员各二级学院院长、任课老师代表、学生代表组成。评选结果在校园网公布；做好记录，在期末进行表彰。

养成教育的实施应贯穿学生的整个大学生涯：大一进行班会认知，大二通过活动进行情感体验，大三做意志磨炼，大四在社会实践与实习中检验成果。这才是养成教育的过程性目标与考核。根据学校的养成教育考核实施细则，辅导员根据学生学习状况和参加的相关活动每月进行汇总，在学期末进行核对和公布。

第十四章　善于思考

本章导读

所谓善于思考问题就是通过积极思维独立解决问题，或者说具有独立思考解决问题的能力。善于或勤于思考问题的学生就能把书念薄，就能将所学知识融会贯通。养成勤于思考问题的好习惯，就有了分析问题和解决问题的方法。培养当代大学生善于思考的习惯刻不容缓。

第一节　概　　述

一、善于思考的内涵

"学而不思则罔，思而不学则殆"，一味读书而不思考，就会因为不能深刻理解书本的意义而不能合理有效利用书本的知识，甚至会陷入迷茫；而如果一味空想而不去进行实实在在的学习和钻研，则终究是沙上建塔，一无所得。思考是思维的一种探索活动，思考力则是在思维过程中产生的一种具有积极性和创造性的作用力。

大学生价值观养成要重视"善于思考"，学生学业要关注"善于思考"，就业创业更需要"善于思考"。大学生要勤思考、愿思考、常思考，做思考的思想者，做思考的学问人，做思考的研究者。"善于思考"是大学生行为习惯养成的需要和必然，意义重大。

二、善于思考习惯养成的原因

(一)从新时代高校育人理念阐述大学生善于思考习惯的必要性

加强和改进在校学生的思想政治教育工作，将养成教育不断推向深入，让教育工作从"育分"到"育人"蜕变，使善于思考的习惯贯穿育人全过程，这是当前在校教育工作者应该思考的一个重要课题。

当下每位大学生都是充满个性化的个体。作为教育工作者，要善于挖掘他们身上的闪光点，因材施教，教会学生学会独立思考，具有国际视野，培养社会责任感，使他们成为促进国家和民族发展的中坚力量。

(二)从应用型本科教学要求上阐释大学生善于思考习惯养成的迫切性

本科教育需要培养的是学生的学习能力、思维能力和创造力。本科教育在培养适量基础型人才、学术型人才的同时，应着力培养多规格、多样化的应用型人才，把办学思路转到服务地方经济社会发展、产教融合校企合作上。善于思考的习惯贯穿整个人才培养的全过程，只有具有善于思考的习惯，才能够狠抓问题关键，剖析问题核心，深思问题解决路径，谋求全方位发展，做合格应用型人才。

(三)从高校服务区域经济发展上探讨大学生善于思考习惯养成的实用性

随着知识经济时代的到来，国家和社会对高校提出了越来越多的要求。改革开放以来，我国高校主动把服务国家和社会作为关系自身生存和发展的战略选择，通过出人才、出成果和出思想等方式为国家和社会作出了巨大贡献。面对新时代新征程，我国高校需要认真思考自身的使命和愿景，以服务国家战略需要和区域经济社会发展的实际行动肩负起时代赋予的责任和担当。

高校服务区域经济发展要从校企合作、校地合作上下功夫，对人才培养质量也提出了更高的要求，需要高校学生勤于动脑、善于思考、注重实践、学以致用，不断将理论赋予实践，理论与实践相结合，多措并举，成为服务区域经济发展的合格的应用型人才。

三、新时代背景下大学生善于思考教育的意义

大学生做到拒绝盲从，需要进取之心，要不断加强学习，养成多思善想的好习惯，勤动脑、多思考，唯此才能明晰事理、明智决策。做到拒绝盲从，还要有质疑之心。孟子说："尽信书，则不如无书。"对于所谓专家权威的观点，大学生不能不加辨别地全盘接收，应该多联系实际，多问几个为什么。

(一)善于思考的习惯是当代大学生理论学习的基础

学生学习文化知识，归根结底是思维的活动，只有勤于动脑、肯于思考，才能理解和掌握知识，形成各种学习能力。首先，大学生要注意激发个人的思考欲望，善于提出启发自身思考的问题，形成发现问题、提出问题的良好品质；其

次，大学生要注意寻找适量的思考依据，培养有条理、有序地进行思考的习惯；最后，在教师的指导下，大学生要充分发挥个人的见解，主动探索新知识，多渠道、多角度地寻求解决问题的方法，促使思维水平逐步提高。

(二)善于思考的习惯是当代大学生实践的必要条件

随着时代的不断发展，社会对人才提出了更高的要求。大学生应养成善于思考的习惯，学会独立思考，积极参加社会实践活动，认真向实践学习，在实践中锻炼，拓宽视野，不断提高分析问题和解决问题的能力。善于思考的习惯是当代大学生实践的必要条件。

(三)善于思考的习惯是当代大学生理论结合实际的催化剂

思考是人们在已有知识的前提下所作出的逻辑分析和推理，是大脑去粗取精、去伪存真的过程，能够帮助人们得出合理的结论以指导其行动。遇事勤于思考，避免陷入"已知"的思维惯性，可以帮助我们正确认知事物，使我们在学习、工作和生活中少走弯路。

所以说，一个人只有理论是"纸上谈兵"；只知道实践，只能算是匠人，如果在掌握了理论的基础上常思考、善思考，将理论与实践结合，将会事半功倍。

(四)善于思考的习惯是当代大学生科研工作的必经途径

对于 21 世纪的人才来说，在诸多的素质和能力中，具备独立思考的能力和习惯十分重要。高校科研工作应将重视培养独立思考的能力和习惯应当提到工作日程上来。可以说，没有独立思考，社会不能进步，科学不能发展。思维从问题开始，科研从问题导入，思考是做学术的最佳路径。

(五)善于思考的习惯是新时代下创新创业与就业的不二法门

随着社会、经济以及科学技术的高速发展，国家需要更多具有创新能力和创业意识的高素质人才。创业需要具有良好的思维能力、判断能力以及高效的行动力，同时也需要敏锐的洞察力及优秀的领导力。大学生创新创业教育通过开展形式多样的教学活动，在发扬兴趣爱好、理论引导、动手实践过程中培养学生创业创新意识，以达到学生具有自主创新能力的目标。总的来说，创新创业离不开思考，善于思考才能有更多的创意思维，并将创意思维付诸实践，最终走向成功。

第二节　大学生善于思考的现状

在大学校园中，文化氛围、学习氛围都相对比较浓厚。大学生身在其中，不知不觉中被环境所感染，眼所见、耳所闻、手所触及，无一不是文化的介质，这也是大学生能够形成善于思考习惯的积极因素。

在大学校园中，善于学习、善于思考的氛围虽然较为浓厚，但是也难免存在缺乏善于思考习惯的消极的因素，例如，个别学生沉迷于网络游戏，较懒散，无上进追求，价值观取向不明确，更无思考问题的习惯和意识。

一、部分大学生懈怠懒惰

从大学生的课堂表现与课后访谈情况来看，大学生学习情况及爱思考情况不容乐观，逃课、上网、打游戏、谈恋爱等现象充斥校园。学习环境、社会环境、家庭环境等外界因素都影响当代大学生的学习现状，还有学习动机、自我能效感、社会认同感、社会价值观、学习价值观、学生的个人人格心理等内在因素，影响学生爱学习、爱思考的习惯形成。

二、部分大学生自我满足或自负

自负是过高估计自己的一种自我认知。虽然高校教育一直鼓励大学生增强他们的自信心，但是并不是希望把他人认可提高为高度的自我认知，从而导致自负。有些自负的大学生往往沉迷于自己的世界，以自我为中心，极度炫耀自己，对自身的微小的长处无限夸大，不愿去思考问题，更不愿学习。对他人的过失容易指责和怪罪，眼里面只有自己，把自己的缺点优点化。

第三节　大学生善于思考习惯的养成

一、大学生善于思考习惯养成的理论与实践

(一)以理论学习为根基不断将善于思考习惯做实

理论学习是大学生的根基。本科阶段的学习侧重于基础知识的普及和基本能力的培养，所以大学生要深入学好各科文化知识，在理论基础上推进实践能力的应用，活跃思维，将善于思考习惯在理论学习的过程中不断养成、不断深入。

(二)以科研工作为导向不断将善于思考习惯深入

善于思考是大学生在从事科研的过程中必备的素质，所以大学生要开动脑筋，在不知不觉中形成善于思考的行为习惯，并将其不断深入。

（三）以实践应用为目的不断将善于思考习惯外化

无论是实验课还是实习实践，都是理论联系实际的过程，都是将理论转化、物化的形式，所以善于思考习惯必不可少，只有善于思考才能将实践应用更好地与理论结合起来，这也是不断将善于思考习惯外化的过程。应用型本科院校注重产教融合，注重校企、校地、校政合作，注重区域经济发展。这离不开学生的理论基础和实践，更离不开学生将善于思考的习惯运用于实践中，并做稳做实。

二、大学生善于思考习惯养成的路径与模式

（一）不断加强自身修养与内涵

只有通过不断学习提升修养，才能使自己成为卓尔不群、温文尔雅的谦谦君子。在这个过程中，大学生认识到善于思考习惯的重要性，从内心深处接受善于思考的习惯，让善于思考习惯内化于心、外化于行。

（二）逐步提升自身对善于思考习惯的认识

人的一生就是一个学习与思考的过程。思考是灵魂与自己的论辩性对话。思想、精神才是人的真正财富，才是快乐的源泉。

（三）培养学习兴趣，增强自身学习力

善于思考的最终目的就是要培养学习兴趣，增强自身学习力，从而促使学生成长、成才。经济时代的到来和建设学习型社会的需要，要求每个人都必须提升学习力。一是要激发浓厚的学习兴趣，培养和提高学习的动力。兴趣是学习的动力，也是教育最好的方法及途径。因此，激发和培养学习兴趣至关重要。二是要培养学习的毅力。只有树立坚定的毅力，才能有决心、有动力克服在学习中遇到的困难，才会积极主动去学习，才会想方设法去思考，并千方百计寻求解决问题的方法，积极主动探索，使主体性得到充分发挥。三是要树立学习的自信心。大学生应感到学习有成就感、自信感，从中体会到学习的乐趣。

三、大学生善于思考习惯养成的具体对策与措施

（一）"齐鲁文化"促使大学生养成善于思考的习惯

"齐鲁文化"内涵博大精深，影响极其深远，其核心精髓是儒家文化的"仁、信"和齐文化的"创新、务实、进取"。思维碰撞与价值观引领相结合，逐步促进大学生形成善于思考的行为习惯。高校理工科学生偏重理性思维和逻辑思维，做

起事情来总是一板一眼，而"齐鲁文化"属于传统文化范畴，更能激发学生潜在的感性思维。所以，在理工科学生固有思维的基础上，"齐鲁文化"的融入激发了理工科学生的思维方式，活跃了学生的发散思维模式，培养了学生多角度、全面的思维视角，促进了大学生善于思考习惯的形成。

(二)新时代下高校育人理念与养成教育的契合点助推善于思考习惯物化为高校育人不可或缺的路径

"齐鲁文化"的精髓与"立德树人"根本任务在育人为本的理念上不谋而合，注重内涵提升、全面发展、文理兼修的发展理念，注重文化的传承与应用，注重在学生管理中加入人文涵养，更好地服务当下，培养社会主义新型应用型人才。

养成教育是"齐鲁文化"育人实践的重要载体。高校将养成教育贯穿学生管理全过程，尤其是培育大学生善于思考的行为习惯，其意义深远，为学生创新、实践、就业、科研等奠定了深厚的基础。

(三)结合实际情况将善于思考习惯落地实施

"齐鲁文化"是中国传统文化的重要组成部分，影响深远。齐鲁理工学院在"齐鲁文化"多角度、全方位的影响下，形成了特有的文化底蕴，培养出一批受齐鲁文化熏陶的理工生。高校学生管理工作作为教学工作的有力保障，有着举足轻重的作用，在与"齐鲁文化"的结合下，不断加强具有深厚内涵的养成教育，着力培养学生内外兼修，对推动理工科院校人才培养有着重要作用。

"齐鲁文化"与养成教育在齐鲁理工学院的校园里落地生根，逐步形成崇尚人文教育的精神。善于思考作为养成教育中一项重要的内容，在全校"齐鲁文化"育人体系中，促使学习氛围愈加浓厚、学术科研不断深化、创新创业潮流涌动、社会实践不断强化。

第四节　大学生善于思考主题教育实践

辩论赛的举办主要是为丰富大学生课余生活，活跃校园气氛，开拓大学生思路，体现大学生善于思考的精神状态，提高大学生思考的水平，发掘并培养辩论人才。辩论赛将本着公平竞赛、力争第一的精神，以关注热点、追求真理、善于思考、发展自我为宗旨。

一、活动主题

"善于思考"辩论大赛

二、活动时间

每年 11 月

三、活动内容

1. 比赛要求：要求辩手口齿清晰、思维敏捷，赛前做好充分准备。

2. 赛程安排：抽取辩题和对阵双方。赛后现场评出优胜者，再抽取辩题和对阵队伍，终至决赛。具体对战双方和比赛地点由各队代表抽签后，再由组委会决定。

3. 评判

团体部分：

(1)准确把握辩题内涵和外延，对所持立场能多层次、多角度理解，论点鲜明，对本方难点能有效处理和化解。

(2)展开对辩题的理解和论述，能在广度上展开，在深度上推进，整个辩论过程条理清晰，给人以层层递进的感觉。

(3)辩驳提问抓住对方要害，问题简单明了；直面问题，有理有据；注重针对辩题正面交锋。

(4)具有团体精神，队员间相互支持配合；论辩衔接流畅、方向统一，攻守兼备；自由辩论时发言错落有致，体现流动的整体意识。

(5)普通话标准，语速抑扬顿挫，表达流畅、富于感染力。

(6)比赛中尊重对手、主席、评委和观众；举止得体，显示出良好的道德修养；敢于创新，勇于表现，具有特有的风格，并贯穿全局。

(7)着装整齐，仪表大方，体现出良好的风度和气质。

个人部分：

由评委根据每位辩手在整场比赛中的表现给出印象分，可参考：

(1)陈词流畅，说理透彻，用语得体；

(2)提问适宜，回答中肯，反驳有力，反应机敏，幽默风趣中寓见解。

(3)台风与辩风。

胜负判定：

(1)评委的打分中去掉一个最高分和一个最低分，将其余分数相加取平均值，为该队得分。

(2)参赛两队中总计得分居高的一队取胜。

(3)如果两队得分相同，则由评判团另行投票决定胜负。

(4)评委的打分中去掉一个最高分和一个最低分,将其余分数相加取平均值,为该参赛队员的得分。如果两个队员得分相同,则由评判团另行投票,决定优秀辩手和最佳辩手的人选。

第十五章　知行合一

本章导读

习近平总书记在北京大学师生座谈会上的讲话中提出："要笃实，扎扎实实干事，踏踏实实做人。道不可坐论，德不能空谈。于实处用力，从知行合一上下功夫，核心价值观才能内化为人们的精神追求，外化为人们的自觉行动。"《礼记》中说："博学之，审问之，慎思之，明辨之，笃行之。"有人说："圣人是肯做工夫的庸人，庸人是不肯做工夫的圣人。"青年有着大好机遇，关键是要迈稳步子、夯实根基、久久为功。心浮气躁，朝三暮四，学一门丢一门，干一行弃一行，无论为学还是创业，都是最忌讳的。

知行合一是认识与实践的统一。当代大学生在新时代如何更好地把所学知识与社会实践结合起来？如何把理想抱负变为现实？本章告诉我们只有不断加强自身专业学习，勇于实践，才能成就一番有意义的大学生活，实现自己的人生理想。大学生要完善所学知识，提升实践水平，使知与行形成一种习惯，在知中践行，在践行中升华。知行合一的方法为当代大学生的学习、实践和自我价值实现指明了一条路径。

第一节　概　述

一、知行合一的内涵

近代陶行知在他的生活教育论中倡导"知行合一"，认为"行是知之始，知是行之成"。"知"就像是人的眼睛和耳朵，使人能够及时获得外界的信息，而"行"就像是人的双脚，走遍五湖四海，检验我们所获得的外部信息和内在思维正确与否。大多数刚刚走向社会的大学生可能会遇到一个问题：自己四年一直在学习，一直在扩展多方面的知识和能力，感觉自己很有收获，可是走到了现实社会生活中，总是感觉这些道理不能发挥作用，不能切实指导自己的生活，不能使自己的行为和思维摆脱以前的轨道，从而呈现一种新的状态。知多行少，知行不能合一，成为一个死结，困扰着许多人。

我们可以把知行合一的"知"从两个层次来理解：第一个层次是一般意义的知识层次；第二个层次就是"知"作为良知、道德层面的问题。

从知识层次来讲，"知"是获得对事物的认知、理解的知识。怎么去了解关于这个事物的知识？比如"孝敬父母"。如果一个人能够讲很多孝敬父母的道理，但是他从来不去做孝敬父母的事情。对于这么一个人，你能不能说他是真正懂得孝敬父母？只有在生活上做出来的，通过我们在日常生活当中的实践把它体现出来，这才叫真正懂得。所以，如果我们把"孝敬父母"当作一个"知"，那么就要实实在在地去做这件事情。做不仅是获得知识的过程，同时也是表达的过程。知识的最后形态是什么？不是某种理论，而是生活的实践。

从道德层面来讲，即把"知"理解为道德，包含两个方面：一方面是自我的道德认知，另一方面是外在道德的影响。我们经常讲道德自知是容易的，我们从小到大每天都在接收各种各样的道德教育。"知行合一"就是在道德规范上防微杜渐，因为道德层面的知行问题是和认识层面的知行问题分不开的。

二、知行合一的意义

一是有助于学生养成良好的学习习惯。学习理论知识是大学生学习的基础。大学生只有具备了充足的理论知识，才能更好地用这些理论知识指导实践活动，从而更好更快地完成实践活动。大学的学习是对于专业知识的学习以及专业领域的了解。大学生只有通过对自己专业的了解并且具备了基础知识才能够知道要做什么、该做什么、该怎样做、有可能达到怎样的效果。知行合一可以帮助学生减少摸索的时间，也能避免进行不必要的实践活动。

二是有利于培养学生实践能力，进一步满足社会对人才的需求。大学生实践能力的培养刻不容缓，这是他们走向社会发展的第一步，关系到他们的就业问题。大学生要尽早了解相关知识，到实际生活中从事一些与自己专业相关的工作，使理论与实践相结合。

三是理论与实践相结合，才能达到双赢的目的。理论知识是来源于实践的，也是通过实践来验证的，学生学习科学文化知识是为了实践，如果只是一味地死读书、读死书，而不能进行有效的实践活动，那么就失去了学习的意义。大学生要通过实践，将学到的理论知识转化为客观的现实，从而对理论有更加深刻的认识，甚至对理论知识进行矫正、修改和完善；而这些实践的进行又是在理论知识基础的指导下进行的。所以，大学生要有效地将理论和实践相结合，从而达到共赢。

四是落实高校"立德树人"根本任务的重要举措。高校要加强学校阵地与社会基地、校内课程与校外实践、校内教师与校外导师之间的衔接互动，推进协同实践育人。根据学生的发展水平、知识掌握程度和个性特点，学校要坚持教育与生产劳动、社会实践相结合，开展丰富多彩的社团活动和创新创业教育活动，把学生成长的空间拓展到课堂和网络之外，延伸到社会之中乃至国际舞台，促进教育由空头说教、简单灌输向贴近生活、紧扣时代转化。

第二节　大学生知行合一的现状

一、当代大学生知行合一的现状分析

大学生作为兼具高素质、高学历的社会群体，"知行"对其来说显得尤为重要。大学生知行问题逐渐成为现在社会普遍关注的焦点。现实中有的学生成绩十分优异，毕业后到知名公司工作，但没工作几天就被辞退了，究其原因，在工作遇到困难的时候，他们往往习惯于回答"这个东西书上没教过，我没见过，所以不知道"。这就是大学生理论知识与实践能力相脱节的实例。理论知识与实践操作能力的失衡，缺乏实践操作能力，这是当代大学生"知行合一"面临的窘境。

二、当代大学生知行合一存在的问题

(一)某些大学生理论学习积极性不高

有的大学生上课之前不预习，而是快上课才拿上书去上课，根本不知道今天要学什么；有的大学生上课不认真听讲，聊天、吃零食、睡觉、玩手机成为上课必不缺少的节目；有的大学生课后不复习，再一次触碰课本已经是下一次上课之前了。这些学习方式不利于理论学习的开展。

(二)某些大学生学习目的不明确

大学生在经历高考的高压以完成学习目标的心态进入大学后，学习压力有所

减轻，有些学生开始放松对自己的要求，学习目标不够明确，学习态度没有以前认真，上课迟到早退且不专心听讲。

（三）某些大学生对社会实践认识不到位

很多大学生对社会实践的认识具有一定偏差，认为社会实践专指由学校、班级组织的校外活动，没有意识到学生在社会实践活动中的主观能动性。有些高校的教学存在着重理论轻实践、重知识传授轻能力培养的问题，把社会调查、公益活动等看作可有可无的事情，没有形成人人重视实践、人人关心实践、人人支持实践的浓厚氛围。

（四）某些高校的社会实践内容不够丰富

在社会实践活动中，学校管理体制是重要保障。现阶段，有些高校的社会实践活动内容存在与学生专业技能、学生未来择业脱节的现象。同时，学校在对学生进行社会实践活动指导时，没有充分考虑学生的所在年级，从而在活动内容设置中存在和学生年级不适应的情况。

三、当代大学生知行合一存在问题的原因

（一）某些大学生存在"重理论学习轻主动实践"的意识

在大学学习过程中，有些大学生对所学知识灵活运用能力较差，动手能力不强，最终表现出实践能力的缺失。

（二）某些高校在人才培养方面忽视社会实践

大学生实践能力已成为社会普遍关注的问题，这与高校的人才培养模式息息相关。现如今，虽然很多高校开设了社会实践课程和实习，但是很多流于形式，没有达到预期的效果。大多数高校仍然采用讲授式的人才培养模式，课堂内缺少实践的训练环节，这使得大学生学到的理论知识不能及时与实际相结合，造成大学生实践能力缺失。

第三节　大学生知行合一习惯的养成

一、思想上高度重视是理论与实践相结合的大前提

思想上高度重视主要是对当代大学生本身而言，只有对某件事重视了，他才会在日常学习中时时注意，并且将之付诸点点滴滴的行动。那么，如何引起大学

生对实践的高度重视呢？在大学生心中建立起"理论与实践相结合"的思想，不是一朝一夕所能实现的，是一场"持久战"。社会各方面要进行正确引导，改变他们的思想观念，让他们在思想上意识到实践的重要性，将自己所掌握的理论知识应用于生产中去。经过"认识→实践→再认识→再实践"这种模式的不断训练，他们的理论与实践相结合的意识会越来越强。在这种意识的指导下，他们就能在理论与实践相结合方面做得越来越好。

二、优化教育方式是理论与实践相结合的根本方法

高校要科学、合理、有效地改革我们的教育方式，让大学生的理论知识与实践操作能力得到均衡发展。首先，对于教育的执行者——教师而言，必须改变他们的传统观念。老师对一个学生的评价不仅仅是看这个学生的考试成绩，还要考虑学生解决问题的能力、实际操作能力等各个方面，改变教学模式。其次，改进学生的学习模式。学生不能只是围着书本知识转，还要了解社会、了解实际、了解大自然，对于一个问题不光要知其然还要知其所以然，培养将理论知识应用于实际的兴趣，提高用所学知识解决实际问题的能力。最后，学校对于学生的考查不能只看成绩，而要注重过程，从各个方面综合考查学生的能力。只有优化教育方式，才能促使大学生沿着理论与实践相结合的方向前进。

三、构建社会实践与专业实践相结合的实践教育模式

依靠专业特色开展产学研用协同创新，是做好大学生社会实践与专业特色结合的有效方式。专业实践教育是高等学校专业教学的一个重要环节，是提升学生专业技能和增强学生职业素养的有效方式。大学生核心竞争力的形成与发展须依托专业知识学习体系与人格培育体系的结合。社会实践活动作为两个体系的重要组成部分，与专业实践交织在一起，缺一不可，并且目标一致，因此构建大学生专业实践与社会实践相结合的实践教育体系对于提升大学生的核心竞争力具有重大意义。要实现专业实践与社会实践相结合，必须由专业老师予以全程指导，帮助学生在实践过程中增强对专业知识的理解，激发专业学习欲望，发现问题，提出问题，并带着问题返回课堂进一步学习，以此来推动学生的创新能力和科研能力的养成。

第四节　大学生知行合一主题教育实践

一、强化大学生对社会实践重要性的认识

对于大学生来说，需要充分认识到自身是社会实践的主体，需要积极端正自身对社会实践的认识，除了学校组织的社会实践活动以外，还需要积极参与多样化的实践活动，让自身能力与素质得到提升。对于学校来说，应该对大学生进行积极引导，一方面要培养大学生的社会实践理论知识，另一方面要培养大学生的社会适应能力，比如专业教师可以利用讲座等活动为学生讲授社会实践知识，而在思想政治课中，也可以适当融入社会实践内容。

二、完善大学生社会实践相关体系

(一)制度体系

高校需要对大学生社会实践制度体系进行完善，需要结合实际情况出台多样化的规章制度。利用文本化的规定使得社会实践活动管理职责更为明确，让大学生社会实践活动得以顺利开展。

转变教育思维能够使教学内容和教学方法顺应时代潮流，切实解决学校教育教学过程中欠缺时代性和现实性的问题，充分体现高等教育的时代性与职业化，把大学生社会实践活动作为教学实践环节的必要组成部分，用以弥补教材内容与社会需求脱节的短板。

(二)培训体系

在大学生社会实践活动全过程中，教师需要在每一环节进行指导。对此，我国高校应该建立大学生社会实践领导小组，并安排专业教师对大学生进行理论指导，安排大学生所在学院的社会实践工作教师进行行动指导。在社会实践活动中，学生人数远远大于指导教师人数。为保障教师指导效果，学校需要利用多媒体技术，积极构建大学生社会实践指导平台，运用信息化手段管理学生实践信息，并让学生和教师进行在线高效沟通。

学校要将大学生社会实践活动真正纳入主系列教学计划，制定切实可行的教学大纲，以规章制度的形式固化，使之成为新时期教学工作的新常态，把教学变成学生社会实践活动的基本保障，同时把大学生社会实践活动作为大学教学的自

然延伸。

指导教师积极参与社会实践活动的策划，努力尝试将老师的科研课题与学生的社会实践内容相结合，依托老师的科研课题组建相应的社会实践团队。目前，许多大学生在社会实践过程中不知道怎样去联系和发展自身所学的专业特点，不能充分发挥专业优势，从而无法很好地实现社会实践的根本目的，使实践活动具有盲目性和从众性。大学生要在老师的悉心指导下开展专题研究，把老师科研、学生学习与社会实践紧密联系在一起，提升学生的实际操作能力，进一步强化社会实践活动的素质教育功能。老师要做到从一般性号召到实质性指导，引导学生从哪些方面入手，如何进行专业知识与实践的融合，教会学生如何使用正确的调查方法获取所需内容，有针对性地进行培训，提升学生的实践技能，以此来带动学生参加社会实践的兴趣。

(三)安全保障体系

大学生社会实践活动往往具有人员数量多且分散的特点，对此，高校需要完善社会实践活动的安全保障体系，丰富安全教育内容，增强安全教育质量。如在参与社会实践活动之前，指导教师就需要针对社会实践内容对学生进行安全技能专项培训，传授学生相关安全知识，并签订安全协议书等文件，提高学生对社会实践活动的重视程度。同时，教师需要和学生维持密切关系，做到时刻清楚学生社会实践活动进展情况，及时为学生提供指导和帮助。

三、丰富大学生社会实践内容

(一)开展具有年级特色的指导

在大学生社会实践活动的指导中，高校可以依照大学生所在年级开展不同的分类指导，依照学生专业特色和年级特点安排具体活动内容。如对于大一学生来说，此年级的大学生并没有很大的就业压力，社会实践活动主要是让其体验社会、端正思想。对其进行指导时，老师需要偏向价值观方面的指导，如人生价值观、辨别能力等，让其深刻体会社会主义核心价值观。对于大三、大四学生来说，在社会实践活动中，老师就需要加强其技能运用熟练度和就业能力的指导。

(二)丰富具有专业特色的内容

拓展大学生社会实践发展空间可以让大学生社会实践活动更为丰富多彩，可以吸引更多学生加入社会实践队伍。对此，在内容选择上，社会实践活动应紧密贴合学生校园生活，符合学生的身心发展规律，并针对大学生专业特点补充社会实践内容。以农学类学生为例，学校可以组织开展"植树造林""环保"等相关社会实践活动；以医护类专业为例，学校可以多组织学生前往社区医疗服务站，将社会实践活动与学术文化教学融为一体，在实践中促进学生成长、成才。

(三)建立稳定的社会实践活动基地

稳定的社会实践基地是实现社会实践与学科专业特点紧密结合的重要保障。高校可以通过整合并广泛利用社会各界力量来加强大学生社会实践活动，如创建涵盖社会实践活动与学科专业学习、勤工助学、择业就业、创新创业、社会服务等紧密结合的相对稳定的社会实践基地，并与之保持长期的合作关系，形成一套较为完善、互惠互利、共同发展的合作机制；同时，有计划、有组织地让学生参加社会实践活动，进而达到了解新事物、巩固所学知识、促进全面发展的目的。大学生可以在这种社会实践的过程中检验自己所学的知识，发挥自己的才能，增长自己的才干，充分利用在校期间的以学习为主、学好和掌握科技知识的有利条件，在社会实践中发展自我，锻炼和提高自身的工作和适应能力。在实践基地里，教育方法不再拘泥于课堂，可以通过各种有形无形的教育方法进行正面教育，传递正能量，充分塑造大学生的人生观、价值观和世界观，真正提升大学生的核心竞争能力。

(四)创新大学生社会实践内容、形式和载体

在教学实践、专业实习、军政训练、社会调查、生产劳动志愿服务、公益活动、科技发明和勤工助学等内容的基础上根据时代背景和社会需求，学校应不断探索新形势下社会实践的特征，拓展创新的活动项目，丰富社会实践的时代内涵，使其在内容形式及广度和深度上不断发展，赋予其更丰富的时代特色和生机活力。

大学生的社会实践活动应立足于特色，将重点放在突出专业特点与服务社会相结合上，立足于学生所学专业知识和技能开展各类服务性的公益活动。学校要在保证方案的设计、教师的指导、团队的创建、服务的开展等进一步完善的情况下，充分发挥专业知识服务和社会实践活动的双重作用。实践能不断强化学生运用专业知识能力，调动学生对专业学习的兴趣，提升学生的专业意识。使学生的处理事务能力、科研动手能力、实践操作能力、创新创业能力等得到迅速提高。

根据学生的身心发展规律和不同阶段的培养任务，在实践内容上，应制定不同的可行且行之有效的实践活动方案，以给学生社会实践引导和指导，保证社会

实践活动取得满意的效果。低年级学生以专业认知、志愿服务、社会调查、爱国主义教育活动为主，重点在于培养学生的社会实践意识、感恩意识和三观教育；高年级学生以助教、助研、助管为主要方式，到实践基地参加社会实践活动，重点在于培养学生社会实践的意识与能力；毕业班学生的社会实践应充分考虑面临就业这一现实，积极进行见习就业和就业实训，全方位增强学生的核心竞争力。

(五)完善大学生社会实践评价机制

建立具有激励性的、协作的考核评价体系，促使评价工作更具针对性、实效性，是大学生社会实践得以落实的重要措施。社会实践对于培养学生综合素质与创新意识意义重大，这就需要将社会实践纳入教学计划和大学生素质拓展计划中，通过采用学分制、导师制、列为选修或必修课等方式，记录和评价大学生综合素质，以督促和激励大学生积极参与社会实践；将社会实践调查报告、行为测评与考查成绩结合起来，使课堂教学与学生的实际情况紧密结合，增强大学生社会实践的主动性、针对性与实效性。

社会实践活动要建立长效机制，必须进行总结交流和评价激励。一是要做好宣传与推广工作，通过实践成果展、总结交流会、评优表彰会等形式扩大实践成果的影响范围和影响力，营造学生关注和热衷于社会实践活动的良好氛围；二是要做好树立典范工作，通过表彰在社会实践活动中运用专业知识取得一定效果的团队，鼓励更多同学思考如何把所学专业与社会实践有机地结合，促进社会实践与专业学习、学术科研之间紧密衔接，如参加"挑战杯"课外学术科技作品竞赛、申请相关科研课题等；三是要做好总结工作，通过每个阶段进行的全面系统的检查、分析、评价和研究，以了解每阶段的实践活动都做了什么、怎样做的，达到了什么结论或效果，还有哪些问题需要解决、积累了哪些经验，吸取成功的经验和失败的教训，更好地服务于以后的社会实践工作。与所学专业相结合的社会实践活动是实施大学生素质教育的基本要求，也是培养大学生全方面发展的重要途径。与传统教学方式相比，社会实践更需要学生的自主性，强调专业知识在实际中的运用，从而有利于发挥学生的专业和自身优势，培养实际工作能力和创新精神。通过参加社会实践，大学生能够印证所学知识，积累社会经验，提高团队协作能力和增强心理承受能力。经过精心策划、充分准备并行之有效地开展社会实践活动，学生不难从中发现自我，锻炼自我，学以致用，以用促学，加强综合素质的全面发展，真正成为社会需要的人才。

教育学生把"学而时习之"作为生活方式和精神追求，深入开展以基本概念、基本方法和基本技能为内容的"三基"训练和以练思想、练作风、练本领为主要内容的"三练"实践教育，着力培养"专业情结"、职业道德以及吃苦耐劳、持之以恒、勇攀高峰的人格品性，激发学生锐意创新的激情和刻苦钻研的兴趣，培养学生坚韧不拔的意志和吃苦耐劳的精神，使其将所学知识技能在实践中转化为生产能力和社会适应能力。总之，实践活动让学生"动"起来，学会思考、学会发现、学会钻研、学会交流，拓宽了知识面，拉近了理论与实践、学生与社会的距离，为广大学生走向社会奠定了良好的基础。

第十六章　阅读经典

本章导读 🐚

党的二十大报告中指出：加强国家科普能力建设，深化全民阅读活动。阅读对于现代人而言更是大有裨益，它让求知的人从中获知，让无知的人变得有知。而对于经典之作的阅读，更是让人受益匪浅。所以对大学生进行阅读经典的教育，不仅可以培养学生的阅读意识，提升当代大学生品味经典的能力，而且有利于社会文化的新时代构建，传承中华优秀传统文化。

第一节　概　　述

一、阅读经典的内涵

阅读是运用语言文字来获取信息、认识世界、发展思维，并获得审美体验的活动。它是从视觉材料中获取信息的过程。

古今中外，各个知识领域中那些典范性、权威性的著作，就是经典。根据目前大众对经典的定义，可列为经典的大致包括以下范围：传统国学领域里流传下来的，可概括为经、史、子、集的著作，以及现当代学者的思想文化名著；各专业领域的奠基性著作或集大成的著作；马克思主义的相关经典著作。

世间的书有两种：一时之书和永久之书。前者流行一时，但转瞬即逝，阅读体验也许很好，但不会令人反复阅读；而后者经历了岁月的洗礼和历史的严酷筛选，在时间之河的冲刷下日益绽放璀璨的光芒，不论何时读、读多少次都会给人以启迪和教益。大学生要开展富有意义的经典作品阅读活动，从自我做起，在精神上和学识上不断提升、走向成熟，为成为国家和社会需要的栋梁之材打下坚实的基础。时间有限，既然读书，就要读第一流的永久之书，用经典构筑自己的精神大厦。经典的特点就在于主题的深刻、思辨的高度和敏锐的洞见，反复阅读经典会令人思维敏锐、视野宽广、情操高尚，对于人格的完善、志趣的培养是普通读物难以比肩的。

二、新时代背景下开展阅读经典的教育意义

(一)中华优秀传统文化奠定阅读经典的根基

中华优秀传统文化作为中华民族特有的精神和品格标识，是提升国民文化自信、推动国家发展的精神财富。一个民族的文化，是历史的、动态的、不断变化的。中华民族实现真正的文化自信，要求我们客观地认识传统文化，要正确地继承优秀传统文化，要义不容辞地延续和传承优秀传统文化的血脉。要想深入挖掘传统文化中的精神价值和道德精髓，提升大学生的文化素养，阅读经典将成为必不可少的纽带。

在阅读经典的过程中，大学生能获取真知灼见，感悟作者的思考力、想象力和创造力。自觉养成良好的阅读习惯，有利于调整心态、创新思维，促进身心健康成长，给生活带来更多正能量。当代大学生应充分汲取传统文化的滋养，阅读经典之作，有益于每个学生树立民族自尊心和民族自豪感，消解置身于社会大环境中所弥漫的浮躁之气。

(二)新时代背景下推动阅读经典的巨轮

历史的长河中，阅读是永恒的，人们对经典之作的热爱和精神世界的追求是无止境的。新时代的大环境并没有掩盖经典作品的魅力，相反，阅读方式和载体的丰富使得大众有更多样的、更先进的方式可以接触经典、品读经典。现在大众拿一部手机、一部平板电脑就可以完成整个经典作品的阅读，这对于当今大学生来说更容易接受。移动互联时代的经典作品，正以前所未有的方式释放出延绵不绝的魅力，影响着新时代的人们。一方面，党和国家高度重视全民阅读，通过举办读书日、读书月、书博会等各种主题活动，把全社会的阅读提升到一个新水平；另一方面，新时代正在酝酿、催生阅读经典的崭新的方式。朋友圈阅读、网络读书小组、读书微信群、网络文学书迷会、读书打卡类 App 等如雨后春笋般涌现。用新兴的方式阅读经典之作，无疑是新时代文化建设的绚烂之笔，也是新时代发展的精神需求。

阅读经典是一种伟大的精神追求，是时代提出的新要求。提倡经典、阅读经典，对弘扬社会主义核心价值观、营造更加浓郁的阅读氛围、坚定中国特色社会

主义文化自信具有重要促进作用。如果说一个人的精神成长与其读书息息相关，那么一个民族的精神气质在很大程度上就取决于整个社会的阅读水平和阅读质量。时代的发展、民族的强大、社会的进步，都迫切需要更多个体爱上读书、爱上经典，进而不断提升为全民阅读，发展成整个社会和民族的文明之风。基于个人之需，用阅读经典来充实自我、提高自我，保持思想活力，受到智慧启发，滋养浩然之气，跟上新时代的前进步伐；基于新时代之需，用书香之气、经典之髓来提高社会的文明程度，孕育更多有担当、重使命的时代新人，为中华民族的伟大复兴贡献力量。

新时代背景下，我们不仅要阅读经典作品，也要以优质的创作、精纯的阅读、大众的文化参与成就今天的经典。新时代的青年大学生是促进全民阅读、建设学习型社会的重要群体。在当今"快餐式阅读"的大趋势下，引导大学生进行深度经典阅读便成为高校迫在眉睫的必答题。

（三）阅读经典的现实意义

经典阅读对大学生的专业素质和能力素质培养有着极其重要的影响。当代大学生对于经典阅读有一定了解，并且大部分学生都会自主阅读，但是部分大学生对素质和能力的认知仍然不够全面。相对来说，以专业类书籍为主的阅读在大学生中较为普遍，促进了大学生专业学科基本知识的掌握、专业学科动手能力的加强、专业学科前沿的了解及知识面和视野的拓展等。此外，随着阅读量的增加，尤其是对于经典作品的品读，大学生的组织能力和语言表达能力都能逐步得到提高。

经典阅读对大学生的人格素质和心理素质培养有极其重要的影响。经典阅读在学生的人格素质方面产生的最直观影响是对其价值观、人生观、世界观、爱情观等的影响。大学生在谈阅读对自身成长和发展的多方面帮助时都提及阅读对价值观的影响，并且聚焦在对不同文化的理解和尊重、诚信和规范、社会责任感及对社会和政治的关注等方面。一本经典好书往往涵盖多方面的观念导向，这些导向绝大多数都是正向的。父母和老师的教导让学生处于被动状态。但是当他们阅读经典时，在行为上他们是主动方，能够更好地接受书中的价值导向。经典是感情体验的沉淀，学生阅读之后将其转化为理性的养料，对人格素质发展的影响是潜移默化的。此外，阅读还可以帮助大学生以一种开放和包容的心态面对生活。

经典阅读同样可以影响大学生的审美素质。毋庸置疑，包括美学知识、审美观念、艺术才能在内的审美要素是一个人审美能力素质的综合体现，而审美素质的高低，对于新时代的大学生来说，是衡量综合素质的重要方面。经典著作中的文学类作品分为小说类、散文类、诗歌类等。小说塑造有血有肉的人物形象，以人物经历让读者产生共鸣甚至共情，这是感化读者最直接的方式，也是最能够彰显善恶美丑的形式。散文更倾向于一种自由化的抒情表达，其优美的词句能让读者感受到文字的魅力，进而使其探索生活，感受生活的灵动自然。诗歌能够营造一种情感氛围，让读者沉浸其中，深刻体会作者当时的心境。文学经典让大学生更深入地了解美的存在是复杂的、多样的、多层次的，对于培养其美的鉴赏力至关重要。

践行经典是经典阅读的升华，是大学生经典阅读的根本目标。只有在认识并掌握经典的基础上进行实践，将知与行统一起来，才能真正体悟经典。践行经典即是学以致用，将经典的所言所写转化为现实的所悟所行。经典既为前人遗留的精华，必然深经检验，然而对于大学生来说，却依然属于间接经验。读书的目的在于实践，学习经典的目的在于以经典指导自身的发展。大学生只有践行经典才能亲身感受经典，深切体会经典，真正了解经典，得到生活的成长经验，切勿借经典纸上谈兵、人云亦云；在日常的生活学习中，时常谨记经典的教诲，在经典潜移默化的影响中逐渐改善个人的行为举止；在践行经典的过程中往往也能得到新的发现，诸如新的经典书籍、对经典的新认识等。践行经典是在前人智慧的基础之上进行积极主动的探索，实现对前人的超越。

第二节　大学生阅读经典的现状

一、当代大学生阅读经典的现状分析

当代大学生阅读经典的现状主要体现在以下三个方面：阅读习惯、阅读经典的普及程度以及阅读经典的书籍类型。

以苏南地区为例，以江南大学、苏州大学、苏州科技大学、常熟理工学院等在校大学生及毕业生为研究对象展开阅读习惯调查的结果显示，47.71％的学生只读自己感兴趣的书目，34.29％的学生只在闲暇时阅读，13.71％的学生不论任何情况都会阅读，4.29％的学生只在老师要求下阅读。令人担忧的是，大部分学生平均每天阅读时间几乎都在半小时以内，只有极少数学生超过一小时，人均阅读量远远不够。

关于经典阅读普及开展情况调查结果显示，48.86％的学生表示学校开展了经典阅读，17.14％的学生选择了学校没有开展经典阅读，34％的学生不清楚学校是否有开展经典阅读。对于开展经典阅读，89.14％的学生认为学校应该开展经典阅读，3.43％的学生认为不应该，7.43％的学生表示不清楚。此外，关于学生对经典阅读了解程度的调查结果显示，64％的学生平时会看经典书目，30.57％的学生不看，还有5.43％的学生表示不清楚自己看的是不是经典书目。大部分学生知道并且阅读部分经典书籍，但对于经典书籍非常了解的学生却少之又少，甚至还会出现对于经典书籍完全不了解的状况。

关于阅读经典书籍的类型的调查数据也差异较大。在调查学生阅读经典书籍的类型［可多选，包括文学（除小说）类、社科类、科技类、经管励志类、艺术类、生活类、小说类、其他类］中，76.57％的学生选择了文学（除小说）类，66.86％的学生选了小说类，9.71％的学生选择了生活类，29.14％的学生选了艺术类，20.57％的学生选择了科技类，18％的学生选择了社科类，12.29％的学生选择了励志类，11.14％的学生选择了其他类别。

除此之外，随着经典系列电视节目陆续播出，越来越多的目光汇聚在经典之作上。网络上对于此类节目的积极评价，也引起了大学生阅读经典的积极性和主动性。大学生拥有丰富的图书资源，能方便地查询到所关注学科的经典著作，这是阅读经典最有利的。当大学生走向社会以后，他们本身的修养和素质逐渐显现，会对社会产生一定的影响。因此，学校激发和引导当代大学生读经典、学经典、用经典是一项打基础的工作，急不得，但也等不来。

二、当代大学生阅读经典存在的问题及原因

随着科技的发展进步，阅读方式的变化也是巨大的。当今大学生，内心压力和脑力劳动强度不断加大，休闲读物和生活小品类图书、期刊为大学生提供了追求个性、放松自我的平台。大众阅读在多样化的同时走向了浅表化。大学生重流行、轻经典，青睐时下热点话题，热衷主流时尚，习惯在较短的时间内快速阅读较多的书。

当今时代，手机、电脑等已经成为大家接收外部信息的重要工具。尤其是当代的大学生接收新信息的能力比较强，他们更喜欢"快餐式"阅读，从中获取的信息量较大，一些大学生没有耐心和时间去静心阅读一部经典作品。

现在大众接触经典的方式多种多样，这确实提高了大众对于经典的认识程

度，但是也容易导致学生对于经典呈现出较为片面的认识，甚至有的学生仅仅通过电影或者电视剧了解经典，对于原著失去兴趣。

第三节　大学生阅读经典习惯的养成

对于高校来说，在新时代的发展背景下，全力提高当代大学生阅读经典的水平，是高校人才培养过程中急需解决的问题之一。针对当前大学生阅读经典的现状，学校需要和社会共同采取相应的策略，合理引导学生的阅读倾向，正确指导学生的阅读对象，不断提高当代大学生阅读经典的积极性。

一、以课程设置为抓手，约束式展开

从高校自身人才培养的角度来说，高校要切实落实育人这一培养目标，尤其要注意自身的定位，在人才培养方案上，增强高校的人文精神，重点提高每个学生的道德素养和品德修养。高校在进行课程设置的过程中要重视大学生对于经典的阅读，从而进一步建构大学生人文素养课程培养体系，在相关必修课课程和选修课课程的设置上可以开设一部分阅读经典的专业课，为学生提供专业的、专门的经典阅读指导，以便学生能更好地汲取经典之作的精髓；同时在课程的开展上改革教学模式，创新教学方法，培养大学生的自主学习意识，提高大学生自身进行经典阅读的能力，不断提高大学生的人文素养；要充分关注并尊重当今大学生的阅读兴趣和阅读习惯，从而更好地实现科学引导。

针对学生的经典阅读需求，高校要编制符合学生年龄段和高校实际情况的必读书目，考虑到学生的专业特点以及全面发展，引导学生科学、有效地进行经典的阅读。面向大一和大二的学生，学校可以制定通识类经典阅读书目，让广大学生在大学伊始逐渐养成阅读经典的习惯，感受经典之作的魅力。

在大学生阅读经典习惯的培养过程中，课程设置以及经典书目的推荐都要在学校范围内充分利用好学校实行的学分制度，具体可以结合高校对于当代大学生的培养方案，联合学校的教务处根据各个专业的具体性质，借助学分制落地实施。有效激励机制，更有利于和谐校园书香文化的创建。学生通过参与"优秀读者""阅读达人""明星朗读者"等活动，在学习的过程中体验到学习与阅读带来的快乐，汲取经典之作的思想精髓，帮助其未来成长。

学校定期开展主题读书活动，由校团委组织、以"畅谈读书心得、探讨情感

智慧、感悟人生真谛、弘扬校园文化"为宗旨的"五个一"读书活动，即每天读书一小时、每周做一页读书笔记、每月进行一次读书交流、每学期开展一次专题读书活动、每学年开展一次全校大学生知识竞赛，把阅读活动作为一项规定性的制度，慢慢地对学生进行约束，逐渐培养学生的自律意识。这既可以给本来喜欢阅读经典的同学提供一个很好的平台和机会，又对于那些没有关注到经典阅读的同学或者不太喜欢经典阅读的同学也会起到强烈的约束作用，进而让其养成阅读习惯，提升其经典阅读的兴趣。制度之所以称之为制度，就是因为对人有约束性且贵在坚持和执行，对于当今的大学生来说尤其重要。因此，高校要有目的地引导学生阅读，培养学生的阅读习惯。

二、以活动交流为载体，广泛推进

(一)组织开展与读书制度相协调的形式多样的活动

大学校园中，除了学业研究，丰富多样的校园活动更能够走进学生的心灵。比如学校可以组织经典朗诵、专题演讲、话剧表演、专题征文、书法、经典人物游戏比赛等活动，用学生能够接受的方式在推广阅读经典的同时将经典碎片化，真正让经典浸润到学生的自我修养中。

(二)充分利用大学生社团的积极带动作用

大学生社团是学生群众性组织，在学生的第二课堂活动中发挥着不可忽视的重要作用。同时，学生社团会涉及各个学院各个专业的学生，这有利于学校更好地把握学生的经典阅读的思想。社团活动可以从以下几个方面入手：依托大学生社团，积极推广经典文献，营造读经典、说经典、诵经典活动，把经典阅读推送到校园、教室、宿舍、食堂，让高校校园呈现出处处读书、时时读书的良好局面；组织强有力的大学生阅读推广队伍，精心策划、周密设计，使形式多样、内容丰富；选拔优秀学生会成员，搭建大学生读者协会阅读推广平台，引导大学生参与到阅读经典文献中来。

第四节　大学生阅读经典主题教育实践

一、"带上一本经典 书香回家路"

1. 活动主题："图书馆喊你带一本好书回家"

2. 活动目的：学生经过紧张的期末考试，离开校园，即将踏上与父母亲人相聚的回家之路，对家的思念也越来越重。匆匆回家路上，"图书馆喊你带一本好书回家"活动，帮助学生在回家路上消除疲劳，为旅途增添色彩。

3. 活动时间：寒暑假期间学生可自行根据阅读兴趣以及个人专业来图书馆借阅一本经典之作在回家的旅途中阅读，并于返校时及时归还。

4. 活动方式：学生可以参与"书香回家路"读书征文，发送不少于 800 字的关于"我的阅读，我的感悟，我的分享"读后感、书评或荐书稿到指定邮箱。征文题目自拟，作品原创，文后注明作者姓名、年级、专业、联系方式。

5. 奖项设置：本次征文设置一等奖 2 名，二等奖 5 名，三等奖 10 名，优秀奖若干。学校会为获奖同学颁发证书，同时可按照校级获奖等级获得相应的第二课堂学分。

二、"诗词大会"

古诗词是我国文化史上一颗璀璨的明珠，是人类文化的宝库，是前人留给我们宝贵的精神食粮。为了更好地推动与传承悠久、灿烂的文化，落实中华传统文化理念，提高学生的认知，促进学生综合素质的全面提升，学校将开展古诗词大赛，把学生引入古诗文的海洋，汲取古诗文的精华，得到古诗文的浸润，让他们与高尚对话，与智慧碰撞，开阔视野，丰富语言，提高人文修养。

1. 活动主题："诵读千古美文 争做博学英才"

2. 活动对象：各专业、各年级学生可自行组队，每队 3 人

3. 活动时间：自行拟定

4. 活动环节：

(1)诗词接龙：要求各代表队各派一名代表答题。主持人说出诗词的上句或下句，选手立即回答出下句或上句。比如主持人说"海内存知己"，选手就迅速回答"天涯若比邻"。若该队在 10 秒内无法回答出下句或上句，则该局可以求助本队的亲友团成员，在该环节中每个代表队有两次求助亲友团的机会。每一环节结束后，汇总每队得分。

(2)文学常识抢答：主持人会说出一定的文学知识判断题或者问答题，由各代表队自行抢答，答题正确得一分，答题错误扣一分。环节结束后，汇总每队最终得分。

(3)奖项设置：各环节结束后，各小组按照得分高低依次评选，一等奖 1 组，二等奖 2 组，三等奖 3 组。学校会为获奖同学颁发证书，同时可按照校级获奖等级获得相应的第二课堂学分，同时作为学生每学年综合素质考核的评价参考。

三、阅读经典主题教育

1. 活动目的：通过常态化组织召开主题教育，使学生养成热爱读书、博览群书的习惯，从书本中得到心灵的感悟，寻找生活的榜样，提高综合实力，在认知、情感体验、意志磨炼等方面从经典中汲取力量；引导广大师生读好书，形成读书热潮，营造良好的学习氛围，给学生提供一个分享读书心得的平台。

2. 活动主题："我爱读书，汲取经典"主题教育

3. 活动对象：以班级或年级为单位展开

4. 活动时间：自行拟定

5. 活动内容：一是让学生收集并整理出自己喜欢的书籍及优秀作品；二是推荐自己阅读或别人介绍的好书，附上作者及内容简介，并且概述自己读完后的感受及推荐该书的理由；三是让学生在交流过程中总结学习的经验；四是整理出一些最近一段时间学习中遇到的困难，并和大家一起解决。

6. 奖项设置：以班级或者年级为单位，自行评选"阅读之星""经典阅读者"等，以成果激励的方式提升广大师生对经典阅读的兴趣。

第十七章 自省自律

本章导读

　　自省自律是对生命个体向内思考发掘的素质能力的要求，也是中国传统文化中一种重要的道德修养方法和自我要求。它要求我们积极运用自我意识进行自我察觉，辩证地批判、调整思维言行，并在此基础上进行自我约束，选择有益的事情努力行动并坚持不懈，对不良的事情坚决抵制。自省自律体现个体自我规范和自我管理的能力，对大学生的成长具有不可替代的重要意义。新时代开展对大学生自省自律能力的教育和培养，是高校推进高等教育的有效途径。

第一节 概 述

一、自省自律的内涵

　　自省就是自我省察、自我反省，通过自我意识来省察自己的言行，对自己的品德、心态、观念、言行、为人、处事进行反省，反省不高尚之德、不理智之思、不和谐之音、不规范之行、不练达之举、不完美之事，得到深入而细致的收获。

　　自省不局限于自我批判，也包括自我肯定。逆境时要自省，顺境时更要自省，在自省中总结过去、规划未来。自省也不等于盲目自责，自省是积极的、愉快的、建设性的，是往好的一面引导自己的思想和言行。

　　自律即遵循法纪，自我约束。自律与他律相对，是指在没有人监督的情况下，通过道德规范自己要求自己，化被动为主动，谨言慎行，自觉遵守道德准则和规范。自我检查监督是一项重要的能力。自律促使自己能够选择积极有益的事情努力行动，并持之以恒，对不良无益的事情说"不"，并坚决抵制。

任何道德规范，只有通过道德个体的自律，才能够内化为自己的道德品格，并最终成为个人的自觉自主的行为。学校对大学生进行道德自律意识教育是非常必要的，只有提高其内省的能力，才能提高其自我约束、自我监督、自我调控自己行为的能力，使其最终成为德才兼备的有用之人。

二、新时代背景下开展自省自律教育的意义

(一)修身养性

自省的意义在于通过时时反思自己的日常生活状态、言行举止，认清自己的优势和弱点，及时剥除外界环境所沾染的悲观、焦虑、浮躁、虚荣，帮助平复心态，调整精神状态，从而正确面对挑战和挫折，总结经验教训，思考方案对策，明确目标所在，规划未来的战略步骤，积极乐观地面对学习和工作。

每个人都有优势和潜力，也有弱势和缺点。自省自律能够让我们取得成绩时不骄傲自满、止步不前，遭受挫折时不悲观气馁、自暴自弃。

(二)学而不已

对于接触到的人和事，大学生要"见贤思齐""择其善者而从之"，不断吸取外界优势充实内心；"三思而后行"，培养冷静、理智的处事原则，避免冲动、武断的判断，做理性、细致的规划；"行后再思"，养成日省日记的习惯，日有所思、日有所得，不断提升自己的心理素养和道德品质。

大学生还要养成谦虚自省的习惯，善于发现别人身上的闪光点和自己的不足。很多人在人际交往中往往看对方全都是缺点，看自己全是优点，引起很多争执和矛盾，殊不知解决问题的关键在于一颗客观冷静、善于自我反省的心。遇到冲突和矛盾的时候，大家都各自退让一步，社会也就变得更加美好了。

(三)慎其独，敏于行

学的最终目的在于行。一个人的德行、对社会的贡献、理想的实现，都是由一步一步踏实的实践堆积而成的。外在知识的学习需要持之以恒的自省自律方可成为内在的素养。

(四)育人才、谋发展的应有之义

培养大学生自省自律能力是国家"双一流"建设的时代要求，是高等学校"立德树人"的内在要求，更是引导学生"明大德、守公德、严私德"的必然要求。它作为高校管理育人的核心内容和最终目标，是将科学管理与道德教育紧密结合的有益尝试。基于育人目标的大学对大学生的自省自律能力的培养，对于丰富高校

工作实践有着非常重要的意义。

(五)实现新时代中国梦的重要力量

2021年4月，习近平总书记在清华大学考察时说："德永远是第一位的，当前社会信息鱼龙混杂，青年要自觉树立和践行社会主义核心价值观，自觉用中华优秀传统文化、革命文化、社会主义先进文化培根铸魂、启智润心，加强道德修养，明辨是非曲直，增强自我定力，矢志追求更有高度、更有境界、更有品位的人生。"

大学生自省自律意识的养成有利于社会的和谐进步。社会整体道德风尚的提高，有赖于个体道德水平的提高。大学生自省自律意识的养成，有利于正确处理个人与社会的关系，有利于正确处理个体发展与国家前途命运的关系。因此，大学生的道德修养程度和人才素质决定着未来社会的道德风貌，大学生的综合发展有助于推动社会的和谐进步。

大学生是实现科教兴国战略的重要力量之一，他们的思想道德状况直接关系到中国特色社会主义事业的建设好坏，关系到能否实现中华民族伟大复兴。当代大学生应该拥有良好的思想道德和素质，发扬光荣传统，弘扬正气新风，自觉抵御市场经济消极因素冲击和不良思想的侵袭，坚定共产主义理想信念和中华民族伟大复兴梦，弘扬中华优秀传统文化，自觉养成良好的自省自律习惯，做一个优秀的中国人。

第二节 大学生自省自律的现状

总体上看，我国当代大学生能够积极地开展自我教育、善于自省、严格自律，能够很好地适应社会经济的发展，应对时代的挑战。

不难发现，优秀的人总是最先认清困境、树立目标、克服困难，成为佼佼者。时代更迭，知识信息爆炸，每个人的知识储备和能力水平可能有差别，但是过硬的自我把控、严格的自律才是一个人成功的关键所在。

随着网络资源的普及，有的大学生沉迷网络世界，浑浑噩噩、自我放纵，不再努力学习，遇到小小挫折就自暴自弃，甚至作出违法乱纪的行为；有的大学生出现心理疾病不能适应大学生活；有的大学生道德败坏、学术造假，在社会上产生极坏的影响；有的大学生急功近利、崇洋媚外，意识形态出现重大偏差；有的大学生公然无视校规校纪，在接受老师和家长的批评之后，不但没有悔改，反而变得专断独行、自大狂妄，缺乏最基本的道德自省意识。

第三节　大学生自省自律习惯的养成

党的二十大报告强调，青年强，则国家强。习近平总书记勉励广大青年坚定不移听党话、跟党走，怀抱梦想又脚踏实地，敢想敢为又善作善成，立志做有理想、敢担当、能吃苦、肯奋斗的新时代好青年，让青春在全面建设社会主义现代化国家的火热实践中绽放绚丽之花。

近年来，应用型本科院校在人才培养方面异军突起，理工科大学生毕业之后往往能够更快地适应社会发展需求，更早走上工作岗位，为各行各业作出积极贡献。这与应用型本科院校的人才培养方向和目标的制定是分不开的。作为省内突出的理工科院校，齐鲁理工学院更多地考虑如何更好地结合地域优势，把齐鲁文化与理工科思维结合在一起，制定养成教育方案，培养理工科大学生良好的道德品质。

一、大学生自省自律习惯养成的思路与举措

（一）强化思想引导，培育道德理想

学校应充分发挥大学生思想政治教育队伍的特长，挖掘各种新鲜有趣的思政教育资源，运用学生喜闻乐见的教育方式，切实对大学生进行习近平新时代中国特色社会主义思想引领、价值观培育、理想信念稳固，真正实现"立德树人"；引导大学生树立正确的自我观念，学会理性、客观的思维方式，正确认识自我、评价自我，通过不断比较道德目标和自我的差距来产生自我发展的动力，从而更加坚定意志、锁定目标，更快更好地实现道德素质的养成。

（二）健全评价体系，丰富素质教育

高校应不断丰富大学生的课程设置、素质养成培养方案，尊重学生的个性特点，因材施教地为学生的兴趣爱好提供充分的条件，为社会输送更有坚定信仰、更有道德修养、更有坚强性格、更有特长能力的人才。

（三）尊重主体地位，加强实践训练

高校的素质养成教育一定要确立学生的主体地位，强调以学生为中心，尊重学生、理解学生、关心学生，变学生被动受教育为学生主动体验、感受、探索，开展多种教育实践。高校应完善制度管理，落实大学生自我管理、自我服务，更

好地实现由"他律"向"自律"的转变。

（四）突出意志磨炼，落脚行为养成

大学生自省自律行为习惯的养成，其核心在于获得认知和积极向上的情感动机，并能够持之以恒。这也是自省自律的内在要求。自省自律应从大学生日常小的习惯入手，从守纪到爱校、爱国，最终实现自省自律的内化升华。

二、齐鲁理工学院特有的落地培养方案

齐鲁理工学院曲阜校区地处儒家传统文化发源地。近年来随着弘扬传统文化热潮，曲阜文化建设示范区上升为国家战略，通过不懈努力，在弘扬优秀传统文化、加强儒学研究传播交流上取得了显著成绩。齐鲁理工学院全力把建设首善之区作为统领性目标，大力实施优秀传统文化普及、道德提升、文明创建等七大工程，广泛开展"儒韵民风"建设、儒学进乡村、弘扬优秀家风家训等系列活动，创新推出了图书馆＋书院、"孔子学堂"、尼山书院国学公开课等公共文化服务模式，积极培育和善向上、友爱诚信、谦和尚礼的儒韵民风。

（一）以学生为本，知善知美的引导目标

齐鲁理工学院目前确立了"齐鲁文化孕育下的理工生"育人理念，秉承"知学、知道、知善、知美"校训，弘扬"尚德、尚礼、尚勤、尚新"校风，将政治思想、专业、养成、创新创业、就业、齐鲁文化、健康、审美、艺术、安全等教育有机融合，完善育人系统，并实施齐鲁文化育人工程，以儒文化"仁、义、信"为体，以齐文化"创新、务实、智慧"为用，培育具有齐鲁风采的高素质理工人才。

目前施行的大学生养成教育体系中，自省自律作为一个重要的条目，对大学生在校期间要养成的良好行为习惯提出了详细的指导，涉及生活、学习、工作的方方面面，旨在结合教学、实践、思想政治教育和校园文化熏陶，帮助大学生了解、认识、实践、习得自省自律的良好习惯和道德修养，使其成为具有齐鲁优秀传统文化素养的人才。

（二）完善而全面的素质养成教育方案

齐鲁理工学院的办学特色就是培养"齐鲁文化孕育下的理工生"，其养成教育的内涵和项目均源自齐鲁优秀传统文化。学校通过养成教育，使齐鲁文化融入学生血液之中，内化于心，外显于学生的品德、性格和日常行为中。

齐鲁理工学院素质养成教育设置 5 个模块 20 个项目，从认知学习、情感体验到意志磨炼、行为养成，符合教育学过程规律，是一个内在紧密联系的有机整

体。自省自律贯穿了大学生养成教育的整个体系，而作为一个独立的项目，又有其丰富的内涵和常新的精神内核，可以结合其他项目相辅相成，又能作为检测手段和实现方式。开展大学生自省自律活动，有助于更好地推动其他行为养成素质教育，使学生养成自省自律的习惯。

（三）丰富的第二课堂实践形式

近年来，为了丰富齐鲁文化课堂，齐鲁理工学院创办孔子学堂，开设杏坛大讲堂，成立齐鲁文化研究院，发展以齐鲁文化精髓为内核的养成教育，丰富齐鲁文化社团活动；组织开展大学生第二课堂活动，有意识地以培养大学生良好的素质修养为目标，通过思政教育、文艺体育、社会实践等各种大学生喜闻乐见的方式开展活动，将大学生自省自律的习惯养成内化于心、外化于行。比如，艺术学院的晨跑打卡活动，帮助许多新生解决了入校之后自我约束能力差、缺乏纪律性的问题，促进大学生养成早起锻炼、自主学习的好习惯。此外，学校每年固定开展的志愿服务进社区、进敬老院的社会实践活动，让大学生在参与过程中亲身感受职业百态、人生感悟，逐渐树立了青年大学生的社会责任感，端正其世界观、人生观和价值观。

第四节 大学生自省自律主题教育实践

艺术学院晨跑打卡活动方案如下：

1. 活动背景

早起活动卓有成效。许多同学很好地改善了"晚上不愿睡，早上不想起"的现象。为此，学校打算继续开展活动，帮助更多的学生养成良好的自律习惯。与此同时，大学生缺少日常锻炼、换季免疫力下降易生病，如果坚持参加该活动，可以改善这一情况。

2. 活动目的

让同学们养成良好的自律习惯，健康生活、快乐学习、提高学习效率，营造一个积极向上的学习氛围。

（1）进行晨跑晚跑，锻炼身体，愉悦身心。

（2）养成良好的生活习惯。

（3）提高身体素质，提高学习效率。

3. 活动流程

(1)微信朋友圈：每日早起时间为 6:00～7:30，在这期间晨跑的同学在微信发朋友圈留下有效的凭证，以此获得相应的积分，并以 1 个月为期限。

(2)奖励积分机制：连续晨跑一周(7 天，周末算在内)者，每日积分；连续晨跑 1 周以上至 2 周者，每日积 1 分(从第二周开始)；连续晨跑 2 周以上至 1 个月者，每日积 2 分(从第三周开始)；以此类推，坚持时间越久者，积分越高。

(3)兑换奖品机制：奖品分为不同的等级，坚持 1 周者，可兑换纸巾、笔记本、铅笔等；坚持 2 周者，可兑换小零钱包或酸奶 1 杯；坚持 3 周者，可兑换洗衣液、暖宝贴等；坚持 4 周者，可兑换小电扇。

4. 活动准备工作

(1)前期宣传工作：通过学院微信平台、宣传栏海报等方式进行宣传。

(2)物资准备工作：购买奖品。

第十八章　文明礼貌

本章导读 🌼

　　当代大学生要成功地走向社会，并取得事业的成功，不仅需要具备丰富的知识，同时还必须具备多样化的能力与素质。而良好的礼仪修养、文明习惯是大学生的基本素养要求。从某种意义上讲，礼仪修养是人生幸福、事业成功的通行证。本章从礼仪的基本理论入手，按照大学生的认知规律，由浅到深，进行文明礼貌等礼仪修养素质的阐述。

第一节　概　　述

一、文明礼仪的内涵

　　文明礼仪不仅是个人素质、教养的体现，也是个人道德和社会公德的体现，更是城市的素养、国家的脸面。我们应该用文明的行为举止和合理的礼仪来要求自己，这也是弘扬民族文化、展示民族精神的重要途径。对一个人来说，礼仪是思想道德水平、文化修养、知识水平的反映；对于一个国家来说，礼仪是一个国家文明的象征、人民品德的体现。文明礼仪是人类为维系社会正常生活而要求人们共同遵守的最起码的道德规范，它是人们在长期共同生活和相互交往中逐渐形成，并以风俗、习惯和传统等方式固定下来的。

（一）文明的含义

　　文明指一种社会进步的状态，是人类在认识世界和改造世界的过程中所逐步形成的思想观念以及不断进化的人类本性的具体体现。

　　文明是历史沉淀下来的，有益增强人类对客观世界的适应和认知、符合人类精神追求、能被绝大多数人认可和接受的人文精神、发明创造以及公序良俗的总和。文明是使人类脱离野蛮状态的所有社会行为和自然行为构成的集合，这些集合包含了以下要素：家族观念、工具、语言、文字、信仰、宗教观念、法律、城邦和国家等。

（二）礼仪的含义

礼仪从祭祀起源，逐渐演化成人们交往中的礼节、形式。随着社会的发展和时代的进步，礼仪的内容也在不断丰富和变化，以适应新形势下的新要求。今天，中国现代礼仪包括人与人之间、人与社会之间在交往中约定俗成地表达相互间尊重、敬意和友善等情感的、以建立和谐关系为目的的行为准则、仪式程序和各种要求的总和。

二、新时代背景下开展文明礼貌教育的意义

文明是现代化国家的显著标志。一个国家的繁荣强盛，一个民族的文明进步，很大程度上取决于社会思想道德水平。党的二十大报告指出推动社会文明程度不断提高，是全面建设社会主义现代化国家的重要目标和重要保证，也是建设社会主义文化强国的重要内容。

（一）培养新时代礼仪之民，提升个人道德素养

礼仪的基本目的是树立和塑造个人的形象。简单来说，个人形象是指通过自己的仪容着装、言谈举止、为人处世等给别人留下的总体印象。个人形象对于一个人的发展甚至社会交往都会产生很大的影响。在现实生活中，懂礼仪的人往往会给别人留下完美的第一印象。这也正是在同一个择业机会面前，面对同等条件的竞争对手，受过成功礼仪教育的人往往能战而胜之的重要原因。文明礼貌教育是新时代教育的首要任务。具备良好的文明礼仪，才能有机会使学来的知识有用武之地。社会生活要以德先行，而最能够培养出良好品德的便是文明礼貌教育。

（二）营造高校育人环境，创建文明和谐校园

新时代背景下高校的育人理念是要构建价值塑造、能力培养和知识传授"三位一体"的人才培养体系。价值塑造作为人才培养的第一要务，应先于也高于能力培养和知识传授。重视和加强高校"礼仪课"教学是加强德育和提高学生文明礼仪素养的重要途径。加强大学生文明礼仪教育应该从提高思想认识、加强文明礼仪师资队伍建设、营造文明礼仪教育环境及浓厚的校园文明礼仪风尚等多方面努力，引导大学生从小事做起，在生活中学习礼仪、运用礼仪。大学生个人、家庭、学校、社会都应该将文明礼仪教育工作持续地开展下去，将文明礼仪知识内

化为个人的积极行动，只有这样才能在新时代高校育人理念方面做好真正的价值塑造。

（三）优化社会育人氛围，构建传统礼仪之邦

历史上许多思想家都把礼仪上升到治国安邦、济世安民的高度。礼仪作为衡量社会文明和进步的尺度，不仅体现人们的道德理想和精神追求，而且代表人们的社会价值观和健康的生活方式，是形成互相尊重的人文氛围、推动精神文明建设的有效保证。礼仪不仅折射出一个人的文化修养和文明程度，同时也反映一个社会的当前风气。可以说，文明礼貌教育能使大家从衣着容貌到言谈举止再到品德品行都尽可能地给人以美感，这将有助于提升个人与全社会的精神品位，创造文明的生活环境。

案例链接

在齐鲁理工学院 2019 届的优秀毕业生中，有这样一位学生。提起他，人们最先想到的不是他优秀的成绩，也不是他过人的才华，而是他举手投足间的礼仪文明。

这位同学在学校抑或是外出时见到学校的工作人员，他都会主动上前打招呼，有时见到年龄较大的人，还会问问最近身体怎么样。最开始的时候同学们都认为他与这些人相互认识，后来渐渐发现并不是。那既然不认识这些人，为什么还要去和这些人打招呼呢？是不是他想要在其他同学面前树立一种高大的形象呢？不久之后，在其他同学的疑惑下，这个谜底终于被揭开了。他说："我每天不厌其烦地问候学校工作人员，其原因有二：其一，他们都是长者，作为晚辈理应向他们问好；其二，如果没有这些人，我们就不能学到知识，就不能吃到可口的饭菜，住不上整洁的宿舍。因此，我们应该怀着一颗感恩之心去感激他们。"而正是这一席话，不仅让他赢得了同学们的尊重，更起到了宣扬校园文明的典范作用，带动了同学们改善文明礼仪的积极性。

因此，师生既是校园文明的创造者，又是校园文明的受益者。好的文明习惯会让学子们的一生受用不尽。

第二节 大学生文明礼貌的现状

一、当代大学生文明礼貌的现状分析

(一)举止文明，拥有文明礼仪修养

问候礼在校园里应该体现在课堂上。教室是学生和老师交流最直接也是最频繁的场所，也是学生从教师那里接受知识、提升能力、锻炼品质的最基本的场所之一，而老师作为学生知识、能力和人格的引路人，其劳动主要通过课堂教学活动体现出来，所以，问候礼作为学生礼仪素养的重要组成部分，也应该体现在教学的任何一个环节中。学生在上课时要起立鞠躬，向老师问好，开始一节课的学习；下课也要起立致意，对老师上课的劳动表示尊重和感谢，体现当代大学生良好的素养；学生对老师的称呼要礼貌，要尊重老师的劳动，遇见老师要礼让，和老师交谈时要有礼貌；在进老师的办公室或宿舍之前应先敲门，经老师允许后方可进入；在老师的工作、生活场所，不能随便翻动老师的物品；对老师的相貌和衣着不应指指点点、评头论足，要尊重老师的个人习惯和人格。

在校园内，学生迎面遇见不认识的来宾，而来宾又没有主动打招呼，这时学生要微笑点头致意，以礼相待。如果来宾主动跟学生打招呼，比如"同学们好！"学生要立正，以礼相待和对方说"领导(老师)好！"。如果来宾询问同学有关情况，学生不知道的，应用亲切温和的语调回答对方说："对不起，我不了解(或我不知道)。"如果学生与来宾交谈结束，在道别时应说"领导(老师)再见"；如果是晚上，应该说"晚安"。如果来宾要召开学生座谈会，参加会议的学生要先敲门，后立正，说"报告"。来宾说"请进"后学生轻轻地走到来宾跟前立正站好，未经来宾允许，不得坐下。学生接受来宾采访时，坐、立、写字姿势要端正，谈话语调要恳切、温和。如果来宾赠送学生物品，学生要用双手接收，并说"谢谢"。学生与来宾交谈结束，临别时要向来宾行鞠躬礼，并说"领导(老师)再见"。

(二)某些大学生无视规章，缺乏文明礼仪修养

绝大多数大学生的礼仪素养还是相对较高的，但是也有部分学生存在不足。家庭背景、社会环境以及中小学阶段接受教育情况的不同，导致学生素质的差异性。这是他们在日常生活中凸显诸多礼仪素养水平缺失现象的几大原因。日常校园生活中，有的学生频频出现违反课堂纪律的行为；在日常生活中，"不遵守交

通规则""在不合适的时间内给长辈、朋友打电话影响到其他人的休息""见到老师、父母等长辈不主动打招呼""乘坐扶梯随便站在中间，不会考虑身后的人""公众场合随处亲热"等情况也是随处可见。

二、当代大学生文明礼貌存在的问题

(一)某些大学生缺乏基础文明礼仪知识

当前大学校园里，大学生不文明的行为举止时有发生。有的大学生说脏话，在教室、宿舍、食堂等公共场合大声喧哗，遇到老师不打招呼，不爱护卫生。这些不该出现在受高等教育的大学生身上的言行举止，却在校园里发生。其原因是多方面的，但大学生对基础文明礼仪知识的缺乏是大学生文明礼仪教育存在的主要问题之一。

(二)某些家庭教育对于礼仪教育的缺失

家庭是孩子的第一个课堂。家庭教育对子女的影响非常重要。有些家长当着孩子的面出口成"脏"。有的孩子受这种不良行为的影响会效仿父母，不讲文明礼仪。此外，当代大学生大多数为独生子女，在家里被父母等长辈溺爱。有的学生因此变得骄傲、任性、以自我为中心，甚至目无尊长。这样的家庭生活成长环境是大学生各种不文明行为滋生的重要影响因素。

(三)某些学校礼仪教育的缺失

过去高等教育过于注重"成才教育"而忽视了"成人教育"，在具体的德育实施的过程中，往往是课堂讲得多，课外活动少；结论下得多，学生体会少。因此，尽管多数学生知道一些礼仪规范，但不知道应该如何将其具体地转化为个人文明的行为和礼貌的举止，造成文明礼仪方面的基础问题十分突出。另外，有些老师没有起到很好的表率作用，不真心诚意对待学生，本身的行为举止存在问题，给礼仪教育带来负面的示范效果。

(四) 某些大学生对传统礼仪文化认知的缺失

传统礼仪文化是我们中华民族几千年积淀的宝贵资源，可是有的人却忽视了礼仪文化的重要作用。有的大学生缺少传统的伦理道德意识和礼仪行为的知识，不理解中国传统文化所包含的精深内涵，受一些片面认识的影响对其进行误读。

(五)某些大学生自身礼仪素质发展失衡

礼仪素质包括礼仪知识、礼仪行为、礼仪情感等方面，只有这些要素全面发展，才能判定一个人具备良好的礼仪素养。当前大学生文明礼仪素质问题中突出的就是发展不平衡问题，主要表现为礼仪认识与行为的脱节、礼仪品质与礼仪行为发展不协调。认识是行为的先导，但有的大学生的行为明显与礼仪认识脱节。比如，在学校自习室、图书馆等公共学习空间经常出现的占座位现象，甚至有的学校出现学生为了争一个座位发生打架 、用锁锁住书桌和凳子的恶性事件。在现实中，大学生都能认识到占座是一种校园文明劣习，但是有的学生会选择"将错就错"。

（六）某些大学生日常交往中的礼仪有失规范

细节、举止是观察一个大学生文明礼仪的最佳途径。大学生的日常生活涉及面广泛且复杂，因此文明礼仪主要靠学生的自我监督来维持，不可能有专门的规定来约束。这无疑使大学生日常生活礼仪规范出现真空。大学生的不良文明礼仪现象依然存在，深究其原因，不外乎学校、社会、家庭等环境因素的影响，其中起决定作用的是大学生自身的能动性。

（七）某些大学生礼仪价值观倾向功利化

当前，大学生生活在一个开放的空间中，来自网络和社会的物质主义、享乐主义、奢侈消费、超前消费等不良思潮对正处在人生关键阶段的大学生产生了消极影响。有的大学生迷失了礼仪认识，为了提高自己在面试中的优势从而争取到理想的工作岗位，不惜花重金参加礼仪培训，提升自己的礼仪修养和外在气质，并不是发自内心认可礼仪在自身日常生活中的重要作用。

（八）某些大学生文明礼仪认知缺陷

部分大学生认为礼仪不需要专门学习，会随着自身受教育的程度和社会阅历增加而自然拥有。较高的知识水平与礼仪修养有一定的联系，但不是必然关系。如果对礼仪知识和规范一无所知，即使有较高的知识水平也会出现礼仪失范行为，对礼仪价值认识有偏差。礼仪修养是个人气质、涵养的反映，是现代社会人的必备素质。礼仪的价值在于完善个人人格和提升修养等方面。但是，当前大学生对礼仪的价值并没有理性认识，更多时候是从功利角度来考虑的。

（九）某些大学生文明礼仪缺少自律

大学生处在成才的重要阶段，其心理发展还不完善，情绪有时会波动，自制能力不强，难以保持良好的习惯。有的大学生表示对自己定下的学习目标、生活习惯目标、人际交往准则执行情况不满意。因此，大学生自律也是大学生文明礼仪教育的重要内容。

第三节 大学生文明礼貌习惯的养成

一、大学生文明礼貌习惯养成的教育思路与措施

文明礼仪是当代大学生的基本素养。当代大学生的文明素质状况总体上处于一个比较好的水平，他们具有较强的民族情感，讲诚信，独立意识强，有良好的感恩情怀，但在大学校园也存在与大学生的礼仪修养、精神文明建设极不和谐的现象。大学生礼仪修养价值的提出是培养当下大学生文明礼仪的有效途径。处理好礼仪教学与礼仪实践的关系、创新教学手段与考核方式、吸收传统文化的精髓等，能够提高大学生文明礼仪的整体水平，推进精神文明建设。

(一)重视教育主体，发挥教育主体的关键性作用

1. 发挥教育主体的方向性

所谓方向性，是指教育主体要坚定文明礼仪教育的明确的方向，并始终坚持文明礼仪教育的目的。只有坚持方向性，才能抓住文明礼仪教育的本质，才能统一思想和行动，发挥文明礼仪教育的整体效应，才能实现文明礼仪教育的价值。教师在进行文明礼仪教育的过程中，要坚定为社会主义现代化建设培养所需的高素质人才的方向，通过自己的专业知识及文明礼仪素养，教育学生、影响学生，提高学生的文明礼仪素质和整体综合素质，营造良好的校园文明礼仪环境。

2. 发挥教育主体的示范性

所谓示范性，是指在文明礼仪教育的过程中要充分发挥先进典型的模范作用以及教育者自身的文明礼仪修养的熏陶作用，使受教育者在其文明礼仪的认识和觉悟上都得到提高和进步。一个形象气质好、礼仪素质高、专业功底扎实的教师就等于是一本活生生的好教材；一种好的教育方式可以让学生在知行统一的践行中懂得什么是"文明礼仪"。教师在日常的教学活动和生活中要时刻注重自身文明礼仪修养的示范作用，增强文明礼仪教育的实效性。

3. 发挥教育主体的渗透性

所谓渗透性，是指文明礼仪教育要遵循大学生的思想受"综合影响"形成和"渐次发展"的规律，把大学生文明礼仪教育渗透到各项工作中去并与各项工作相结合，融合各种教育因素，通过潜移默化的形式循序渐进地进行。坚持教育主体的渗透性才能使文明礼仪教育形成合力，发挥文明礼仪教育的效能，适应文明礼

仪教育社会化的需要。

（二）丰富教育内容，完善教育内容的规范性作用

大学阶段的文明礼仪教育内容不应停留在表层的文明礼貌教育，而应加强符合当代大学生思想状况的社交礼仪和各种专项礼仪的教育。当今社会需要的是综合性的人才，专业知识固然重要，但是文明礼仪素养及与人交往沟通的能力等也是新时期人才必备的素质。因此，大学生文明礼仪教育内容应结合各专业特点，在传授文明礼仪教育的理论知识时，应不断扩大文明礼仪教育内容的广度与深度，加强社交礼仪及各项专项礼仪的培训，使大学生尽快掌握适应社会环境的基本技能，成功融入社会。高校应把传统文明礼仪教育的内容与现代社交礼仪教育内容并重，互相补充和协调，提升大学生建立良好的人际关系的能力。高校应根据专业的特点设置符合大学生实际状况的文明礼仪课程，使大学生掌握系统的文明礼仪基本理论和具体规范；发挥课堂教学的主渠道，对大学生进行系统的训练，有效地提高大学生的道德品质修养，使大学生掌握规范自身言行举止、塑造良好形象的技巧；应立足于整体培养目标，结合当今时代的要求、大学生将来所从事岗位的需要和大学生自身发展的特点，有计划地进行专项文明礼仪的培训，引导大学生知礼、守礼，使大学生自觉按照文明礼仪规范约束自身行为，提升内在的道德品质。

（三）拓展教育载体，发挥网络载体的阵地性作用

高校应重视大学生文明礼仪教育，在校园内定期举办大学生文明礼仪活动，以及与之相关的辩论赛、礼仪讲座等多样化的校园文明礼仪文化活动，并在此基础上将活动进行优化，形成高校的精品活动；设置有关大学生文明礼仪教育的精品课程，配置专业的课程教师进行讲授；将校园精品活动与校园精品课程相结合，使大学生文明礼仪教育实现行与知相统一的效果，深化大学生文明礼仪教育的内涵，拓展其领域。

高校还应发挥网络文化阵地的优势，开展文明礼仪教育。一是在网络文化中大力弘扬和宣传中华优秀传统文化中的文明礼仪文化的精华，这有利于抵制文化侵略，弘扬中华民族文明礼仪文化的主旋律，使之在各种文化冲突中激流勇进、屹立不倒。二是培养一批既精通文明礼仪宣传工作又精通网络技术的宣传工作者，教育和引导大学生提高文明礼仪素质。三是强化高校校园网络文化建设，营造和谐氛围，把网络在线教育和网络离线教育结合起来，对大学生产生潜移默化的影响，消除网络世界消极信息的影响，时刻加强大学生文明礼仪教育研究，为当代大学生的学习和生活建设一个良好的环境。

第四节　大学生文明礼貌主题教育实践

中国自古以来就是礼仪之邦。文明礼貌是中华民族的优良传统。作为新一代的大学生，更不能忘记传统，应该力争做讲文明、懂礼貌的好学生，让文明之花常开心中，把文明之美广泛传播。齐鲁理工学院在校园中开展"文韵言，明引行"主题教育活动。

一、"文韵言，明引行"征文竞赛

(一)活动目的

本着"以人为本，尊重为本，张扬个性"的理念，面向全校所有学生，旨在创造一个平台，让参赛学生自由表达内心的想法。无论是真实动人的情感、深刻的思考、辛辣的观点、独特的视角，还是新奇的表达，都是该活动所追求的。没有矫揉造作，没有牵强附会，没有浮于表面。这是每个人独特的思考，是每个人激扬文字的表达。

(二)活动对象

全日制在校学生

(三)活动安排

1. 活动宣传阶段

由校团委将活动内容、目的及要求传给各班团支书，再由各班团支书转告并督促本班同学按时完成。在官方平台宣传此次征文活动。

2. 活动准备阶段

每位参赛者在规定日期之前将自己的作品交给各班团支书。

3. 作品评选

由校团委领导组成评审团评选优秀作品。

(1)主题内容(30分)：文章主题表达清晰，立意明确，突出大学生活。

(2)结构层次(20分)：内容的条理性、层次要分明，结构严谨。

(3)语言功底(20分)：文笔流畅，评论观点中肯。

(4)结合实际(30分)：内容结合大学生校园文明礼仪实际。

4. 作品要求

(1)以"文明礼仪"为主题，题目自拟，参赛文章必须在 800 字以上。

(2)文章内容积极向上，充分展示社会主义核心价值观。

(3)每班评选完后至多上交两份。

5. 比赛结果公布

评出的优秀作品及参赛作者照片会公布在版面上，并为获奖人员颁发荣誉证书。(暂定一等奖 9 名，二等奖 18 名，三等奖 27 名)

6. 活动总结

由活动负责人对活动进行总结，并鼓励积极宣传优秀的文明礼仪行为，传承优秀传统文化。

(四)注意事项

1. 高度重视，精心安排，注意统筹安排时间，使更多师生可以参与到此次活动中。

2. 提前集合开会说明或者进行相关的知识培训，落实各项工作。

3. 活动结束后，应该讨论不足之处加以改正；继续发挥优点，及时总结经验，以更好地完成活动。

二、"拍摄我身边的文明"摄影作品大赛

(一)活动目的

为进一步弘扬社会主义核心价值观，加强大学生礼仪修养，促进大学生自我修正、自我提升，经研究决定在齐鲁理工学院举办以"拍摄我身边的文明"为主题的校园文明礼仪主题教育活动。

(二)活动对象

全日制在校学生

(三)活动安排

1. 活动前期

(1)宣传部通过校园网站、志愿者微信公众号及微博进行宣传。

(2)各部门进行充分合作，号召全校各班级参加活动，并通知各班本次活动的背景、主题、时间、方式、流程以及评比方式。

(3)辅导员举办主题班会，进行文明礼仪的普及。

2. 作品要求

(1)作品应主题鲜明、传播正能量，充分反映校园里或校园外(马路、家里、商场、超市等)的文明行为。

(2)参赛作品附一张符合照片宽度的说明纸：注明作品名称、作品说明(不少于100字)、参赛者姓名、班级。

(3)参赛者可以上交多幅作品(每人不超过3份)。

3. 报送形式

(1)图片格式要求：传送照片原图，以jpg文件格式提交，文件大小不大于500K，要求原始文件600万像素以上。

(2)视频格式要求：短视频类作品时长2～3分钟，视频大小应不大于10M，格式为1920×1080、1080p(16∶9)，若有输出格式选项可选mp4格式。

(3)参赛作品以学院为单位，负责人以学院文件夹的形式发至团委。

4. 创作形式

(1)作品以小型为主，可以独自创作，也可以集体创作。

(2)作品应为参赛者原创，如因抄袭和剽窃他人作品发生版权争议等后果，由参赛者自行承担。

(3)作品应标注版权，以及是否可以免费推广使用。

5. 活动后期

(1)作品收集完成后进行评比，开通网络投票，通过群众投票和教师投票，评选出20份优秀作品。

(2)公布优秀作品名单，将优秀作品在宣传栏张贴。

(3)宣传部撰写新闻稿，并对活动存在的不足进行总结。

(四)活动要求

1. 精心组织，注重实效，激发学生在主题教育活动中的主动性、积极性和创造性。

2. 参赛作品必须由参赛者本人原创，参赛者应确认拥有作品的著作权。

3. 凡提交作品参赛，即表示参赛者同意接受活动的所有参与要求。

4. 因不遵守参赛规则而未满足参赛条件的参赛者作品将自动失去评奖资格。

第十九章　整洁健康

本章导读

　　大学生是我国社会主义现代化的建设者和接班人，关系着国家和民族的未来。大学生不仅要有扎实的专业能力、突出的实践能力、优秀的道德品质，更要有健康的身体和良好的生活习惯，充满热情、坚定理想，要有充足的体能和魄力去追求理想、奉献社会，实现人生价值。习近平总书记在党的二十大讲话中提出"人民健康是民族昌盛和国家强盛的重要标志。把保障人民健康放在优先发展的战略位置，完善人民健康促进政策"。高校培养出的大学生要有好的身体，才能为国家和社会作出更多的贡献。

第一节　概　　述

一、整洁健康的内涵

　　整洁健康是对个人和集体生活、生产、学习环境卫生状况的总体要求，一般指为增进人体健康，预防疾病，改善和创造合乎生理、心理需求的生产环境、生活条件所采取的个人和社会的卫生措施。

　　健康是人的基本权利，也是人生的第一财富。传统的健康观是"无病即健康"，现代人的健康观是整体健康。世界卫生组织提出"健康不仅是躯体没有疾病，还要具备心理健康、社会适应良好和有道德"。

二、新时代背景下开展大学生整洁健康教育的意义

　　大学生作为一个特殊的社会群体，一直备受社会各界的关注，尤其是大学生的健康问题成为关注的焦点。为了更好地贯彻和学习习近平新时代中国特色社会

主义思想，深入开展新时代文明实践活动，着力在社会、学校及社区内形成青年"创文创卫"宣传热潮，提升青年对争创全国文明城区、卫生城区的知晓率、参与率，提升大学生自主追求整洁健康生活方式的积极性，进而更好促进综合素质发展，为成长成才做好铺垫。大学生健康教育不仅仅是加强和改进大学生德育的重要部分，而且是全面推进素质教育和人才培养工程的重中之重。

在新时代背景下开展大学生整洁健康教育，强化学生思想品德和道德观，促进学校社会主义精神文明建设，提升大学生树立大卫生意识，具有非常重要的意义。

(一)整洁健康是一种文明素养

随着社会进步和卫生健康事业的不断发展，公众对于卫生整洁和医疗健康的关注程度持续上升，尤其是随着物质文化丰富和医疗技术进步，大众对于提高卫生健康素养有了更进一步的追求。

(二)整洁健康是一种态度

大学生作为一个特殊群体，要主动学习，提高整洁健康知识水平，增强自我保健能力，打造健康体魄，提升对社会公共健康的责任感，更加高效地学习和工作。"健康工作五十年"是对新时代人才发展的内在要求，更是一种态度、一种格局、一种智慧。一屋不扫，何以扫天下？整洁健康体现的是大学生群体的精神信仰。

(三)整洁健康是一种优良传统

在中国悠久的历史文化记载中，"清"和"洁"一直都是人们追求的对象，整洁的物品、身体、环境和品行都受到推崇。《易经》《黄帝内经》记载大量关于整洁健康的养生智慧，道家、儒家名士关于整洁健康的典故和名言更是数不胜数。追求整洁、健康是从古至今中国主流社会普遍追求的价值观之一。当今社会，大学生积极学习整洁健康知识，不仅可以养成良好的健康行为和生活习惯，有效强健体魄，降低常见病的发病率，预防心理疾病，而且可以培养高洁清明、豁达的道德情怀，也是对优秀传统文化的传承。

第二节　大学生整洁健康的现状

一、当代大学生整洁健康的现状分析

(一)某些大学生缺乏卫生整洁常识

随着物质生活水平的提升和家长的溺爱增多,有些大学生存在卫生习惯差、生活垃圾随手丢、物品收纳不及时、宿舍布置收拾不美观、不注重环境卫生等现象;有的大学生清洁意识不到位,饮食习惯和生活环境上不卫生、不健康,每到换季经常患有肠胃炎和传染性疾病。

(二)某些大学生在思想观念上缺乏整洁健康的自觉性

部分大学生认为大学阶段主要任务是获得专业知识技能,环境卫生和整洁是卫生工人的事情,与己无关,对于寝室和教室的清洁整理不重视、不认真;对于打扫卫生等活动不积极,甚至有学生缺乏最基本的环境卫生和保健常识,一些大学生处于亚健康状态而不自知。

二、当代大学生整洁健康存在的问题

(一)某些大学生整洁健康教育理念不足

大学生劳动教育受重视程度不够,普遍存在"劳动教育在学校中被弱化、在家庭中被软化、在社会中被淡化"的情况,反映在大学生群体中出现劳动观念差、懒惰拖延严重、做事不积极、内务卫生状况堪忧、身体亚健康状态等。这些现象的出现,无不折射出大学生整洁健康教育理念的不足。

(二)某些大学生个人整洁卫生习惯不佳

有些大学生自理能力弱,洗衣服、收拾卫生还是完全依赖父母,在生活上、思想上仍然缺乏最基本的独立生活能力,生活作息混乱,饮食习惯不健康;缺乏及时换洗、收纳的习惯和主动性,缺乏维护公共环境的"主人翁"意识,对卫生整洁的标准要求较低,凡事得过且过,这些都是大学生缺乏整洁健康习惯的具体体现。

(三)某些大学生整洁健康意识不到位

部分大学生整洁健康的意识较差,他们认为,作为一名大学生,主要精力应该用在学习专业、参加社团活动上,至于生活整洁和健康说得过去就行,以后慢

慢锻炼也不迟。部分学生生活随心所欲、我行我素，做事不考虑对他人、对集体的影响，并且不能接纳同学的善意提醒。有的学生身体素质明显下滑，平日不参与体育运动，各种慢性疾病频发，多因肠胃炎、季节性感冒、慢性疲劳而请假。

第三节 大学生整洁健康习惯的养成

一、大学生整洁健康习惯养成的教育思路

（一）以生态文明环境保护理念为先导，让学生真正领略整洁健康之美

习近平总书记在党的二十大报告里提出："必须牢固树立和践行绿水青山就是金山银山的理念，站在人与自然和谐共生的高度谋划发展。"我们的祖国天更蓝、山更绿、水更清，需要当代青年前赴后继。价值观的转变要从身边小环境着手，大学生要真正感受到洁净之美、健康之美。学校可以带领大学生实地参观，亲身体会文明之国、文明城市、文明校园的美，组织环保健康主题活动，培养大学生身体力行的主人翁精神，将文明、整洁健康与个人未来发展前途联系起来，成长为高品位、重修养的全方位人才。

（二）将整洁健康教育与德育、体育、美育、劳动教育有机结合

根据大学生身心发展规律，设计大学生健康整洁教育体系方案，以培养学生良好的文明卫生和健康生活习惯为目标，开展德育系列活动，增强学生的整洁健康意识，提高学生的文明素质；与美育、劳育相结合，在理论和实践中不断提高学生认识美、感受美、创造美的能力，提升思想认识高度；与体育、第二课堂相结合，打造大学生热爱劳动、热爱生活的健康生活方式和良好的生活习惯，从而促进学生身心健康成长。结合学校实际情况，学校应将健康教育和美育、劳动教育有机结合起来，培养大学生的良好卫生习惯，开展争创绿色学校的活动，增强学生的卫生意识，提高学生的文明素质，树立"以讲卫生为荣、不讲卫生为耻"的新风尚。

（三）培养学生的整洁健康习惯要与传统文化教育相互融合

学生的整洁健康习惯是在环境影响下通过不断重复和练习中逐步形成的，要培养学生良好的习惯不能贪多求快，而应从优秀的传统文化中寻求力量，从学生喜闻乐见的古典习俗中找寻方法，从耳熟能详的历史人物中寻找榜样，有体系、有计划地一步一步地实施，一个习惯一个习惯逐渐地养成。学生良好的习惯，不

仅仅包括学习习惯，还包括很多其他方面的习惯，都需要慢慢培养。

(四)加强与家庭的联系，共同培养学生良好的整洁健康习惯

习惯是个体在教育成长过程中和生活实践中经过反复练习形成的，学生的一半时间在学校度过，受原生家庭和父母亲的耳濡目染影响较大，大学生大学阶段所体现出的个体差异鲜明地印证了这一点。因此，高校在开展大学生行为养成教育时应当有意识地涉及到这一范畴，加强与家庭的沟通和联系，与学生家长建立良好的协同机制，注重大学生养成教育在家庭社会的延展，重视家庭环境及家长的监督作用，共同培养学生良好的行为习惯。

(五)让学生去创造美，并逐步养成爱整洁、讲健康的好习惯

学校应结合劳动教育，培养学生的合作精神，教会学生力争人人有事做、事事有人管，创造一个整洁优美的生活环境；举行最美宿舍、最美教室评选活动，增强竞争意识；学习收纳整理知识，感受简洁之美，提升动手能力；组织开展寝室设计、文化创意类专业比赛，提升学生自主设计创新创业意识，让学生充分认识清洁之美、健康之美，愿意发现美、创造美、成就美。

二、结合实践情况将整洁健康习惯养成落地实施

齐鲁理工学院始终高度重视学生的成长成才，深入开展大学生整洁健康养成教育工作，将整洁健康养成教育贯穿学校育人全过程，自觉担负起"以德树人，以文化人"的使命，落实立德树人根本任务，努力培养服务区域经济发展的优秀人才，凸显我校养成教育育人特色，彰显养成教育育人实效。主要有以下几方面措施：

1. 狠抓课堂主渠道，充分发挥德育工作引导作用

学校充分发挥任课教师"课堂养成教育"作用，开设大学生健康教育课程、体育健康选修课程等，老师上课前根据课程需要或实际情况开展整课前整洁健康养成教育，或者在上课期间穿插进行整洁健康养成相关内容教育，让养成教育贴近学生、贴近生活、贴近实际，使学生易懂、易学、易接受、易掌握。

2. 加大宣传力度，让大学生筑牢整洁健康养成教育基础

学校通过宣传展板海报、微信公众号、号召打卡等灵活新颖、贴近生活的形式，结合季节更替、节气特点和流行疾病等有分别、有针对性地开展活动，引用传统理论、典故、案例、贴士等进行推送，引导学生从细微处着手，从身边小事做起，积少成多、步步为营，扎实推进，筑好健康好习惯的基础。

3. 结合考核评价，在对比竞争中稳步推进整洁健康养成教育实效

针对整洁健康养成教育的要求规范，结合大学生行为规范，强化检查和评比力度，奖惩分明，树典型、找差距、拉后进，帮助大学生不断深化整洁健康意识，组织开展形式多样的主题教育活动，让学生在深刻理解养成教育内容的基础上，做到自主查找问题、积极改进不足。

4. 组织专题活动，深入推进整洁健康文化氛围建设

学生会、团组织、班集体、社团、养成教育小组等各级组织开展各类与整洁健康养成相关的主题文化讲座、知识竞赛、技能比拼、实践活动、团建体验等，推进整洁健康养成教育的常态化、制度化，促进学生整洁健康行为习惯初步形成，将整洁健康养成教育渗透到学生工作的方方面面，形成氛围、做出特色、步入常态、上下联动。

第四节 大学生整洁健康主题教育实践

一、培养整洁健康良好习惯的相关活动

1. 举行宿舍整齐整洁评比活动，开展"文明整洁宿舍"活动月，旨在培养大学生养成良好的生活住宿习惯，保持良好的宿舍环境。

2. 在各班举行文明班级的评选活动，旨在保持教室干净、卫生的同时，加强大学生整洁健康素质的养成，并以此为契机，进一步培养学生养成良好的学习、生活、日常行为习惯，全面提高师生的整体面貌。

3. 进一步培养学生的公共卫生意识，形成良好的校园文明风尚，开展"校园卫生打扫"活动，展现校园之美，旨在提高全校师生爱护校园的环境，提高大家的团结精神和奉献精神，提高学生的文明素质，促进整洁健康习惯的养成。

二、整洁健康活动策划书

(一)活动主题

"整洁健康，从我做起"

(二)活动的目的及意义

开展整洁健康教育活动，旨在培养大学生良好的卫生习惯，保持干净、整洁的宿舍和教室环境，从而营造整洁健康的校园环境，使整洁健康的风气在同学们

之间相互影响，强化大学生整洁健康的意识，明确整洁健康的重要性。

（三）活动时间

自行拟定

（四）活动地点

自行拟定

（五）活动内容及安排

活动前期，通过为期一周的宣传和倡导，学生逐渐养成整洁健康的好习惯，形成整洁健康的良好校园风气。

学校有关部门、团委、学生会、社团等积极配合，进行宿舍卫生检查、班级卫生评选等活动，组织学生参加，保障活动有序进行。

（六）参加人员

全校师生

（七）活动准备

做好前期宣传，充分准备活动物资，注意活动安全性。

第二十章　体育锻炼

本章导读

　　党的二十大"推进文化自信自强，铸就社会主义文化新辉煌"部分提出："广泛开展全民健身活动，加强青少年体育工作，促进群众体育和竞技体育全面发展，加快建设体育强国。"学校体育是实现立德树人根本任务、提升学生综合素质的基础性工程，是加快推进教育现代化、建设教育强国和体育强国的重要工作，对于弘扬社会主义核心价值观，培养学生爱国主义、集体主义、社会主义精神和奋发向上、顽强拼搏的意志品质，实现以体育智、以体育心具有重要意义。体育锻炼可明显提高体质健康水平。但部分大学生体育锻炼意识薄弱、缺乏吃苦精神、对待体育锻炼热情不高，导致他们严重缺乏运动或不愿合理安排运动，进而影响身体健康。因此，大学生加强体育锻炼、提高体育锻炼意识、培养健康的生活习惯是非常重要的。

第一节　概　　述

一、体育锻炼的内涵

　　体育锻炼是运用各种体育手段，结合自然力（日光、空气、水）和卫生措施，以发展身体、增进健康、增强体质、娱乐身心为目的的身体活动过程。它是群众性体育活动的主要形式，对促进人体生长发育、培养健美体态、提高机体工作能力、消除疲劳、调节情感、防治疾病、益寿延年乃至提高和改善整个民族体质都有重要的作用。

　　体育是一种复杂的社会文化现象，它以身体与智力活动为基本手段，是根据人体生长发育、技能形成等规律，促进全面发育、提高身体素质与全面教育水平、增强体质与提高运动能力、改善生活方式与提高生活质量的一种有意识、有目的、有组织的社会活动。简言之，体育是人类共同创造的一种特殊的社会文化活动，是伴随人类社会发展而逐步建立和发展起来的一个专门的学科领域。健康不仅是指没有疾病或不虚弱，而且是指身体上、精神上和社会适应方面的完好状态。这个概念把人的健康与人的生理、心理和社会适应三者兼容起来，充分反映了健康的生物学和社会学特征。

二、新时代背景下开展大学生体育锻炼教育的意义

（一）体育与人体机能

1. 体育锻炼对神经系统的影响

大脑是神经系统的主要器官。大脑皮质是人类神经活动的主宰，它的机能状态对身体各器官生理病理过程起决定性作用。体育锻炼可使中枢神经系统引导部分大脑皮质的兴奋性增强，从而改善神经过程的均衡性与灵活性，提高大脑的分析综合能力，保证机体适应外界环境变化的能力，同时促进中枢神经系统对内脏器官的调节作用。体育活动就是在神经系统的控制下进行的。长期的体育锻炼能够促进神经系统的调节机能，能使神经系统对人体各器官的调节更迅速、准确。

2. 体育锻炼使骨性结构明显发生变化

人体的骨骼之间以关节连接，构成人体的支架，起着承担身体重量、保护内脏器官和运动杠杆的作用。骨骼变粗、变长、变硬，骨密质、骨壁增厚，骨松质排列有序，关节更加有力，抗压性、抗扭曲性大大提高，并且能够延长骨化时间，也就是使人的骨发育时间延长，骨骼长得更长。

3. 体育锻炼使人肌肉发达，肌力增大

肌肉附着在骨骼上，在神经系统的支配下产生收缩，牵动骨骼完成各种运动。运动能有效地增加胸廓的宽度，使关节软骨的厚度增大，肌纤维增粗、变长，不仅使肌肉力量增强，同时使身体变得更健美。

4. 体育锻炼对心脏的影响

体育锻炼能使心脏功能增强。健康性心脏肥大使心脏重量增加，容积增大，搏动更有力。体育锻炼使心脏功能加强的另一重要表现为剧烈运动时锻炼者比一般人能承担更大的运动量。

5. 体育锻炼对血液成分的影响

红细胞是行使血液运输功能的主要细胞。它能把人体生物氧化所需要的氧气

运送到组织，同时把组织代谢所排出的二氧化碳运送到肺部，然后排出体外。运动能使人的红细胞和血红蛋白明显增加。

6. 体育锻炼对呼吸系统的影响

人体在新陈代谢过程中必须不停地从体外吸入氧气，并排出二氧化碳，这种机体与环境进行气体交换的过程，叫作呼吸。

(1)体育运动能促进胸廓和肺部良好发育。经常锻炼者胸围和肺活量远大于缺乏锻炼者。长跑等耐力练习使人的肺泡和毛细血管网发达，增强了换气能力。

(2)体育运动能增强呼吸肌力量，提高肺总量。肺总量是肺活量与余气量之和，其大小因性别、年龄、身材、训练水平和体位改变而异。

(3)体育运动能增加呼吸深度，提高呼吸效率。

(二)体育与心理健康

1. 改善情绪状态

情绪状态是衡量体育锻炼对心理健康影响的最主要的指标。人生活在错综复杂的社会中，经常会产生忧愁、紧张、压抑等情绪反应。体育锻炼则可以转移个体不愉快的意识情绪和行为，使人从烦恼和痛苦中摆脱出来。大学生常因名目繁多的考试、相互间的竞争以及对未来就业的担忧而产生持续性的焦虑反应，经常参与体育锻炼可使自己的焦虑反应降低，改善情绪状态。

2. 提高智力功能

经常参加体育锻炼可以提高智力功能，不仅使锻炼者的注意、记忆、反应、思维和想象等能力得到提高，还可以使其情绪稳定、性格开朗、疲劳感下降等。这些非智力成分对人的智力功能具有促进作用。

3. 确立良好的自我概念

自我概念是个体主观上对自己的身体、思想和情感等的整体评价，它是由许许多多的自我认识所组成的，包括"我是什么人""我主张什么""我喜欢什么""我不喜欢什么"等。坚持体育锻炼可使体格强健、精力充沛，因此，体育锻炼对于改善人的身体表象和身体自尊至关重要。有研究表明，肌肉力量与身体自尊、情绪稳定性、外向性格和自信心呈正相关，并且加强力量训练会使个体的自我概念显著增强。

4. 培养坚强的意志品质

意志品质指一个人的果断性、坚韧性、自制力以及勇敢顽强和主动独立等精神。意志品质既是在克服困难的过程中表现出来的，也是在克服困难的过程中培养起来的。在体育锻炼中，锻炼者越能努力克服主、客观方面的困难，越能培养良好的意志品质。从锻炼中培养起来的坚强意志品质能够迁移到日常的学习、生活和工作中去。

5. 消除疲劳

疲劳是一种综合性症状，与人的生理和心理因素有关。当一个人的情绪消极或任务超出个人的能力时，生理上和心理上都会很快产生疲劳。大学生持续紧张的学习压力极易造成身心疲劳和神经衰弱。保持良好的情绪状态和参加中等强度的体育锻炼则可以使他们身心得到放松。

6. 治疗心理疾病

体育锻炼被公认为是一种心理治疗方法。美国的一项调查显示，1750 名心理医生中 80％的人认为体育锻炼是治疗抑郁症的有效手段之一，60％的人认为应将体育锻炼作为一种治疗方法来消除焦虑症。在大学生中，有不少人由于学习和其他方面的挫折而引发焦虑症和抑郁症，通过体育锻炼可以减缓或消除这些心理疾病。

(三)体育与社会适应能力

1. 体育锻炼有助于人际交往

体育锻炼、比赛能够改变、调整、强化人际交往。人际关系最重要的特点是具有情感因素，也就是说，人际关系是在人们通过交往而产生的一定的情感基础上形成的。人际关系的各种类型清晰地反映出人们彼此的满意和不满意、吸引和排斥的状况。引起彼此需要的满足、产生吸引，受外貌、距离、能力、个性等几个因素的制约。体育活动能对这些因素起到积极作用，例如有些同学其貌不扬，成绩也差，同学不愿意和他走动，但体育课上他的篮球水平很高，这样他可以通过组织一场小型篮球赛，在赛场上凭借高超的球艺给同学们留下美好的印象，最终获得同学们的掌声和赞美。这给人际交往增加了情感分数。同时，体育运动又是一项缩短人际交往距离的项目，例如球类比赛中球员之间互相配合及接触，并在运动中表现出每个人的个性、能力以及相似的兴趣爱好，为进一步的交往打下良好基础。

2. 体育锻炼有助于培养良好的合作精神

合作是建立在团体成员对团体目标认识相同的基础上的，被认为是有价值的行为。集体运动项目是培养和发展合作意识的有效工具。合作能力既是体育活动参与者的必备条件，也是通过体育活动需要发展的能力。从事体育活动，特别是从事集体性的体育活动，需要个体与他人通力合作，并且以各自不同的角色达到协调配合的目的，如篮球的前锋、后卫各自发挥自己的能力，承担相应位置的责任，从而提高篮球比赛群体作战效率。为了达到某个目标而结成的相互促进关系，可以强化成员之间相互支持和相互信赖的程度，稳定每个角色的地位，发展协同与合作精神，使集体目标得以实现。经常性地参加体育活动，有利于个体加强合作的意识，有利于个体培养团队精神。

3. 体育锻炼有助于形成竞争意识

竞争与合作相对立，指为了自己的利益和需要而同他人争胜的行为。竞争观念在现代社会中是一个重要的价值观念。竞争既是体育的特征之一，也是体育精神的重要内容之一。市场经济社会就是竞争的社会，各行各业的竞争归根结底是人才综合素质(科技文化、思想品德、体质)的竞争，竞争过程也是他们身心素质、各方面知识与能力的自我展示以及优胜劣汰的筛选过程。在体育运动中，既有对自己运动能力的挑战，如长跑到达"极点"时是坚持下去还是半途而废，也有人与人之间、团体与团体之间的竞争。后者必须讲究良好的体育道德，主要靠自己的能力取胜，而不是通过不择手段地伤害他人来达到目的。大学生通过体育活动的竞争来培养自己积极进取的竞争意识，为日后走出校门、投身于激烈竞争的社会做好思想准备。

第二节　大学生体育锻炼的现状

一、当代大学生身体素质的现状分析

大学阶段是人成长成才的关键时期，也是行为和生活方式形成和发展的黄金时期。大学生养成健康的行为和生活方式，对其一生的健康乃至提高全民族素质有着重要的意义。体育锻炼可明显提高体质健康水平。但部分大学生体育锻炼意识薄弱、缺乏吃苦精神、对待体育锻炼热情不高，导致他们严重缺乏运动或不愿合理安排运动，进而影响体质健康。

二、当代大学生体育锻炼存在的问题及对策

(一)当代大学生体育锻炼存在的问题

1. 部分大学生找不到适合自己的运动

体育运动具有多样性和复杂性等特点。大学体育选修课有许多运动项目，如

篮球、羽毛球、健美操、足球、乒乓球、跆拳道、排球、舞蹈等。学校也有一些与运动相关的社团，比如轮滑社、骑行社等。学校还有由体育运动爱好者自发组织的项目，比如游泳、街舞、广场舞等。在校大学生在选择体育运动种类时容易受各种因素的影响而漫无目地选择多种项目，最后仍然没能在繁杂的体育项目中选择更适合自己的运动项目。

2. 方法不当致运动损伤

运动损伤是指在体育运动过程中发生的损伤。大学生经常参加各种体育运动，运动损伤较为常见。有些运动的技术难度高、强度大、对抗性强，运动损伤发生率会更高。运动损伤不仅影响学生正常的学习和生活，严重的甚至将造成残疾。男生参加激烈对抗性项目较女生多，激烈程度也较高，而且在活动过程中遵守规则纪律的情况也不如女生，因此更容易造成运动损伤。

3. 缺乏强身健体的意识

通过对山东省济宁地区高校学生参加体育锻炼的目的进行网络调查发现，大约30％的高校学生参加体育锻炼的目的是强身健体，提高自己的身体素质；大约20％的学生参加体育锻炼是为了能够在参加锻炼的过程中增加与其他同学交流的机会，并以此来锻炼自己的人际交往能力；大约20％的学生希望通过日复一日坚持不懈的锻炼来达到减肥的目的，改善自己的身材；而为了缓解学业和精神上的压力才去参加锻炼的人数只占不到20％；此外还有大约10％的学生之所以去参加体育锻炼活动，就只是为了应付大学体育课的考试或大学期间的各种体检。通过这些数据可以看出，在高校中多数学生参加体育锻炼都有自己较为明确的目的，并且正在有意识地通过体育锻炼来增强自身体质。换句话说，目前大多数学生参与体育活动的目的是正确和健康的。然而仍然需要注意的是，还有不少的学生或者由于自身身体素质较好，或者因为兴趣而把体育锻炼当作是应付考试的一种手段，并不愿意将时间"浪费"在这上面，也就是说这一部分学生并未树立起加强体育锻炼的意识。

4. 缺乏持久的参与热情

某项调查显示，在现阶段，我国高校学生中只有大约10％的人可以做到每天坚持体育锻炼，而只有大约20％的学生每星期参加体育锻炼的次数能够达到3～4次，每星期参加体育锻炼的只有一两次的人多达36％，剩下3％的学生则从来不去参加体育锻炼。以上数据显示，目前我国部分大学生进行体育锻炼无法做到持之以恒，导致学生的身体素质难以达标。

5. 参加锻炼具有更强的目的性

随着我国教育事业的发展，能够供学生选择的体育锻炼项目也越来越多。经过调查发现，大约30％的学生仍然坚持通过慢跑进行锻炼。慢跑既不需要复杂的技术或技巧，也不需要学习，只要学生根据自己的身体机能对体力进行分配就可以了，因而受到广大学生的欢迎。此外选择健美操或者体育舞蹈的学生大约占40％。进入大学之后，学生的心理已经基本成熟，具有独立的思维能力，对任何事物都有了自己的判断，因而其在选择体育锻炼项目时具有更强的目的性。在这样的情况下，学生在选择体育锻炼项目的时候就会主动规避那些难度大、锻炼性不强或者其他有瑕疵的项目。而且一旦选择完成，即使不能持之以恒，也不会轻易再去尝试其他的项目。在这样的情况下，健美操与体育舞蹈受到更大程度的欢迎也就不足为奇了。选择球类项目的学生虽然总体比例并不占优，但选择球类运动的学生往往是出于爱好，因而其稳定性更强。

6. 参加体育社团的热情还有待提高

所谓体育社团就是指由本校学生自发组织的以体育运动为主要目的或活动内容的，有计划、有组织的非营利性的社会团体。一般来说体育社团具有以下特征：第一，成员的数量较为稳定。一般情况下组成体育社团的学生都是对于体育锻炼或者某种体育项目具有一定参与热情的，因而不会轻易退出。第二，体育社团的组织和管理机构必须得到学校相关部门的认可。第三，社团成员必须具有共同的兴趣爱好。社团内部的运动目标与运动项目必须相对稳定。第四，学校的体育社团必须有成员共同制定并履行的规章制度。第五，体育社团必须是非营利的。除此之外，高校的体育社团还有一定的教育功能，但目前体育社团的建设工作还有待加强。除了以篮球、足球、健美操等集体项目为主要活动形式的体育社团以外，以个人项目为主的体育社团发展情况并不理想。

7. 缺少良好的场地

在高校各种体育锻炼场所中游泳馆、练功房、网球场等专业性较强的体育锻炼场所尤其缺乏。缺乏相关的体育锻炼场地，导致学生能够选择的锻炼项目受限。有的大学内部的专业体育场馆只在用于相关体育项目教学的时候才会开放，课余时间不对外开放，而不进行相关项目学习的学生就无法在场馆内进行锻炼。一些严重受到场地制约的项目如游泳等无法随时进行。

(二)提升大学生体育锻炼参与度的建议

1. 学校和家庭要积极引导大学生树立适当的运动观

(1)家庭持之以恒营造运动氛围

家庭是人的第一课堂,但有的家庭教育过分重视学生的成绩,忽视体育运动,导致大学生即使能够参与到体育运动当中也很难持之以恒。家庭教育应给孩子树立"健康才是成功的基础"的观念,鼓励孩子从小热爱运动、坚持运动。

(2)鼓励学生非功利性运动

有的大学生只选择考试的运动科目来锻炼,并在考试之后就放弃掉。所以,要想大学生持之以恒地运动,首先要让大学生树立正确的运动观,鼓励非功利性运动。

(3)大学生寻找适合自己的运动项目

大学生要在众多的体育运动中找到最适合自己的运动方式,这样才能有动力做到持之以恒地锻炼。科研人员通过研究观察发现,不同身体条件的学生在体育运动参与方面的特点和心理是不同的。在教学中,教学手段要科学合理、新颖多样,对于那些难度大、技术复杂的教学内容采取精讲多练、循序渐进的方法,使学生通过一定的努力克服困难并最终掌握动作要领。

2. 学生要树立对课余体育锻炼的正确认识

在采取措施引导学生进行体育锻炼的过程中,学校应该加大宣传力度,使体育锻炼能够促进身体健康的理念得到更加广泛的传播,使学生真正明白参加体育锻炼不仅关系到目前的身体健康,而且为今后的身体健康打下基础,保障健康生活。在加强学生体育锻炼的工作中,学校教育切忌过多强制要求,容易使学生产生逆反心理造成不良的效果。学校教育要通过宣传体育锻炼的好处将学生由被动参加转变为主动参与,并通过持之以恒的体育锻炼培养大学生良好的生活和作息习惯。

3. 持续保障学生参与体育锻炼的热情

在参加锻炼的学生中很多学生都属于"三分钟热情",无法做到坚持不懈,或者虽然经常参加锻炼,但却不断在不同的锻炼项目中换来换去。之所以如此,一方面,是由于一部分学生缺乏持之以恒的决心和勇气;另一方面,很多学生刚开始参加体育锻炼时也是热情高涨的,但在持续锻炼的过程中缺乏科学的指导,长此以往就不得不放弃或转而进行其他项目。面对这样的情况,学校要让那些能够长期坚持锻炼的学生对其他学生进行劝导和帮助,坚定其长期坚持的决心,还要增加师资力量的投入，对学生进行科学的指导，使之在锻炼的过程中真正体会到体育锻炼的作用和乐趣，真正享受这一过程。学生和老师经常一起参加锻炼可以更加有效地培养师生之间的感情，营造良好的校园氛围。优秀的校园体育文化能够对学生产生良好的启示作用。

4. 加强体育社团建设工作

在督促学生进行体育锻炼的过程中，学校应该鼓励志同道合的学生建立体育社团，并对这些社团进行严格的规范和管理，从而真正发挥校园体育社团对于学生课余体育锻炼活动的促进作用。对于一些没有建立体育社团的领域，只要该体育项目在学校内具有一定的群众基础，学校就可以通过学生会来组织建立相关社团，并通过社团对从事相关项目锻炼的学生进行更加规范的管理。此外学校必须对已经建立的体育社团进行实时监控，针对因为人数不足或其他原因而解散的体育社团，学校和教师必须了解其解散的具体原因，并给出针对性的处置意见。对于仍然具有一定群众基础的社团应该尽量给予保留，保障参加类似活动的学生有一个共同交流与锻炼的平台。对于一些确实无法维持的社团可以果断解散。在进行社团建设的过程中，各个不同项目的社团也应该加强交流和联系，在场馆等信息方面做到信息共享。

5. 建设更加优秀的锻炼环境

首先，学校应该加强体育场馆的建设力度，尽最大努力满足学生的体育锻炼需求。其次，对于一些专业性较强的体育场馆，学校不仅可以在财力允许的前提下进行建设，在财力不允许的情况下，也可以与当地拥有同类场馆的相关单位进行合作，最大程度上保障每一名参加锻炼的学生能够有场地可以使用。最后，针对目前很多学生参加锻炼却不得其法的情况，在进行体育课教学时教师应该对学生进行全方位的指导，将更加科学的锻炼方法传授给学生，保障体育锻炼的科学性。

第三节　大学生体育锻炼习惯的养成

社会适应能力实际上是人们为了在社会中更好地生存与发展而在心理以及行为上所作出的一些自我调整，并最终与他人及社会形成一种和谐关系的能力。社会适应能力主要包括生活自理能力、基本劳动能力、处事能力以及社交能力四个方面。这些能力的养成在某种程度上受家庭成长环境的影响，而学校教育同样对学生社会适应能力的培养起着无可取代的作用。近年来，越来越多的专家学者证实了体育教学对学生的综合素质与能力的培养有着其他科目所不具备的优势。体育锻炼能促进大学生社会适应能力的提高。因此，高校体育教师在进行体育教学活动时可分阶段、有针对性地对学生进行自理能力、基本劳动能力、处事能力以及社交能力的培养，为学生将来更好地适应社会奠定良好的基础。

一、提高大学生体育锻炼意识的思路

(一)激发大学生运动兴趣

从行为科学角度来看，所谓运动兴趣是指人们积极探究体育运动或参与体育活动的倾向，这种倾向带有强烈的目的性。人的兴趣是在社会实践中发生、发展起来的，这种后天形成的倾向是可以培养的。就学生运动兴趣而言是多种多样的：有运动本身所引起的直接兴趣，也有运动目的和任务所引起的间接兴趣；有产生于活动过程而在活动结束后即时消逝的短暂兴趣，也有成为个人心理特征的稳定兴趣。直接兴趣和间接兴趣是密切联系、相互转化的。体育教学缺乏直接兴趣，会使教学枯燥无味，而没有间接兴趣的学生会丧失学习的毅力。因此，在学校体育教学过程中，体育教师在指导和组织学生进行体育活动时应注意充分挖掘学生对运动的内在兴趣，以讲解、示范和组织教学形式集中学生的注意力，调动学生参与运动的积极性，让学生在运动中能充分表现自己的运动才能，感受到参加运动对增强自己体质的实效，从而激发其对体育运动的兴趣。

(二)关注大学生运动爱好和专长的形成

新一轮高等学校体育教育改革，应在教学思想上改强制性为自主性，从强调学校学习期间的阶段性效益跃升为追求阶段性效益与长远效益相结合，注重学生终身体育意识的培养。大学体育教学应把培养学生的运动兴趣爱好和专长放在首要位置，不应要求学生样样运动项目都要学习，而应提倡根据学生的兴趣和爱好有选择地学习一项或几项，形成自己的专长。有了专长，他们才能在专长运动中体验到成功、愉悦和自信，进而提高参与体育学习和活动的积极性，养成锻炼身体的习惯。

(三)多渠道丰富大学生的体育知识

理论课应是向学生传授体育知识的主要渠道。通过体育理论课的讲授，教师不但要教给学生体育保健与卫生知识，还要教给学生竞技运动知识；不但要教给学生获取体育知识和信息的方法，还要教给学生对体育的欣赏和评价的方法。另外，体育教师在运动实践教学中也要注意渗透相关体育人文知识。体育知识的传授，使学生对体育的目的和意义有更加明确的认识，为他们在思想认识上形成终身体育的意识打下良好的基础。

（四）构建校园体育文化氛围，培养大学生高尚的体育情操

构建校园体育文化氛围是实施素质教育、培养大学生终身体育意识和完成学校体育任务的重要途径。校园体育文化包含丰富的体育知识和运动文化，能培养学生的爱国主义精神、集体主义精神，提高教学质量。

1. 开展丰富多彩的校园体育文化活动

组织校园体育节活动，利用课余活动时间，开展体育文化宣传教育、体育比赛、体育专题讲座、体育图片资料展等活动，可在很大程度上提高大学生对体育活动的兴趣；组织课外丰富多彩的体育活动，可提高学生的锻炼意识和积极性；上好体育课，充分利用体育课时间，加强体育技能的学习，从而增强校园体育文化氛围。

2. 培养大学生观赏体育比赛的能力

观赏体育比赛是陶冶学生情操、培养学生热爱体育活动的重要手段。为了使学生更好地欣赏体育比赛，学校要做到两点：一是组织专项运动讲座，让学生了解专项运动的基本规则，学习技术、战术知识，变"看热闹"为"看门道"；二是组织学生观摩比赛，在观看比赛前，老师对所观看的运动项目的规则、技术、战术特点等做适当的介绍，使学生在观看时熟悉比赛的内容，激发学生观看的兴趣，并在观摩后组织学生进行讨论，及时进行总结，从而提高大学生观赏体育比赛的能力。

二、大学生体育锻炼习惯养成的措施

（一）改变体育锻炼养成教育的一些认识误区

目前，大学生体育锻炼养成教育的认识存在一些误区，主要有以下几个方面：

1. 认为大学生体育锻炼养成教育不重要。该认识误区主要有两方面原因：一是大学生学业压力大，导致大学生更关心学业问题而忽略健康问题；二是因为大学生年轻有朝气，所以一些因不良因素造成的健康问题一时显现不出来。

2. 认为大学生体育锻炼养成教育只是学校的责任。提高大学生身体素质需要学校教育、家长支持、社会保障等多方面的努力，仅靠学校的健康教育力量太薄弱、单一。

3. 认为大学生体育锻炼养成教育是体育老师的责任。养成教育应该是社会、学校、家庭以及学生本人共同的责任。学校应该建立以班主任、体育教师为主，全体教职工共同参与的体育锻炼养成教育机制。

4. 认为大学生体育锻炼养成教育应当马上收到成效。大学生整体身体素质的提高绝对不是一朝一夕的事情，需要长期的坚持和不懈的努力。在提高身体素质的同时，大学生在思想上要重视健康教育，这才是真正见到了成效。因此，大学生体育锻炼养成教育是一项长期而艰巨的工作。

(二)加大大学生体育锻炼养成教育的投入

加大大学生体育锻炼养成教育的投入应当包含两个方面：一是加大学生体育锻炼养成教育时间和精力的投入。二是要加大外在条件的投入，构建相关学科教学与教育活动相结合、课堂教育与课外实践相结合、经常性宣传教育与集中式宣传教育相结合的健康教育模式。要实现这些，学校需要投入更多的人力、物力、财力。

(三)重视不同教育阶段的体育锻炼养成教育的衔接

针对不同的受教育群体，体育锻炼养成教育内容、方法和途径都不完全相同。找出不同学生阶段的体育锻炼养成教育的关键需求和衔接点，进行持续体育锻炼养成教育相关路径的衔接设计，是实现大学生健康素质全面发展的关键策略。

(四)着重培养终身体育意识

终身体育意识是指人终身进行体育锻炼和接受体育指导及教育的意识。大学时期是人身心发展的关键阶段，也是终身体育意识形成的关键阶段。这一阶段的学生身体机能较好、心理可塑性强，能快速进入培养过程。因此各科教学中，尤其是健康教育、体育等相关性较强的学科，除了教授本学科的知识、机能外，还要让学生更多地了解自身生理和健康知识，培养学生的运动兴趣，从而促进学生终身体育意识的形成。

第四节　大学生体育锻炼主题教育实践

齐鲁理工学院大力推行养成教育，以把学生培养成为诚实守信、感恩、具有乐于助人和勤俭节约的品德，阳光乐观、勇于担当、做事细致、具有团结合作精神，勤奋好学、善于思考、具有较强的人际关系处理能力和自我调节能力的高素质应用型人才为目标。

学校切实把体育锻炼与学生毕业要求相关联，由各二级学院依据《齐鲁理工学院大学生养成教育考核实施细则》，凡加分扣分项目须经相关部门或辅导员认定为准，由辅导员进行平时成绩的考核、计算，并进行核定录入。该举措有利于促使学生的精神状态和注意力发生变化，让每个人根据自己的爱好和特长，积极参与体育锻炼。

学校还通过优化体育锻炼时间的管理策略，灵活利用零碎时间引导学生进行体育锻炼，鼓励学生在体育锻炼的最佳时间进行体育锻炼；改善体育教师的管理策划，激发学生内在的参加体育活动的动力，使学生学会通过体育锻炼得到正确的自我奖励；鼓励学生走下网络、走出宿舍、走向操场；鼓励学生每天锻炼半小时以上；鼓励学生在校期间坚持一项体育活动，参加一项体育竞赛；修整操场，兴建体育场馆等硬件设施，调动学生参与体育锻炼的积极性。

经过多年的不断探索和实践，齐鲁理工学院的学生对体育锻炼的态度发生了明显变化。更多学生参与到体育锻炼中来，同时参与意愿也越来越强烈，取得了良好的效果。

一、定期召开体育锻炼动员会

1. 活动类型：班会

2. 活动目的：激发学生对体育锻炼的积极性；增强学生对体育锻炼的认识；增加学生体育锻炼相关知识。

3. 活动场地：教室或操场

4. 主要内容：向学生讲解体育锻炼的重要性；明确体育锻炼给学生身心带来的改变；向学生介绍学校各种运动项目在养成教育考核中的作用。

二、定期开展体育锻炼相关讲座

1. 活动类型：讲座

2. 活动目的：丰富学生体育锻炼相关知识；减少学生运动损伤。

3. 活动场地：教室或操场

4. 主要内容：聘请相关专家，以讲座或座谈会的形式向大家介绍如何科学、有效地进行体育锻炼，如何减少运动损伤，受伤时如何寻求救助或帮助他人。

三、开展晨跑活动

1. 活动类型：集体活动

2. 活动目的：培养学生定期锻炼的习惯，磨炼学生意志品质。

3. 活动场地：操场

4. 主要内容：每年 9 月至 12 月，大一、大二、大三学生要集体去操场晨跑，每人每周至少参与三次，运动形式与运动量根据当天天气情况而定。

四、经常开展竞技类体育比赛

1. 活动类型：竞技活动

2. 活动目的：激发学生的运动积极性，磨炼学生意志品质。

3. 活动场地：操场，羽毛球、篮球等场馆。

4. 主要内容：春秋季各开展一次校级、院级运动会，以学院、班级、社团等为单位开展诸如篮球比赛、羽毛球比赛等。竞技比赛要及时记录名次并汇总反馈给辅导员，为养成教育加分提供依据。

5. 注意事项：开展竞技项目时，要做好运动防护工作。